市场利益分配模型与仿真实验设计

郑　文　马莹莹　著

本书为国家自然科学基金面上项目"抑制不当得利的价格监管模型与价格监管体系设计研究"的部分成果(项目编号: 71473032)

科学出版社

北　京

内 容 简 介

本书系统化地介绍市场交易匹配条件下的利益分配模型与仿真实验设计。从市场结构、交易结构、Swarm 模型构建、程序代码设计等方面，对复杂适应系统条件下的市场运作规律进行研究。研究工作主要集中在市场交易条件的仿真调控与实验设计上，通过构建基于 SWARM 仿真平台的复杂适应系统模拟环境，设计市场利益分配的仿真实验程序代码，将仿真程序代码进行分类。按照仿真实验的系统执行过程，分为仿真实验程序执行代码、虚拟交易生成类库、市场环境类库、仿真环境的虚拟交易相关函数、仿真实验的市场交易程序代码、虚拟交易的主体类库(供给者主体类库、需求者主体类库、监管者主体类库)等内容。对于系统化理解市场交易的运作原理，具有非常明显的借鉴价值。

本书可以作为高等院校管理科学与工程、控制工程、自动化、信息工程、计算机工程、系统工程等专业高年级本科生和研究生的教材，也可供从事宏观管理系统设计与应用的技术人员参考。

图书在版编目（CIP）数据

市场利益分配模型与仿真实验设计 / 郑文，马莹莹著. — 北京：科学出版社，2017.11

ISBN 978-7-03-055115-3

Ⅰ. ①市⋯　Ⅱ. ①郑⋯　②马⋯　Ⅲ. ①市场－利益分配－分配模型－研究②市场－利益分配－仿真设计－研究　Ⅳ. ①F713.56

中国版本图书馆 CIP 数据核字（2017）第 268673 号

责任编辑：王　哲　王迎春 / 责任校对：郭瑞芝
责任印制：张克忠 / 封面设计：迷底书装

科 学 出 版 社 出版
北京东黄城根北街 16 号
邮政编码：100717
http://www.sciencep.com

中国科学院印刷厂印刷

科学出版社发行　各地新华书店经销

*

2017 年 11 月第 一 版　　开本：720×1 000　B5
2018 年 1 月第一次印刷　　印张：14 1/2　插页：8
字数：290 000

定价：**99.00 元**

（如有印装质量问题，我社负责调换）

前　　言

　　社会主义市场经济的运行效率，既体现在市场的资源调配效果、市场的价格平稳程度、市场的所有参与者满意率均衡，也体现在市场的利益分配关系。资源调配效果是市场上货币与商品的交换关系的实现结果。利益分配关系，是市场上货币与商品的交换关系实现结果(即，交易效率)的潜在表达方式，是社会公平和效率的最直接体现。

　　中国的电力系统的运营模式，经历了从垄断经营到市场化运作的过程。电力市场交易模式，实现了从集中式交易模式到撮合式交易模式的交易结构改变。相对其他垄断产业而言，电力产业是非常成功地实现了社会主义市场化转型的代表型产业。

　　本研究以电力市场为例，选取电力市场交易中具有代表性的大用户直购电(large-users direct purchasing，LDP)的匹配式交易模式为分析背景。从现实电力市场的结构关系上，分解电力市场的构成要素，构建电力市场的匹配式交易的组合关系。依据现实电力市场的条件与环境，抽象电力市场复杂适应系统的变量、属性、规则关系。利用复杂适应系统理论，重新分解与构建系统组分关系，建立系统化的 Swarm 模型。考虑在不同初始条件下，电力市场复杂适应系统运行的利益分配结果。通过建立在大用户直购电模式下的市场利益分配 Swarm 调控仿真，分析在系统组分关系下的利益分配结果。在匹配式交易模式中，资源的配比状态自动按最优方式组合，按理说，这应该是最合理的市场资源分配状态。但是，仿真结果表明，在复杂适应系统的运作机制下，实验结果却并不能证明其最优。所以，问题的关键不在于让市场机制自动运行，而在于如何在有规则的条件下，让市场机制有序、有效、公平地进行，从而避免自动运行的市场机制，成为另一个造成不平等分配制度的源头。

　　经典的社会主义思想著作——卡尔·马克思的《资本论》，深入探讨了资本对社会资源分配的影响，以及由此形成的社会、阶级不平等关系。当不考虑资本对社会不平等造成影响的情况下，其他因素对市场利益关系的影响，同样不容忽视。市场经济体制中，考虑市场的不同占位、市场结构的不同，社会资源的配比是不同的。已往的理论和实验研究对此鲜有论述，相应的实验分析方法更是很难涉及此类问题。很多经典经济学家，更愿意接受这样一种观点：市场能够自动地、有效率地调配资源，实现社会资源的合理分配状态；或者，市场的低效率(即，市场的利益分配关系)，可以通过有效地界定产权、成本、信息等因素，得到改进。非常具有代表性的著名经济学家，有罗纳德·科斯、约瑟夫·斯蒂格利茨等。罗纳德·科斯认为，在产权清晰的条件下，实现交易成本最小化，市场均衡的帕累托最优即可有效实现；约瑟夫·斯蒂格利茨则认为，通过考虑市场交易结构的委托-代理关系，设计合约条款，通过消除或部分改进市场中的不对称信息状态，即可有效消除市场低效率。本书的实验表明，这种自主实现的市场效率或有条件改进而实现的市场效率，有待深入探究。通过构建基于复杂适应系统的 Swarm 仿真实验，发现不同的资源交易条件、不同的市场占位、不同的交易渠道，对仿真系统内的利益分配结果产生影响。

在仿真实现的市场环境中，考虑市场结构性差异和参与者行为策略的不同，市场的利益分配结果有显著差异。事实上，市场监管存在的目的，即在于抑制生成影响市场不平等分配状态的市场力量。在系统化市场环境中，只有通过调控的组合策略，才能实现资源的有效分配状态。本书正是以此为例，力图证明，在实践操作中，当传统的自然垄断性不再是进行市场监管的充分条件时，对市场的组合式监管模式，仍然具有存在的必要性。

本书提出基于虚拟平台(网络交易结构)的市场交易仿真框架，构建基于 Swarm 模拟平台的交易类库结构，系统化完成以下四方面工作：①市场利益分配的现实问题和解决该问题的理论基础；②以“不当得利”的市场关系由来，分析市场利益分配的结构关系和“刺激-反应”关系，进而构建基于市场利益分配的 Swarm 模型，为复杂适应系统内的结构变化改变利益分配结果的假说，提供现实依据；③基于 Swarm 仿真平台的市场利益分配仿真结果分析；④市场利益分配的仿真实验的系统设计，从系统建构到程序代码设计。

本书由 12 章组成，分为上篇、中篇、下篇三个部分。上篇为总论部分，概括本研究的主要研究问题、基本研究思路、文献与理论基础，是本书的基本理论部分。中篇主要内容为系统化分析“不当得利”问题的现实依据和解决该问题的理论框架，包括：“不当得利”的市场结构分析和基于复杂适应系统的 Swarm 模型建构。本部分是市场利益结构和 Swarm 仿真模型建构工作，是本书的总体理论框架，是理论架构与现实市场环境、条件相结合的内容，是本书的主体部分，为系统化分析、仿真市场环境奠定理论基础。下篇是调控仿真、仿真实验系统架构和程序代码，是本书的技术核心。

上篇，包括第 1~3 章，是从理论和实践两个方面引出市场利益分配问题的实质，以及该问题的研究范畴，分述如下。

第 1 章，市场利益分配问题。对主要研究背景进行介绍，提出所要研究的问题，表明本研究的目标和意义，对本书的结构和章节进行安排，并确定本书的研究内容、思路和方法。

第 2 章，市场利益分配机理与调控仿真。针对所研究的问题，在对文献进行检索的基础上，对文献的研究趋势进行分析，从电力系统市场力、电力系统网络属性、电力系统参与者行为、电力系统参与者异常行为和电力系统研究方法五个方面进行总结，找出已有文献与本研究的联系与区别，并分析对本书有贡献的方面。

第 3 章，相关基础理论。对市场力理论、复杂网络理论、复杂适应系统理论和博弈理论等相关基础理论进行介绍，为本书后续工作提供理论基础。

中篇，包括第4～7章，是现实问题与理论框架部分，分述如下。

第4章，市场利益分配的"不当得利"结构。从市场经济"不当得利"的相关研究引出"不当得利"的市场结构状态。以成品油市场、水务市场、过度投机市场三类市场形态，分析"不当得利"的市场结构由来。将"资源有利占位、市场有利占位、渠道有利占位"的市场特征，对应于第7章（市场利益分配Swarm模型）中的"物理持留、经济持留和电网输送约束"的仿真要素，表现为现实市场中的有利市场占位、资源稀缺性特质、投机利润引导等"不当得利"市场结构。

第5章，市场利益分配的"刺激-反应"结构。采用复杂适应系统理论，对电力系统的市场化做结构性分析。从IF-THEN计算机仿真程序语言中，引出"刺激-反应"的基本市场结构关系，并从总体系统、运营子系统、监管子系统三个方面对电力市场的基本状态进行分析，提出电力企业的"预算软约束"模型、差异化的"负反馈"模型、边缘企业的"逆增长"刺激-反应结构。

第6章，考虑市场结构的利益分配Swarm模型。在LDP模式下，考虑市场结构的电力系统市场利益分配Swarm模型。从微观层面上，对市场利益分配组分关系进行构建。首先，分析构成LDP模式的电力系统的市场参与者的属性信息和行为规则；其次，分析LDP模式下的虚拟交易平台的交易匹配规则；再次，根据属性信息、行为规则和虚拟交易平台的交易匹配规则，探究市场利益分配生成机理；最后，运用Agent建模方法，构建以研究市场整体运行状态的市场利益分配Swarm模型。

第7章，考虑参与者行为策略的市场利益分配Swarm模型。首先，建立基于Agent的电力系统参与者一般行为的利益分配Swarm模型；然后，将占市场主导地位的发电商异常行为引导下的属性信息和行为规则作为扰动因子，建立LDP模式下考虑投机策略的电力系统市场利益分配Swarm模型。

下篇，包括第8～11章，是仿真实验的系统实现部分。其中，第8、9章的研究内容是市场利益分配的调控仿真实验结果；第10章为市场利益分配的仿真实验设计，第11章为市场利益分配仿真实验的程序代码，分述如下。

第8章，考虑市场结构的电力系统市场利益分配的Swarm调控仿真。在LDP模式下，考虑市场结构的电力系统的市场利益分配Swarm调控仿真。首先，在分析基于Agent的电力系统的市场利益分配模型和市场利益分配的生成机理的基础上，对电力系统进行系统环境和虚拟交易平台规则设计；其次，借助Swarm仿真平台进行仿真；再次，在仿真运行的过程中，观察市场中属性行为具有一致性的个体行为策略，在虚拟交易平台的匹配规则下，研究如何涌现形成稳定的市场影响力量。最后，通过对系统变量的调节，研究影响市场影响力量大小的主要因素，以及调控电力系统内市场影响力量与市场利益分配的关系。

第9章，考虑参与者行为策略的市场利益分配的Swarm调控仿真。在LDP模式下，考虑投机策略的电力系统市场利益分配的Swarm调控仿真。首先，借助Swarm

软件平台进行仿真运行，观察电力系统中市场利益分配的变化状况，以及对电力系统内利益分配关系的影响；然后，通过监管者制定相应的调控策略，调节系统内的属性信息，引导合理的利益分配结果。

第 10 章，市场利益分配的仿真实验设计。基于 LDP 匹配式交易模式，对仿真实验系统进行构建。

第 11 章，市场利益分配仿真实验的程序代码。将仿真程序代码进行分类。按照仿真实验的系统执行过程分为仿真实验程序执行代码、仿真实验的虚拟交易生成类库、市场环境类库、仿真环境的虚拟交易相关函数、仿真实验的市场交易程序代码、虚拟交易的主体类库(供给者主体类库、需求者主体类库、监管者主体类库)等内容。

第 12 章为结论部分，总结本书的主要工作、不足和未来研究展望。

本书为国家自然科学基金面上项目"抑制不当得利的价格监管模型与价格监管体系设计研究"(项目编号：71473032)的部分研究成果。诚挚地感谢国家自然科学基金委员会对本项目提供的资金支持和东北大学秦皇岛分校对本研究提供的配套经费支持。衷心地感谢科学出版社的责任编辑王哲老师和文字编辑老师。正是在王哲老师的悉心指导和帮助之下，本书才得以最终成稿、出版。感谢东北大学秦皇岛分校宏观管理研究所的贾茹同学、曹嘉威同学。

由于作者的水平有限，书中难免存在不妥之处，恳请各位专家、学者批评、指正。

郑　文　马莹莹

2017 年 10 月 18 日于秦皇岛

目　　录

中篇　市场利益分配结构与 Swarm 模型

下篇　市场利益分配仿真、实验设计与程序代码

上篇 总 论

第1章　市场利益分配问题

1.1　网络条件下的市场利益分配模型

电力行业是国民经济发展中重要的基础能源行业，不仅关系到国家经济安全，而且关系到人们日常生活水平的提高和社会稳定有序的发展。电力行业作为关系国计民生的基础行业，是世界各国经济发展战略中优先发展的重点。

从宏观管理视角理解的市场力是指由于市场参与者自身的资源禀赋和对价格采取的行动而形成的市场聚集性和市场影响力的综合考虑，是系统整体运行状态的体现。本书提出从系统的视角对市场力问题进行研究。同时，考虑到电力市场中交易关系的网络属性，利用复杂网络理论，以电力系统参与者作为节点，以参与者间的交易关系为连边，提出构建网络环境下以市场力为系统表征的电力系统市场利益分配模型。

从实践来看，在世界电力市场范围内，市场力影响电力市场利益分配的问题日益突出，受到越来越多的关注。1979 年，英国从体制改革角度，通过采取出售国有电力资产的办法减少政府对电力市场经济的干预，实现国有行业私有化改革。电力行业在私有化改革中逐步引入竞争，降低政府的监管作用，形成电力行业的市场化转变。从市场化实施的效果来看，虽然以增强竞争力为目的的"市场化"改革在增强市场竞争活力、促进市场效率方面具有一定的成效。但是，由于市场力的存在，市场化改革中也存在较多的弊端。例如，自 2000 年 6 月起，美国加利福尼亚州连续出现批发电价飞涨，三大配售电公司暴亏，濒临倒闭，联邦政府和州政府不得不出面干预的现象。1998 年，德国开始电力市场改革，实现厂网分开，在发电和售电侧引入竞争，出现了电价起伏过大等问题。在某种程度上，这些问题的出现都与市场力的存在有关。电力市场中市场力的存在，使占据市场主导地位的发电商具有操纵市场的能力，造成"市场失灵"，限制竞争对利益分配的促进作用。市场力在电力系统的利益分配中扮演的角色更加突出，受到学术界广泛的关注。

1.2　市场利益分配模型及调控仿真的必要性

随着电力改革的发展，竞争逐渐被引入电力市场的各个环节。2015 年，国家发布了《关于进一步深化电力体制改革的若干意见》，拉开我国新一轮电力改革序幕。

随后,国家发改委、能源局等部门积极响应,出台了各项措施响应改革政策,推进以增强发电侧与售电侧竞争为目的的"管住中间,放开两头"的改革方针,大用户直购电(large-users direct purchasing, LDP)模式正是这种市场化改革方式的代表。在LDP模式中,培养多售电企业参与竞争,允许具有独立售电能力的发电企业进入售电环节,打破了传统垂直垄断的售电格局。同时,增加大用户参与市场的能力,给予大用户更加充分的选择发电商的权利,允许电力大用户根据自身用电需求对发电商进行选择,形成发电商与大用户多买多卖自主购电的局面。

在LDP模式的电力系统中,市场力影响利益分配主要通过以下两方面表示。首先,从中国电力行业现有格局来看,以华能、大唐等为代表的五大发电集团由于占据着资源优势,在各区域电力市场中占据着大量市场份额,而其余大量的发电商却只占据较少的市场份额,市场中存在较强的市场力。当开放用户选择权后,由于用户对价低质优的发电商具有更强的选择偏好,会加剧电力市场中的市场力的出现。其次,从产业结构角度来看,在国家大力提倡发展新能源的政策下,使新能源不断进入电力市场,但由于新能源成本高、技术不成熟等问题的存在,大用户对新能源的选择偏低,市场力普遍存在于传统能源与新能源电厂之间。以甘肃和内蒙古地区为代表,将风能和光伏发电引入大用户直购电市场后,市场内出现的"弃风"和"弃光"的现象有力地印证了这一点。

从上述分析可以看出,不论是从市场竞争角度还是从产业更新换代的角度来看,LDP模式中,市场力的存在严重影响着电力市场中的利益分配。针对电力系统内存在的市场力影响利益分配的问题,一般的竞争规则不能完全避免市场力对电力市场的危害。所以,在电力市场运行过程中,需要国家作为"看得见的手"进行必要的调控。但从现有的研究来看,LDP模式中市场力及调控研究更多的是理论方面的论述,缺乏有效的模型研究的支持。因此,研究LDP模式下电力系统中的市场力模型及调控研究十分必要。

1.3　研　究　目　标

1.3.1　分析电力系统市场力运行机理

基于现实的电力系统市场结构,在复杂适应系统理论基础上,以多 Agent 仿真建模方法,抽象电力系统 Agent 主体,界定各主体的属性及行为规则。在分析各主体相互作用关系的基础上构建虚拟交易平台,采用系统仿真的方法探究电力系统市场力的运行机理。

1.3.2　构建电力网络系统模拟环境

以电力系统参与者为节点,以参与者的相互关系为连边,构建电力系统网络概念模型。依托 Swarm 仿真平台设计参与者间的连接关系，封装连接类，通过调用发电商类和大用户类实现电力系统网络环境的构建。

1.3.3　实现市场利益分配的仿真分析

借助 Swarm 仿真平台封装适应性主体的属性信息和行为规则，建立发电商类和大用户类。依据撮合交易规则封装两类主体间的匹配关系，建立连接类。通过对变量控制，在多次仿真实验中分析不同条件下的市场力状态。

1.3.4　实现异常行为策略扰动下的电力系统市场力仿真与调控

界定异常行为的概念，分析电力系统异常行为的影响因素。提取电力系统中一类异常行为——投机策略，将投机策略作为扰动变量，探究电力系统市场力在异常行为作用下对利益分配的影响。通过建立调控规则，调控异常行为对利益分配的影响关系。

1.4　研　究　意　义

1.4.1　理论意义

本书的理论意义在于：从宏观管理的角度对电力系统中的市场力进行重新界定，结合复杂适应系统理论、复杂网络理论构建市场力模型，运用系统仿真的方法还原市场力运行机理，并结合 Swarm 仿真平台对市场力进行仿真，同时，对存在市场力状态下发电商投机策略影响利益分配关系的行为进行调控。为解决电力系统中市场力影响利益分配问题提供具有借鉴意义的理论方法。与传统方法相比，仿真方法更贴近对现实电力系统的抽象描述，更具有预见性和灵活的短期调控性，为电力系统的市场力研究提供新思路，对市场力理论和市场力模型的相关研究具有一定的借鉴意义。

1.4.2　实际应用价值

通过研究非自然性垄断的市场力问题，探索市场力影响因素以及市场力在发电商投机策略作用下对利益分配的影响与调控方法，对深入认识电力系统中的市场力运行规律，合理引导和规制利用市场力影响利益分配行为，建立有序的市场秩序，促进电力系统稳定发展具有重要的应用价值。同时，电力市场作为从垄断到竞争逐步开放的行业代表，对其进行仿真调控研究，不仅对电力行业改革中的政策制定具有重要的辅助作用，而且对类似的垄断行业具有重要的借鉴意义。

1.5 研 究 内 容

本书关注 LDP 模式下的电力系统市场力 Swarm 模型与调控仿真,主要研究内容如图 1.1 所示。根据此逻辑框架,从市场力影响因素分析—理论提出—电力系统

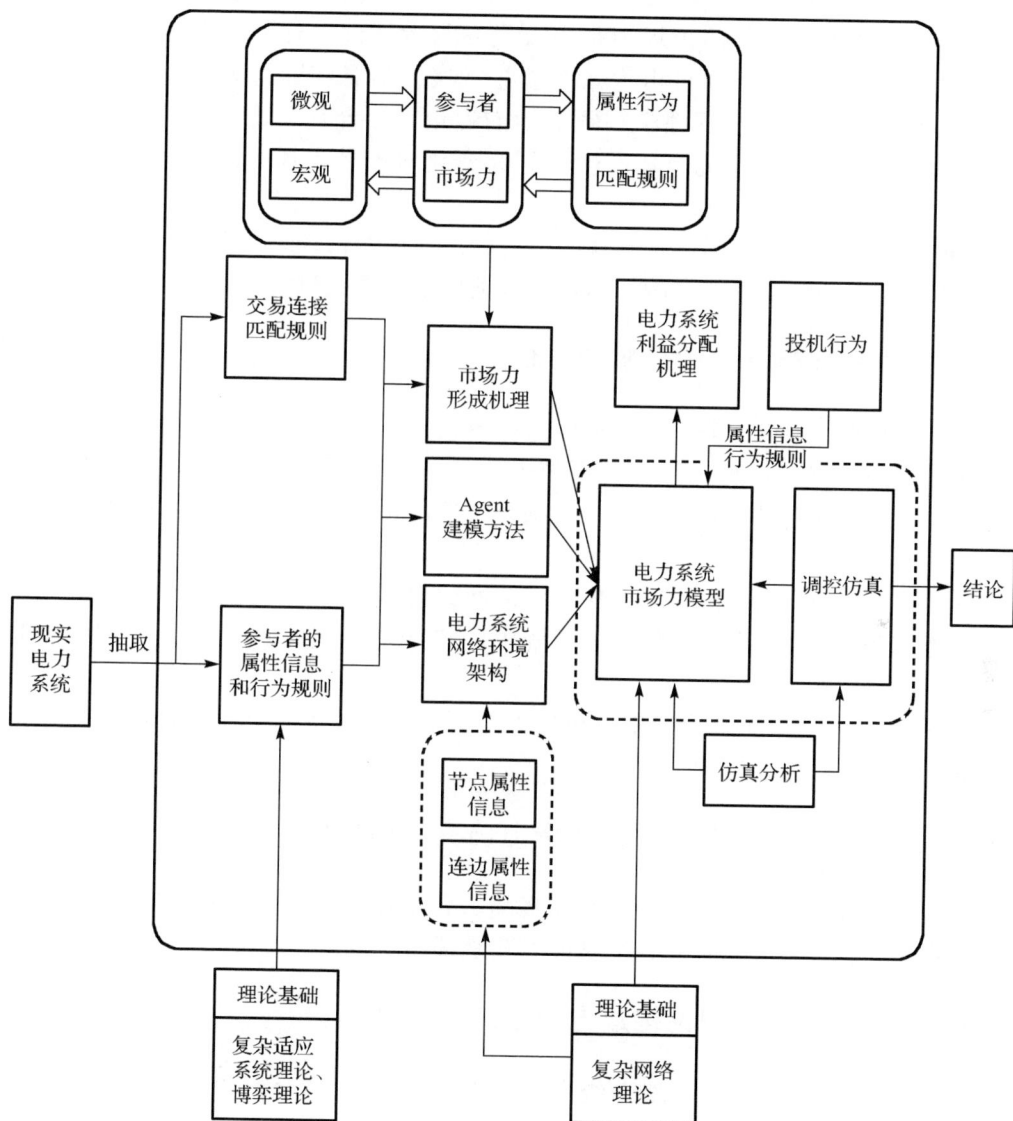

图 1.1 研究内容逻辑框架

市场力模型构建—市场力仿真分析—异常行为作用下的市场力调控仿真的思路,提出相应的研究内容。

1.5.1　微观个体与宏观系统结合分析

根据复杂适应系统理论,以下从宏观和微观两个层面对市场力进行研究。

微观层面:电力系统的市场力是由大量参与者属性和行为规则相互作用形成的,从微观层面研究如何通过电力系统参与者属性信息和行为规则涌现形成整体的市场力运行状态。依据管理学和经济学的理论,结合复杂适应系统理论、复杂网络理论和博弈理论,研究个体属性和行为变化对整体市场力的影响,构建市场力模型。

宏观层面:市场力作为一种宏观的市场状态,研究市场力的衡量指标,以及市场力对市场利益分配关系的影响,结合复杂适应系统理论进行系统仿真分析。

1.5.2　电力系统市场力运行机理分析

对市场力的运行机理分析主要表现为以下三方面。

第一,复杂适应机理分析。电力系统内的市场力受市场参与者主体属性和行为、市场环境以及市场交易关系的影响,依据复杂适应系统理论对其复杂适应机理进行分析。

第二,网络运行机理分析。根据复杂网络理论构建电力系统市场力网络环境,通过网络节点的聚集属性表达系统中的市场力变化,给出市场力网络机理分析。

第三,利益分配机理分析。根据市场力与利益分配关系的交互影响的因果关系,给出市场力的利益分配机理分析。

1.5.3　基于 Agent 的电力系统市场力仿真模型构建

以多 Agent 建模方法界定电力系统环境、各主体的属性信息和行为规则,以及交互关系,并进行参数设计,建立 Agent 仿真模型。

1.5.4　基于复杂网络理论构建电力系统网络环境

在电力系统的研究中,将系统参与者与网络结构结合,以交易关系作为研究的重点。以系统参与者作为网络节点,以参与者间的交互关系为连边,分别从物理层、交易层和管理层三个角度,依据复杂网络理论构建电力系统网络结构化环境。

1.5.5　依托 Swarm 平台的市场利益分配仿真研究

依托 Swarm 仿真平台实现仿真，在 Swarm 仿真平台上，封装主体类 Generator 和 LDPuser，实现对主体属性信息和行为规则的设计。同时，封装连接类 TradingCenter，依据匹配条件和匹配规则，实现发电商与大用户之间的连接关系，生成网络结构模型。

1.5.6　市场异常条件的调控仿真

在电力系统仿真过程中，引入投机策略作为扰动因子，通过策略的选择影响电力系统网络结构，进而影响电力系统中的利益分配关系。通过 ObserverSwarm 观测系统状态，引入调控变量因子，对系统内的运行状态进行调控。

1.6　研　究　思　路

本书技术路线如图 1.2 所示，具体描述如下。

(1)根据所选择的研究问题和已经提供的理论基础，参考国内外有关资料，确定研究课题的目的、内容以及研究的思路和方法。

(2)结合需要研究的内容进行国内外文献的相关搜索分析与总结，针对电力系统内的市场力、电力系统网络结构、电力系统内参与者行为以及异常行为、研究方法等进行总结，分析已有文献与本书的联系与区别，从而为后续研究奠定基础。

(3)详细介绍电力系统市场力理论、电力系统复杂网络理论、电力系统复杂适应系统理论、仿真理论和博弈理论，奠定本书的研究理论基础。

(4)从现实 LDP 模式下的电力系统中抽取参与者属性信息、行为规则以及市场交易规则，在复杂适应机理、网络生成机理和利益分配机理分析的基础上，采用 Agent 建模的方法构建市场力仿真模型。

(5)借助 Swarm 仿真平台对 LDP 模式下的市场力模型进行仿真分析，研究影响市场力的因素以及结构化市场力对利益分配关系的影响。

(6)在电力系统中，将占市场主导地位的发电商异常行为作为扰动因子，研究异常行为引导下电力系统市场力对利益分配的影响。在选取调控变量后，通过多次仿真实验，寻找合理的调控变量以及调控变量组合、调控系统属性信息，引导合理的利益分配关系。

LDP模式下的电力系统市场力Swarm
模型与调控仿真研究

| 问题提炼 |

研究背景及科学问题
(明确研究目的、研究内容与研究思路) ← 文献分析法

| 研究基础 |

已有文献的贡献与不足 ← 文献分析法

| 理论基础 |

相关理论知识

| 复杂适应系统理论 | 复杂网络理论 | 博弈理论 |

← 文献分析法

| 模型构建 |

LDP模式下电力系统市场力Swarm模型

| 参与者的属性信息行为规则 | 系统运行机理 | 交易中心的交易规则网络特征 |

Agent建模方法

← 文献分析法
数学建模法
仿真分析法

| 调控仿真 |

LDP模式下电力系统市场力仿真调控

| 一般条件考虑市场结构的仿真 | 调控仿真 |

← 文献分析法
数学建模法
仿真分析法

LDP模式下投机策略作用下的电力系统市场力调控仿真

| 投机策略 | 系统运行机理 | 调控策略 |

利益分配

| 结论 |

研究结论与展望

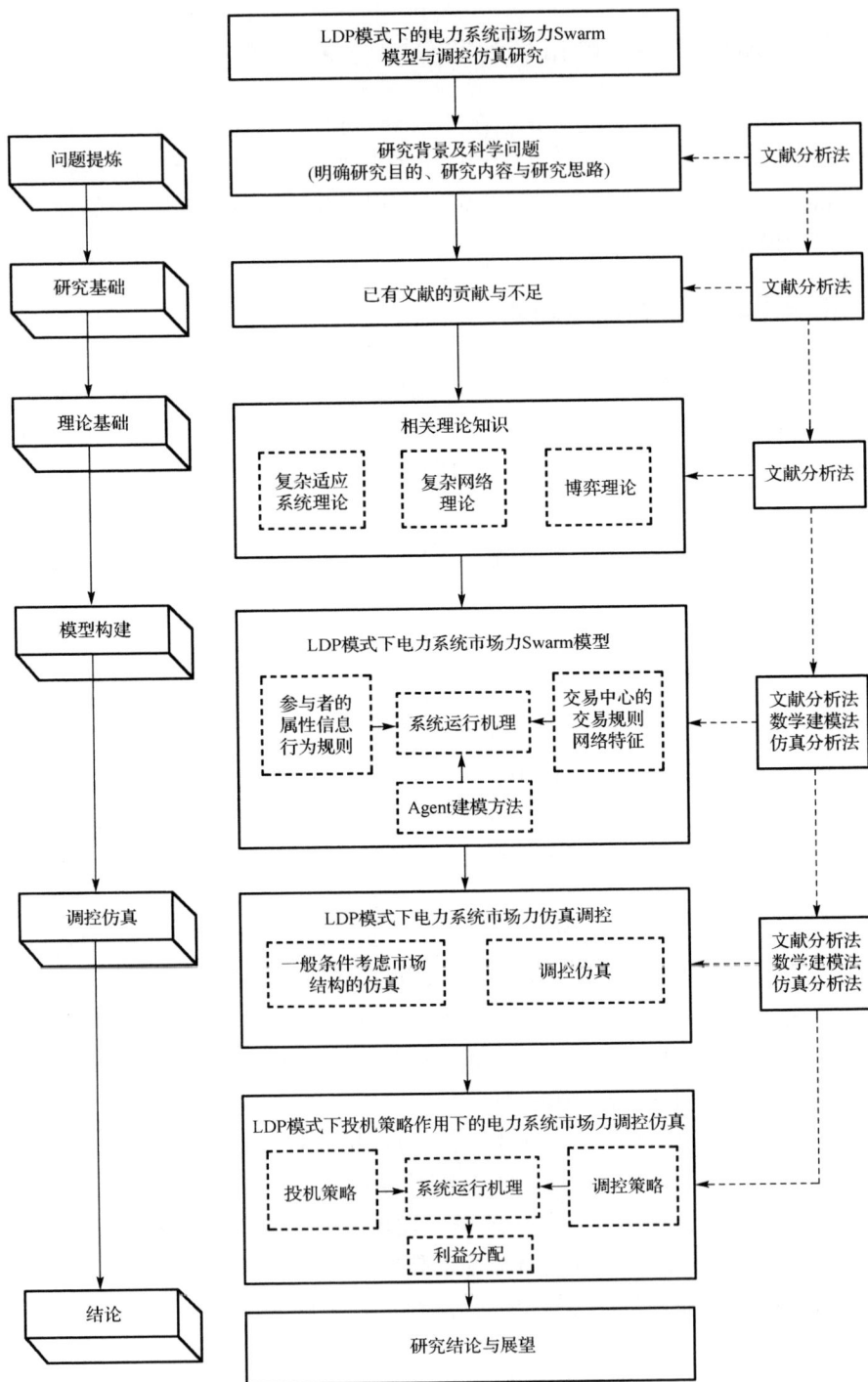

图 1.2　技术路线图

1.7　研　究　方　法

1.7.1　文献研究方法

本书采用文献研究方法，经过钻研已有的研究理论和基础理论，对国内外学者关于电力系统市场力、电力系统内参与者行为、复杂网络构建理论、博弈理论、复杂适应系统理论进行相关的研究梳理，为本书研究提供相应的理论依据和分析方法。

1.7.2　规范研究方法

在相关文献分析和研究的基础上对拟研究的问题进行定量描述，建立电力系统市场力模型。需要对已有的模型进行全面分析，构建符合本书研究问题的仿真模型。

1.7.3　仿真建模方法

本书借助 Swarm 仿真平台，运用 Agent 建模的方法，通过考虑属性信息和行为规则，建立电力系统市场利益分配 Swarm 模型。

第 2 章　市场利益分配机理与调控仿真

2.1　概　　述

电力系统内市场力影响着利益分配，关于电力系统市场力的调控研究一直是学术界的热点问题。随着研究的逐步深入，对电力系统市场力的研究已由定性研究逐步转为定量研究。由于市场力对利益分配的影响受参与者行为动态影响，对其调控应该具有动态性。而在已有研究中，计量经济的政策评价性研究具有一定的滞后性，且对已造成的经济损失不可挽回。同时，电力系统作为一个动态的复杂系统，静态的方法不足以解决现实的问题。此外，电力系统作为一个复杂适应系统，因其不可重复和难以计算的特点，传统的方法不能对目标函数和约束条件进行明确的函数表达，且求解能力有限，导致基于数学模型的优化方法在应用于实际生产时具有一定的局限性。

随着计算机技术的进步，仿真方法作为一种动态研究方法已被广泛应用到各个研究领域。仿真是在模型基础上对实际系统进行实验研究的过程。由于电力系统参与者行为的多样性和同类型参与者行为的一致性，以及电力系统运行环境的复杂多变性，仿真的方法非常适合于电力系统调控的研究。

鉴于此，本书采用仿真的方法进行 LDP 模式下市场力影响利益分配的调控仿真研究。

2.2　学术趋势分析

本章以中国知网数据库中的"学术趋势搜索"为检索工具，以"电力系统市场力""电力系统""电力系统网络""电力系统行为""电力系统仿真"为检索词，对所研究的问题进行了相关趋势的分析，结果如图 2.1～图 2.5 所示。

从图 2.1～图 2.5 可以看出，电力系统研究的学术关注度整体呈上升趋势，并且从 1980 年起明显上升，其上升趋势明显增加，说明对电力系统的研究一直是学术研究的热点问题；电力系统网络研究的学术关注度从 1995 年开始上升，但文献发行数量不多，说明对电力系统网络的研究正逐渐引起人们的关注，学术成果并不显著，还需要进一步探索；行为研究的学术关注度从 1995 年开始急剧上升，学术成果显著，说明关于行为的研究在学术界引起高度关注；电力系统行为研究的学术关注度从

2000 年开始逐年上升，说明行为研究已经在电力系统领域获得关注，但是从目前来看研究成果并不明显；同时，电力系统仿真研究从 2000 年开始逐渐上升，但成果并不显著，仍处于探索发展阶段。

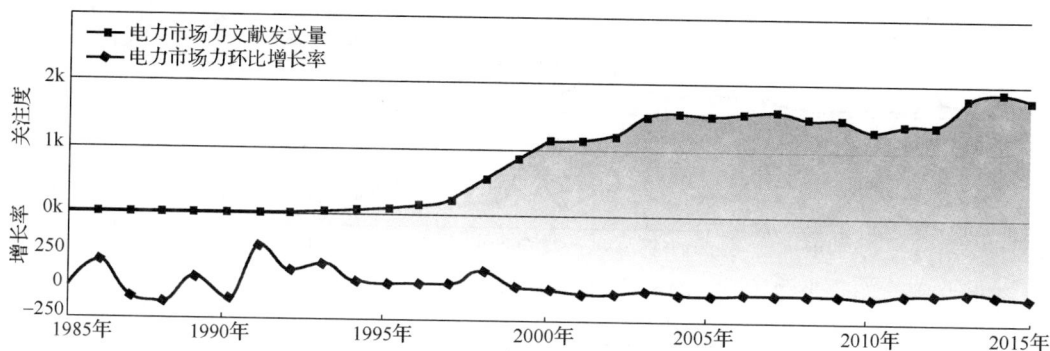

图 2.1 CNKI 对电力系统市场力研究的学术趋势分析

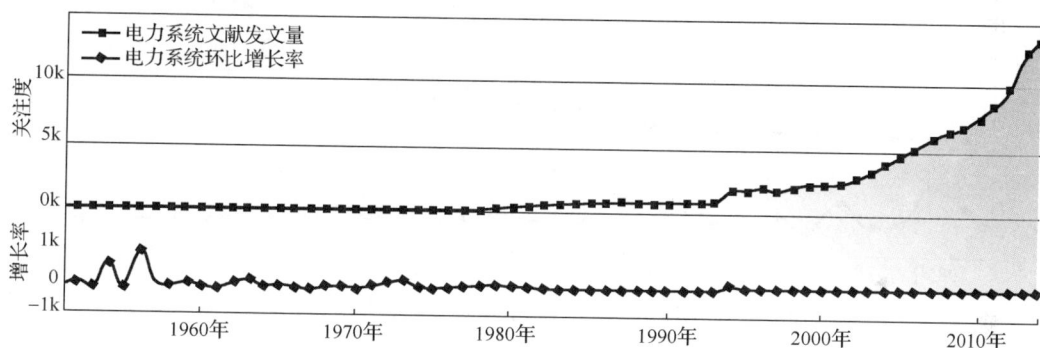

图 2.2 CNKI 对电力系统研究的学术趋势分析

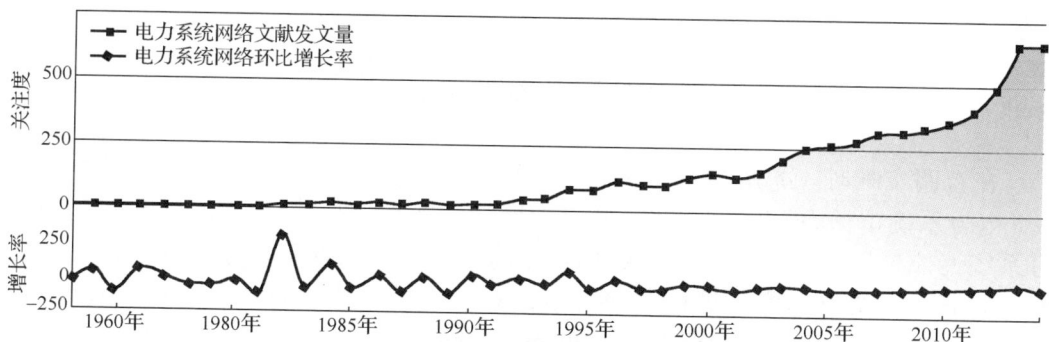

图 2.3 CNKI 电力系统网络研究的学术趋势分析

综上所述，关于电力系统的研究一直是学术界高度关注的问题，从电力系统网络结构的角度对电力系统进行研究正逐渐受到学术界的关注。此外，从已有的研究

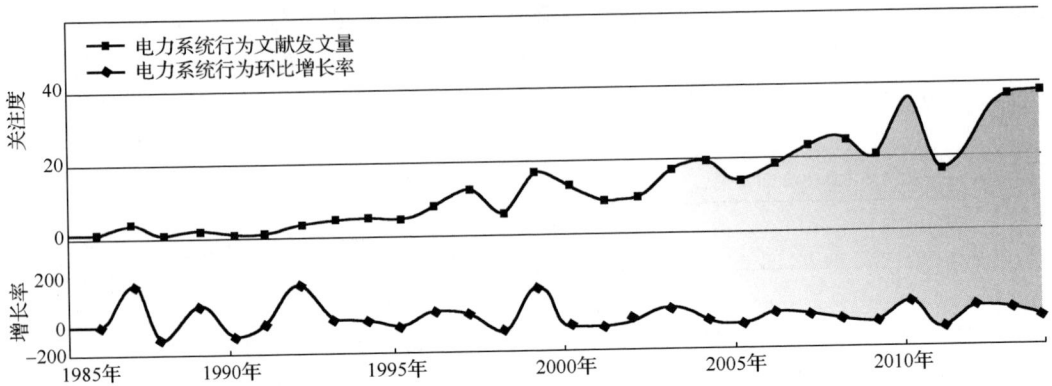

图 2.4　CNKI 对电力系统行为研究的学术趋势分析

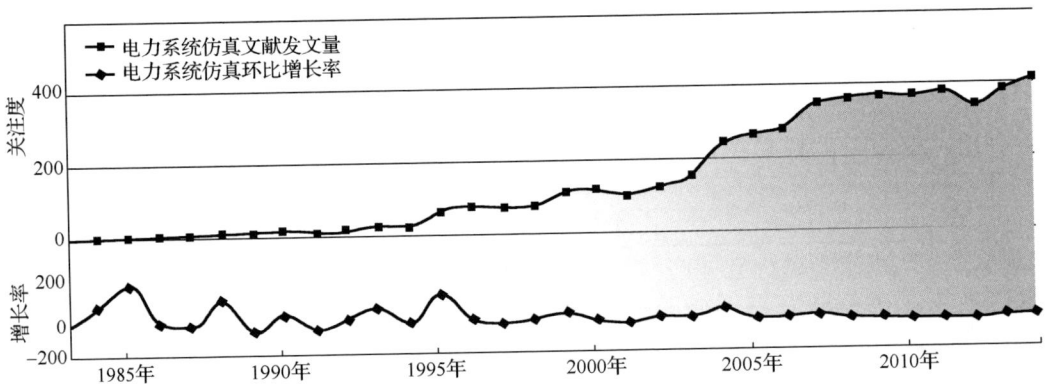

图 2.5　CNKI 对电力系统仿真研究的学术趋势分析

可以看出，仿真方法是研究电力系统问题的可行方法，对电力系统的研究具有价值和意义。

2.3　相关文献情况分析

在查阅文献时，分别对国内和国外两个文献检索源进行检索。在中文检索中，以"电力系统市场力""电力系统""电力网络结构""电力系统参与者行为""电力系统调控"为中文关键词，在 CNKI、Elsevier 全文数据库、Springer 全文数据库、Wiley 全文数据库中进行全文检索；在英文检索中，以"market power in electricity"、"electricity system"、"electricity system network structure"、"electricity market behavior"和"electricity regulation"为关键词，在 Elsevier Science 全文学术期刊、Springer 全文数据库和 Wiley 期刊数据库进行全文检索，如表 2.1 所示。

表 2.1 相关文献的检索情况

检索源	检索词	模糊检索	精确检索	有效	精确检索条件	时间
CNKI	电力系统市场力	11787	158	4	篇名/关键词/摘要	不限
	电力系统	13213	25	14		
	电力网络结构	2773	939	7		
	电力系统参与者行为	4973	939	7	关键词/摘要	
	电力系统调控	3573	939	7	关键词/摘要	
Elsevier	market power in electricity	14101	29757	16	abstract/title/keywords	all years
	electricity system	12145	1157	20		
	electricity system network structure	18797	34	3		
	electricity market behavior	122445	1157	20		
	electricity regulation	22445	1157	20		
Springer	market power in electricity	92099	667	3	with the exact phrase	all years
	electricity system	122617	284	5		
	electricity system network structure	17262	0	0		
	electricity market behavior	122617	284	5		
	electricity regulation	17262	0	0		
Wiley	market power in electricity	37850	27	1	article titles/abstract/keywords	all years
	electricity system	15110	312	6		
	electricity system network structure	22176	27	2		
	electricity market behavior	20630	276	6		
	electricity regulation	9321	46	3		

注：模糊检索篇数是在不限制检索条件的情况下，直接以检索词检索出的篇数

2.4 文献检索情况概述

为了阐明文献检索范围，首先，需要对 LDP 模式下的电力系统市场力 Swarm 模型和调控仿真进行分析，以便进一步确定相关关键词范围与研究文献。首先，随着市场力影响利益分配的问题受到越来越多的关注，关于电力系统中市场力的文献层出不穷。其次，电力系统的市场力是一种系统涌现的现象，对市场力的研究必须考虑如何构建电力系统，同时考虑到其网络结构属性，因此，需要从已有文献中搜索关于电力系统的相关文献和其网络属性的相关文献。再次，从复杂适应系统的角度来看，市场是系统中参与者主体的简单规则涌现的复杂现象，要研究市场力，必须从参与者行为入手，研究正常行为和异常行为作用下的电力系统的市场力。最后，实现对市场力影响利益分配的调控仿真。

综上所述，与本节相关的检索范围主要包括五方面：电力系统市场力、电力系统网络属性、电力系统参与者行为和异常行为、电力系统的调控变量和电力系统的主要研究方法，对这几方面进行相关文献的检索，涉及的文献主要来源于关

于电力系统的相关书籍、期刊以及东北大学图书馆数据库中公开发表的论文和数据资料。

2.5　参与者与市场结构的异常分析

市场力的存在对市场中利益分配的均衡性具有潜在的威胁。电力系统的参与者作为系统中具有能动性的主体，其行为策略引导系统变量的改变。当电力系统中的参与者，特别是发电商，在多次系统运行中发现市场运行规律，在利益的驱动下，结合自身的市场地位，采取异常行为策略作用于市场力后，将严重威胁到电力用户的利益。鉴于此，本节提出以参与者异常行为策略作为扰动变量，研究发电商投机策略作用于电力系统市场力时，系统的运行状态与调控仿真研究。

2.5.1　市场利益分配与市场力的相关研究

在世界范围内，电力系统市场力问题逐渐受到关注，学术界已从不同的角度对市场力进行研究。

市场力受多种因素影响，Victor[1]等估计西班牙批发电力市场两个不同阶段中的竞标电量——边际成本和市场力的程度关系，得出边际成本和市场力的程度影响竞价和上网电量。通过建立模型指出，市场力和边际成本具有组合效用。同时指出西班牙电力市场削弱市场力结果的有效性。Umesh[2]等指出印度在提高电力市场竞争力的改革中，虽然采取主动的监管策略，如关税、网格编码、开放国家间的传输、国家间的交易等，但是在批发电力市场中，电价仍然升高。于是分析印度批发电力市场中的市场结构和竞争关系，探讨市场力对市场价格升高的影响。采用市场集中度(concentration ratio)、HHI 指数(Herfindahl-Hirschman index)、供应裕度评估(supply margin assessment)和剩余供给指数(residual supply index)来度量市场力，并且用价格-成本加成(price-cost mark-up)来检测实施市场力是否能导致更高的利润率。分析表明发电商的市场力是增加市场价格的原因之一，并提出增加市场竞争力的方法，如发电设施剥离、减弱需求供给差异、充足的传输能力等。

市场力影响利益分配，应受到合理有效的监管。Willems[3]等认为在大多数的欧洲国家，仅依靠一般的市场竞争规则不能有效地阻止市场力的滥用，需要政府的事前监管进行弥补。监管者应该激励发电公司与零售商签订合同来控制其风险的暴露。仿真模型显示，这种监管可以大量减少市场中的无谓损失，且没有对被监管人施加大量的成本。

针对市场结构与市场力的影响关系问题，学术界普遍认为开放大用户的自主选择权可有效地削弱市场力，但是该方面的研究仅停留在理论层面，缺少仿真研究。

在电力系统中，系统参与者作为网络节点，是电力系统构成的基础。由于各国电力系统改革进程的差异，在世界范围内形成多种电力系统的结构模式，冷媛[4]认为，从市场竞争的角度看，电力市场存在四种典型的结构模式：垂直垄断结构、发电侧竞争结构、输电侧开放结构和零售竞争结构。当前中国正处于第二种模式改革阶段。不同的结构模式对电力系统产生不同的影响，Mahoney 等[5]探究了电力系统市场结构与电价之间的影响关系问题，在二级价格密封投标拍卖电力市场，分析爱尔兰电力系统的经济性来研究高电价是否由于参与者的投标不符合市场规则或是与理论不一致，结果表明没有任何证据显示生产者与电力系统之间的交互是低效的。因此，电力市场电力系统的结构不能解释高电价。Boroumand[6]研究了电力市场中的零售竞争，比较英国与挪威的市场结构与绩效后，得出在英国这样的多市场结构中零售竞争结果不佳的结论。同时，在评估其他影响零售竞争动态的因素后，得出多市场环境仍是垄断利润的主导因素，必须建立补救措施来纠正市场缺陷。

同时，不同的结构模式中存在着不同类型的市场参与者。任玉珑等[7]根据各国的国情以及电力市场改革的阶段，将电力市场的参与者分为发电商、发电经纪商、辅助服务供应商、电网拥有者、计划协调者、零售商和配电商，此外还有电力交易和独立系统操作员等中介机构。随着电力市场的逐步成熟，我国电力市场参与实体的数量和种类会有所变化，但发电商、电网拥有者、配电商等参与实体在各个时期共同拥有。输电环节以其自然垄断和特殊的网络结构，在电力系统中处于特殊的地位。针对输电环节，杜松怀等[8]指出，将电力系统的输电环节进行拆分，将输电环节分为电网拥有者、独立系统操作员、电能交易中心、计划协调者和辅助服务供应商等市场参与者，不同国家根据自己的国情采用不同的独立实体的数量及组合方式。

2.5.2　市场调控变量与利益分配的相关研究

为维持电力市场的安全有序运行，需要对电力系统内的调控变量进行相关研究。He[9]等认为可再生能源已成为世界上解决环境污染和能源危机与实现社会可持续发展的战略选择。监管体系的建立恰逢与可再生能源和电力市场运作的发展阶段相一致，中国在规范市场竞争中必须保证可再生能源健康发展。现有的监管机制也存在不足，如倾向对经济监管和缺乏一个市场调整机制。在发电市场监管可再生能源比例以及供电质量，在电力传输企业监管收入上限和成本监督等。Michael 等[10]分析了配电网的协调和电力供给安全的相互作用，提出了基于产出的监管框架，考虑了基于质量供给的标准。

在电力系统的研究中，多数学者采用建立数学模型的方法对电力价格进行研究。Natalia 等[11]基于理论预测，建立了自回归马尔可夫模型随时间变化的转换概率。这个过程允许不同的价格周期阶段转变概率，这个概率是由市场价格、公司的市场份额和收益决定的。Joao 等[12]认为，电力市场的电价受到原料成本、二氧化碳排放价格、水电和其他的可再生能源，以及电力公司的策略行为的影响。通过计算推测演化模型中的每小时竞争性参数，分析伊比利亚电力市场中三个中型电力公司的策略行为。结果表明，2008 年前六个月的燃料价格和二氧化碳排放价格的上涨并没有反映在电价上。Toshiyuki 等[13]提出，生产扩张模型(generation expansion model，GEM)认为系统成本包括资金成本、运营成本和维修成本。Mark 等[14]提出，发电公司是各种技术类型的发电机组的投资组合(煤、石油、天然气、水和核能)的生产者模型，包括相同种类的多个生产机组。大型煤电和核能机组的特征是产能高，边际成本低，启动成本高，最小载荷高(分别为 50%和 100%的最大容量)，每小时固定成本高，启动时间长(分别为 10 小时和 60 小时)。燃气、燃油发电机组的容量和成本差异较大，但一般具有较高的边际成本、较低固定成本和较低的最低负荷(5%最大容量或更少)。

Rolf 等[15]探讨了电力传输网络的运营管理应发展成市场驱动型的商业还是保持为纯公共事业活动。将电网运营从电力价值链中的其他活动(发电、交易测量销售)中分离出来建立公共事业模型和商业模型来讨论，荷兰的产电和供电采用商业模式，电力网络采用公共事业模型。

部分学者采用博弈的方法研究系统参与者之间的交互行为和利益关系。Daniele 等[16]采用进化博弈理论，并提出近纳什均衡的概念，仿真存在多个生产者的电力市场。采用遗传算法，以固定消费者的投标价格和需求来研究生产者的投标行为。Ettore 等[17]基于博弈理论提出一个中期电力市场仿真，认为改变市场结构、市场规则、需求水平、市场集中度和产电能源等因素会影响绩效。该仿真包括火电机组组合的博弈和政策性投标以及每小时市场出清价的博弈，火电机组的投标要考虑燃料成本和固定成本，最小化投标价格。Ladjici 等[18]在集中式或双边结构的垄断电力市场中，考虑到传输限制，采用竞争协同进化算法来探讨纳什-古诺均衡。在竞争性电力市场环境中，有界进化代理进行市场博弈，采用策略来最大化其收益。在竞争的影响下，共同进化代理趋向于均衡点。

随着计算机技术的发展，一种动态的多主体仿真技术逐步被应用到电力系统的研究中，喻菁[19]引入 Multi-Agent 系统理论提出一种新型的电力零售市场。市场成员的四种类型包括电网运营商、发电商、电力零售商和电力用户，市场中只有一个电网运营商作为中间人存在，负责电力市场的运营管理和电网安全维护。其余三类成员根据市场规模不同会有不同数量存在，他们在市场开市之后、收市之前，可根据自身的需要随机进入市场，完成交易，属于完全竞争型的市场。电力零售商通过匹配发电商和用户，从中赚取差额利润，扮演着卖方和买方的双重角色。电力用户有权选择自己满意的电力供应商。黄仙等[20]在考虑了发电企业中参与者的自适应与交互行为后，基于 Agent 的多主体建模方法，利用 RePast 平台对电力系统中发电企业间的竞价过程进行了仿真模拟。各参与主体受各次竞价经验的影响，以实现最优收益为目的，不断地积累知识，修正其预测函数。朱洁琳[21]在对影响发电商竞价行为的影响因素进行综合分析后，认为以计量等为代表的传统方法，不管从模型的构建还是求解的过程来看多存在一定的局限性。而基于刺激-反应规则的 Agent 建模方法，因其具有较高的智能性，可以通过对环境的观察，根据所处的状态采取相应的策略，非常适合于对该类问题的模型构建。王海宁[22]设计了基于复杂系统多 Agent 建模技术的电力市场仿真系统。

对不同智能代理算法比较、不同负荷需求情况对市场稳定和发电商报价策略的影响等仿真实验研究进行了分析。Shafie 等[23]提出基于多主体代理的多层次随机模型，研究电力市场参与者行为。在多主体的代理环境中，第一层是批发市场参与者，包括可再生能源电厂、插电式电动汽车的集合、需求响应的提供者和零售商，参与者要最优化其投标报价策略；第二层插电式电动汽车的拥有者和参与到需求响应指令的消费者作为独立的代理被构建在模型中，他们的目标是增加自身的收益，同时保留福利。利用不完全信息博弈理论建立实时电力市场中参与者的相关关系。Gabriel 等[24]建立上层实体，整合了几个不同国家的电力市场和电力系统模型，该实体整合了所有可以解释可用信息的必要概念，使用竞争性电力市场多主体系统平台实现实体的运作。

2.5.3　电力系统网络属性的相关研究

在物理属性的研究中，杨洪明等[25]提出，考虑输电网约束的电力市场动态模型，该模型考虑了输电网固有的物理特性所赋予电力市场的复杂约束，包括系统功率平衡及输电线路容量限制，刻画了在输电线路阻塞与无阻塞情况下，电力市场发电方和需求方同时投标的情形，反映出独立系统调度员的统一市场清算过程。王一[26]认为，在电力市场的实际运行中，输电物理阻塞使节点电价偏离边际成本而导致用户购电成本增加，并增加局部区域发电商的市场力，削弱市场公平性，降低市场效率。Capasso 等[27]认为高标准的稳定性和系统运营的安全性是市场参与者的竞争力，传输扩张计划可以保证提高竞争力，发生阻塞限制竞争并导致最终用户成本增加。陈波[28]从电力网络的物理角度出发认为，电网的度分布服从指数分布，不存在连接度很大的节点。

在市场属性研究中，Gert[29]指出，网络收费具有补偿网络成本和传递价格信号确保使用网络效率的目的，可以用差异化定价来处理网络阻塞和延迟网络扩张。基于网络的拓扑性结构和阻塞水平，局部网络定价将根据不同的网络使用者效用来区分网络收费。两个数值案例表明缺陷性协调带来了网络结果无效率。从八方面阐述最优定价作为协调装置的障碍：分配效用、竞争策略和定价歧视、监管限制、交易和监管成本、价格信号的清晰度、信息缺失、激励不相容、政策行为的短期效益等。

在管理属性研究中，Martnez 等[30]建立了电力市场网络模型，研究在生命周期内对接入阿根廷电力网络的发电厂和运营负荷进行选择，以最小化温室气体排放量和系统运营成本。同时指出电力生产网络具有不同的发电类型的发电厂，包括不同化石燃料的热电厂及水电、核电、光伏发电和风电。采用连续的运营变量对每个机组的最优负荷进行选择，以减少生命周期内的运营成本。

2.5.4　电力系统参与者行为策略的相关研究

电力系统参与者作为具有自主性的主体，在参与到电力市场的过程中，具有适应性特征，可以通过自身行为策略的改变影响电力系统网络的运行状态。Sahraei 等[31]研究了垄断电力市场中在固定和可变需求情况下电力供应者投标行为的复制动态模型，认为市场参与者的决策导致电力市场的动态变化，电力系统的物理参数(如线路容量和电压限制等)可以通过改变市场参与者的行为来影响市场的动态变化，并考虑了生产限制、爬坡限制、突发事件停运限制和阻塞限制对电力系统运营的影响。鲍海等[32]在分析远期与日前交易的基础上，建立了远期交易市场与日前交易相结合的发电权交易模式。这种交易模式为具有远期交易权的发电商进入日前交易市场提供了可能。

市场参与者行为可影响其他电力系统参与者行为进而影响系统运行。叶青等[33]认为发电商的交易行为具有非随机性的特点，在交易的过程中，发电商的行为往往会受到外界环境以及其他发电商行为的影响，在群体行为的影响下，当这种行为趋向一致时，将对电力市场整体运行状态产生影响。参与者行为受到多种因素的共同作用，刘敦楠等[34]认为，市场结构、市场供需、电价机制、信息披露及申报限制等因素影响着供应者的市场行为，并提出相应的控制对策。Ghaderi 等[35]针对发电公司收益、利润、总成本等 38 个影响发电公司策略行为的因素进行了敏感性分析，得出不同的因素组合对发电企业收益产生不同的影响，进而使发电企业采取相应的行为策略。

调控者作为引导电力系统的重要因素，对电力系统的运行起到至关重要的作用。Lagarto 等[36]认为发电公司的竞争行为可能会损害自由化电力产业预期的收益。监管者利用推测变化模型计算每个发电公司在每个交易阶段的竞争度参数，以对发电公司竞争行为进行监管。同时，利用剩余供应指数和勒纳指数来处理市场力问题。Sherzod[37]采用实证的方法研究监管改革对英格兰和威尔士的批发电力市场电力生产者投标竞争行为的影响。使用寡头垄断的模型来确定实施市场力的激励与约束，当生产者具有更高的能力时，发电商受到激励会提供一个高于机组边际成本的报价进行投标，但是报价过高会使生产机组不被调度。没有证据表明采用价格上限监管可以约束生产商实施市场力，但是采用撤资政策可以约束生产商实施市场力。

2.5.5　电力系统参与者异常行为策略的相关研究

在电力系统运行过程中，电力系统参与者为追求自身利益的最大化，往往改变正常的系统行为，影响系统运行效率。现有研究中两种突出的电力系统异常行为包括合谋行为和投机策略。

在合谋行为的研究中，叶青等[33]在对电力市场内的群体心理和行为分析的基础上指出，当大多数发电商偏差想法趋于一致时，将形成市场合力，对市场的运行状态引起扰动，导致电力市场运营的系统性偏离，出现市场异常表现。姚志斌[38]指出利润最大化的动机促使电力市场中以合谋为表现形式的策略性行为产生。王伟等[39]认为，发电企业、电网企业和监管部门之间有关交易行为和股权结构的信息不对称是发电企业间竞争疲弱、默契合谋行为产生的原因。Pettersen 等[40]建立了简单的博弈模型，研究电力零售商和网络拥有者刺激消费者转变消费行为，使高峰负荷转入低峰负荷，并比较了合谋和非合作行为下的结果。张粒子等[41]在分析了发电商的合谋与电力市场溢价的关系后指出，市场溢价与市场份额具有正相关性，与市场需求弹性具有负相关性。在分析电网阻塞与发电商合谋关系后得出，合谋在输出受限区发生主要是为了防止恶性竞争的出现，而在输入阻塞区主要是为了获取不正当利益。李玉平[42]在对电力市场的默契合谋进行分析后指出，在统一出清体制和重复报价的条件下，由于电力市场的不完全竞争性，市场内可能出现两种状态：一是具有市场主导地位的发电商单独实施市场力，产生溢价现象；二是为获取市场主导地位，多个发电商间达成稳定的默契合谋，影响市场出清，同时为非联合发电商带来外部的效应。Anderson[43]指出实施市场力和显性合谋的存在不能使电力批发市场产生竞争结果。采用进化博弈方法探究在寡头垄断的市场里需求的价格弹性、产能和远期合约对显性合谋的影响。Shafie 等[44]从监管者的角度，利用随机动态博弈理论提出虚拟电力市场模型来研究电力市场参与者行为。在考虑价格不确定和安全约束的情况下评估参与者的垄断、合谋和策略性行为。

在投机策略的研究中，Eva 等[45]以 2002～2010 年 303 个关于纠纷解决的监管决策，证明在英国、丹麦和法国的自由化电力行业中，网络运营者存在投机策略。网络运营商通过采用收取高于法定要求的税率的投机策略给消费者带来负面影响。赵彩虹等[46]在对电力市场内的投机行为进行分析的基础上指出发电商采取投机策略的相关问题。第一，发电商具有市场力的大小与投机策略的实施有关。由于电力企业规模效应的存在，市场力普遍存在于电力市场中，并影响发电商的投机行为，发电商是否采取投机策略，与发电商利用市场力后的不当得利有关。第二，发电商利用市场力采取投机策略。总结三种发电商利用市场力采取投机策略的方式包括：利用市场主导地位采取异常报价行为，抬高市场电价；发电商故意制造或利用网络阻塞，使其对某个供电区域具有独占优势，达到变相垄断的目的；利用调峰和调频方面的优势，从辅助电力市场获得超额利润。第三，发电商的投机手段主要是从对电力调度实行指令的执行速度等方面反映。Oliver 等[47]研究了能力投资、风电占有率和市场力间的交互关系，发现电力公司能够使用市场力的程度主要依赖于容量峰值比。对于长期运营的情况，在某些阶段，市场力随风电占有率的增加而增加，但是，优先排序可以抵消这种市场力，使电价保持平稳。随着风电占有率的增加，返回峰值增加剧烈。反过来，市场力导致无效调度，这恶化了大量的风力生产。Nadia[48]研究了俄罗斯自由化电力市场力的长期和短期水平，发现尽管存在市场力滥用的隐患，但是真正滥用市场力的却很少。这是由于目前电力市场中采用成本投标规则进行机组组合。

2.6　研　究　评　述

2.6.1　已有研究借鉴与不足

已有研究中，从市场力、系统结构、参与者属性、参与者异常行为方面的影响，以及研究方法的改进等几方面对电力系统进行了相关研究。已有文献对电力市场中的市场力问题进行了相关的理论论述，为研究市场力运行与调控提供相关依据与参考。在电力系统结构和参与者行为分析的相关研究中发现，电力系统结构有别于一般的交易市场，表现在其系统结构具有参与者主体属性异质，包括多重参与者特征，并对电力系统结构具有极大的影响力。从研究方法上可以看出，已有研究采用博弈方法和多主体建模方法考虑电力系统具有相当多的研究工作基础。从仿真研究方面，采用多主体建模方法并进行仿真分析，研究结论具有参考价值。已有文献为本章电力系统市场力影响利益分配机理提供理论分析。在构建电力系统市场力模型时，本章从已有文献中抽取主体属性信息和行为规则。在进行市场力调控仿真时，已有文献为本章提供了理论基础和研究方法。

已有研究在给出理论基础和研究方法的同时，也存在一些不足，主要包括：首先，已有文献对于电力系统网络结构的研究多集中于物理网络的探索，缺乏综合对多层网络映射后的综合网络的思考，特别是利用复杂网络理论来考虑电力系统的网络结构与参与者行为之间关系的研究还没有相应的工作；其次，已有文献多从定量的角度对市场力问题进行研究，缺乏市场力的系统视角；最后，对于市场力影响利益分配调控问题，已有文献多采用单一变量进行调控，缺乏组合变量对电力系统市场力进行调控研究。

2.6.2　已有研究贡献

已有研究对本书研究的主要启示如下。

(1)研究 LDP 模式下的电力系统中的市场力问题是必要的。已有研究已针对市场力对电力系统利益分配的威胁性进行了分析，明确研究了电力系统中市场力的必要性。然而对 LDP 模式中需求侧选择权对市场力影响利益分配的模型构建与仿真分析的研究是缺乏的，因此，LDP 模式下的电力系统的市场力具有重大研究价值。

(2)在研究电力系统的市场力时，不仅要在宏观层面研究市场力的整体特性，而且需要在微观层面研究电力系统中参与者属性行为策略对整体市场力的影响，以及市场力对利益分配的影响。

(3)电力系统作为一个动态的、变化的系统，需要运用动态的研究方法才能得出可行有效的结论。因此，有必要将复杂适应系统理论与电力系统结合起来进行研究。

第3章 相关理论基础

3.1 市场力与市场利益分配的相关理论

3.1.1 电力系统市场力的结构与行为关系

宏观管理研究的市场力是指一类能够影响利益分配关系的市场力量，这种市场力是宏观经济系统中对市场控制能力的表达；在电力系统的仿真环境中，是网络环境中节点聚集性的表达。市场力在电力系统的现实环境中表现为对电力市场控制能力的强弱、对电力市场价格的决定权和对市场利益分配关系的绝对控制能力。市场力是结构与行为的综合体现。

电力系统市场力可以从两方面进行表达：第一，在网络环境下，电力系统的市场力通过网络节点的聚集来表达，一般认为市场份额较高的发电商具有较高的市场力，网络节点的聚集程度从一个侧面表达了参与者的市场地位以及操控市场的可能性；第二，利益分配结果与市场力之间的因果互换关系。利益分配关系影响着电力系统中的市场参与者的行为策略，进而影响电力系统市场力，同时，电力系统市场力也会从系统的聚集状态上导致利益分配关系偏移。参与者的行为受利益分配的影响，参与者在利益分配的作用下，采用异常行为对电力系统利益分配的影响，也是电力系统中市场力的一种表达形式。

3.1.2 电力系统市场力的衡量指标

通过对已有的研究分析，可以将市场力的测量分为两部分：一是事前潜在市场力指标，结构性指标经常用来作为事前指标，检测潜在市场力的能力；二是事后市场力程度指标[49-58]。行为指标经常用来检测市场力的运行状况，根据策略性报价行为和容量持留行为对市场利益分配的影响测量市场力的指标。

1. 结构性指标

HHI 是以市场份额作为度量市场力的根源，从市场的结构性角度对市场力进行度量的指标。当发电商在市场中占据较大的市场份额时，其利用市场力操纵价格的可能性会更大。发电商市场份额是指单个发电商成交电量占所有发电商成交电量的比例，表示为

$$q_i = \frac{S_i}{\sum_{i=1}^{N} S_i} \tag{3.1}$$

式中，S_i 表示发电商的成交电量。市场份额越大说明该发电商在电力系统中的竞争力越大，其报价会在很大程度上影响整个市场的平均价格。整个系统中的市场份额的集中程度就是 HHI 指数，即

$$HHI = \sum_{i}^{N} q_i^2 \tag{3.2}$$

式中，N 为市场中发电商的数量；q_i 为第 i 个发电商的市场份额。

2. 行为指标

勒纳指数(Lerner index，LI)是从参与者行为角度研究市场力对利益分配影响的问题。在完全竞争条件下，系统内的成交电价由各发电商的边际成本决定。根据式(3.3)可知，勒纳指数表明系统中成交电价偏离完全竞争状态下的系统成交电价的程度，是系统中存在市场力的条件下，参与者的异常行为利用市场力对利益分配的影响程度的度量

$$LI = \frac{P - C_{MC}}{P} \tag{3.3}$$

式中，P 表示平均成交价格；C_{MC} 表示边际成本。LI 值越大表明市场中存在利用市场力，使价格升高到远大于边际成本的能力越大，进而市场内的利益分配的影响越不均匀。

3.2　市场利益分配结构的相关理论

电力系统作为典型的网络型产业，具有典型的网络特性，网络中各节点作为独立的主体，存在着复杂的博弈关系，影响整个网络的利益分配格局的变化。

3.2.1　复杂网络的复杂性

复杂网络与一般网络最大的区别在于其高度的复杂性，使其具有一般网络所不具有的结构和功能。对于复杂网络的复杂性，可以从以下五方面加以阐述。

第一，网络的结构复杂，难以简单计量。具体来说，其结构的复杂性主要来源于庞大的节点数目，使网络结构在外在表现上呈现出多种特征，难以用简单的办法计量。

第二，复杂网络是不断进化发展的网络。复杂网络的结构并非固定不变，随着

时间的延续，网络中会出现节点的增加和消失，节点的状态转换或节点间连接的产生与消失。

第三，复杂网络的连接具有多样性。在复杂网络中，节点间的连接并非同质性连接，节点间连接的强度、交互的频繁程度或是节点间的依赖关系等，使节点间连接权重存在差异，在特定的环境中，节点间还可能存在方向上的差异。

第四，复杂网络中节点具有多样性。由于复杂网络是对现实世界的抽象，所以复杂网络中的节点可以是任何事物的抽象代表，表现为节点的多样性。

第五，复杂网络的复杂性受多种因素影响，是多重复杂性的相互融合。以上多重复杂性的相互影响，使复杂网络的生成与演化结果难以预料，这也正是复杂网络复杂性的真谛所在。

对电力网络而言，其网络同样具有以上复杂性特征。在电力网络中，电力系统中的发电商、大用户是电力系统网络的节点，其种类多样，数目巨大。同时，各节点间不断相互作用可建立不同的连接关系，在作用过程中，当两个节点之间作用频繁时，它们之间的连接权重会随之增加，当两个节点之间作用减弱时，相互间的连接权重会随之减小，节点或连接的产生与消失，使电力网络拓扑结构不断进化，表现出不同的网络结构特征，通常复杂网络的结构决定功能，研究电力系统网络结构的复杂性不仅要研究电力系统网络本身的静态拓扑特性，更重要的是要研究加载了参与者行为信息的加权网络所体现出来的特性。通过不断的学习与记忆逐步改善网络性能，影响电力系统网络中各参与者的利益分配格局。

在研究复杂网络时，考虑发电厂、变电站、配电所和用户构成的基础设施，可以归类为物理层网络；考虑发电商和大用户间的交易行为网络，可以归类为交易层网络；考虑监管者对电力系统参与者的管理行为，又可归类为社会管理网络。电力系统网络恰恰是这些功能的承载体，是一个物理网络、社会管理网络以及市场交易网络特征混合而成的二层复合型复杂网络。从网络拓扑结构来说，二层网络映射后形成的复杂拓扑网络结构仍保有各层网络的网络结构特性。所以，研究复合型电力网络结构也可对其各层网络结构有所认识。

3.2.2　市场结构的适应性反馈机制

在复杂适应系统网络模型中，拓扑结构的动态改变与节点特征和连接特征的改变相互作用，相互影响。也就是拓扑结构的改变触发节点的动态变化，节点的动态变化影响网络拓扑结构的改变。复杂适应网络的主要特征是节点动态和网络拓扑之间的相互作用，这就意味着节点与连接随着时间不断地进化，促进网络的不断演化，生成新的结构和新的系统状态。网络拓扑的不断演化发展是由系统的反馈机制来实现和引导的，这种反馈机制连接拓扑和网络的动态运行过程[59]，如图 3.1 所示。

电力系统网络中存在各种各样的参与者，参与者的属性和行为各不相同，可以看作电力系统网络结构中的异质点，与同质点的网络结构不同，异质点具有各自的属性和行为策略，节点的属性和行为策略的动态变化影响电力系统网络节点的局部状态，进而影响整个网络的拓扑结构。网络拓扑和节点状态经常相互对应，节点的行为受结构的限制，同时结构是由节点的行为产生的。这种相互作用会产生一种称为"涌现"的不可预测的行为，这种行为不能够被节点的行为所解释。

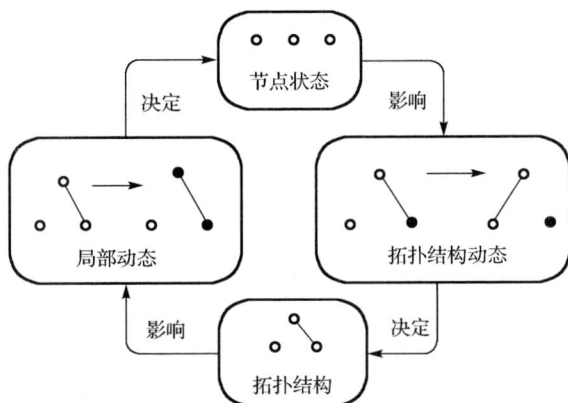

图 3.1　节点动态与网络拓扑之间的循环关系图

3.3　复杂适应系统的相关理论

1994 年复杂性科学的先驱者 Holland 提出了复杂适应系统(complex adaptive systems，CAS)理论[60]。

3.3.1　复杂适应性主体

任何系统都是由大量元素组成的，Holland 认为 CAS 中的元素应该是主动的元素(active element)，称为适应性主体或行为主体，简称主体。这些具有主动性的主体，可以根据外部环境、周围交互主体的状态等信息，依据自身的目标，不断地调节自身的行为来适应环境，在适应的过程中不断演化发展。

电力系统作为复杂适应性系统，其独特的特点在于组成系统的主体众多，具体包括发电商、大用户和系统调节者。系统复杂的演化过程正是电力系统中参与者适应性的表现。此外，电力系统参与者的适应性、能动性、并发性和随机性带来了电力系统的复杂性。

(1)电力系统内的主体具有适应性。电力系统中的参与者能够辨识环境，根据电力系统的外部环境来动态地调整自身的行为，在经验中不断学习，根据自身利益最大化原则动态调整自己的策略，以形成新的行为规则，使自身发生适应性变化。

（2）电力系统内的主体具有并发性。不同主体之间、主体与环境之间相互影响，系统中的每个主体在没有先后顺序的情况下并行地做出决策，即在电力系统竞价过程中，各个发电商的竞价是同时进行的，彼此间不存在先后顺序。同时每个主体的决策过程是综合考虑过去和现在两种状态后的结果。

（3）电力系统内的主体具有随机性。在电力系统中，个体间存在差异，导致系统中随机性的产生。由于在电力系统中，对个体特征的统计很难获得整体的涌现特征，所以这种随机性不能简单地用数学或者物理的方式来解决。因此，随机性必然会带来复杂性。

电力系统中参与者主体的适应性、并发性、随机性，使电力系统与其他系统存在很大的区别，同时导致电力系统的复杂性。根据复杂适应系统的观点——适应性造就复杂性，参与者的适应性造就了整个电力系统利益分配的复杂性。

3.3.2　适应性造就复杂性的仿真原理

CAS 的核心思想是适应性造就复杂性，CAS 是由用规则描述的、相互作用的主体组成的系统。这些主体随着经验的积累，不断地变换其规则来适应。在 CAS 中，任何特定的适应性主体所处环境的主要部分都是由其他适应性主体组成的，所以，任何主体在适应上所做的努力就是要去适应别的适应性主体。这个特征是 CAS 生成复杂动态模式的主要根源。整个宏观系统的演变或进化，包括新层次的产生，分化和多样性的出现，新的聚合而成的、更大的主体的出现等，都是在这个基础上逐步派生出来的。

在微观层面，CAS 中的主体在与环境的交互作用中遵循一般的刺激-反应模式。所谓适应能力表现在它能够在个体最优的原则下，根据行为的效果修改自己的行为规则，体现了主体不断适应环境变化的能力。这种能力使微观行为个体始终处于进化过程中。相应地在宏观层面，由这样的主体组成的系统将涌现出非线性、分化性、非周期性等种种复杂现象。

CAS 理论把构成系统的成员看作具有自主行为能力、有明确个体目标的实体。更重要的是，CAS 理论认为，这种主动的、反复的相互作用，以及主体适应环境变化的能力，正是系统发展和进化的基本动因。宏观的变化和个体分化都可以从个体的行为规律中找到根源。Holland 把个体与环境之间的这种主动的、反复的交互作用用"适应"一词加以概括。这就是适应性造就复杂性。

关于这个基本思想，有以下四点需要强调。

（1）主体是主动的、活的实体。这是 CAS 和其他建模方法的关键性区别。正是这个特点，使得它能够用于经济、社会、生态等其他方法难以应用的复杂系统。

（2）在模型中，个体与社会（包括个体之间）的相互影响、相互作用是系统演变和进化的主要动力。以往的建模方法往往把个体本身的内部属性放在主要位置，而没有对个体之间，以及个体与环境之间的相互作用给予足够的重视。这个特点使得 CAS 方法能够运用于个体本身属性极不相同、相互关系却有许多共同点的不同领域。

(3)建模方法不像其他的方法那样，把宏观与微观截然分开，而是把它们有机地联系起来。通过主体与环境的相互作用，个体的变化成为整个系统变化的基础，从而统一进行考察。

(4)建模方法引入随机因素作用，使它具有更强的描述和表达能力。考虑随机因素并不是 CAS 理论所独有的特征，但是 CAS 理论处理随机因素的方法很特别。从生物界的许多现象中吸取有益的启示，表现为遗传算法和系统仿真。

基于以上特点，CAS 理论与其他方法不同，具有模拟生物、生态、经济、社会、军事等复杂系统的能力。

3.3.3　市场利益分配机制的复杂适应性

在电力系统网络中，组成系统的元素众多，其中具有主动性的元素为具有自主性的人，他们的适应性行为影响着电力系统中企业的策略选择以及连接方式的变化。系统中的适应性主体具体表现为发电商、输配电商、用户和市场监管者，这些适应性的主体从各自的利益角度出发，遵循一般的刺激-反应模式，根据行为的效果修改自己的行为规则，变化各自的策略选择以及连接方式，相应地在宏观层面上，整个电力系统的利益分配格局将涌现出非线性、分化性、非周期性等复杂现象。

具有复杂适应性的电力系统既有对电力系统网络中个体的描述，又有电力系统网络中个体之间的复杂连接关系的描述，最终涌现出复杂电力网络中的利益分配关系。因此，对电力系统网络的研究，也是研究电力系统参与者行为变化和系统关系的过程，是认识电力系统的有效方法。

3.4　仿真实验的相关理论

3.4.1　基于 Agent 方法的建模方法

Agent 是指针对所研究的问题，从现实的系统中抽象提取出来的对象，每一个对象都是一个 Agent，每一个 Agent 都具有一定的属性信息和行为规则，直接影响系统的发展变化，在微观层面，是具有意义的微观个体或个体的集合。根据 Agent 的应用范围不同可将 Agent 分为不同的类型，常见的 Agent 类型有类型 Agent、集中服务 Agent 和移动 Agent。类型 Agent 用来描述特定实体或某一类实体，是对系统内实体的抽象。集中服务 Agent 为多个 Agent 提供特定的服务或一组服务，是对系统功能的抽象。移动 Agent 可在不同的实体之间移动。此外，由于系统由多个实体构成，根据实体的本质差异，将 Agent 分为同质 Agent 和异质 Agent。将本质相同的 Agent 称为同质 Agent，同质的多个 Agent 抽象归结为一个 Agent 类；将本质不同的 Agent 称为异质 Agent，异质 Agent 分别形成相应的 Agent 类[61-63]。

Agent 是指复杂适应系统中的适应性主体，由感应器、调控器和执行器三部分组成，其中感应器主要获得系统环境中的信息和周围 Agent 的信息；调控器主要负责依据行为规则对取得的信息进行相应的处理以生成行为选择决策；执行器主要负责执行决策，并将行为结果反馈于系统环境和其他 Agent。

基于 Agent 的建模把 CAS 中的各基本元素看作仿真实体，将各仿真实体间的联系看成各 Agent 实体之间的交互，以此来刻画 CAS 的微观行为和宏观"涌现"现象[64, 65]。基于 Agent 建模仿真最大的特点是能够以更加贴近现实的方法来还原所研究的问题，同时能够获取复杂系统微观涌现的宏观特征，揭示复杂系统宏观整体特性的内在微观机理。

适应性主体博弈经常由于群体中的主体不可能正确地选择最佳策略，一次性均衡很难达到，而且博弈对手策略经常变换，基于以上考虑，运用基于 Agent 的计算机建模来研究这种演化博弈，采用计算机仿真的实验方法对其形成过程进行研究较为恰当。

3.4.2　基于 Agent 的复杂系统建模工具——Swarm 平台

Swarm 平台是基于 Agent 建模方法的有效工具，其主要原理是通过在建立独立的个体交互的基础上，观察系统整体的行为特征和演化规律。一个 Swarm 模型包括两个主要构件：模型 Swarm(Model_Swarm)和观察者 Swarm(Observer_Swarm)。Model_Swarm 是 Swarm 的子类，是对所研究问题构建的模型的 Swarm，其中的每一个对象都对应现实世界中的一个实体，此外，还包括两个特殊的方法，即模型中行为的时间表和一系列输入和输出[66-69]。Model_Swarm 的输入变量为模型参数，输出变量为系统需要观测模型的运行状态[70, 71]。Observer_Swarm 是 Swarm 的另一个子类，是一个特殊的观测对象，通过它内部的探测器接口可以观察其他个体，Observer_Swarm 的个体是用于观测的探测器以及输出界面，如图表、二维格点等；Observer_Swarm 的行为时间表用来描述各探测器采样的时间间隔和顺序。

Swarm 建模的仿真实验步骤如下。

(1)在 Swarm 中为各个 Agent 分配空间，从时间和空间两个维度构建一个符合研究问题的电力系统，在该系统中让 Agent 自由活动，同时，使 Agent 具有观察周围环境和其他 Agent 状态的能力。

(2)在 Swarm 中系统观察者 Swarm 负责观察、探测、分析，并记录系统环境中所有主体的属性特征值以及系统整体状态值。

(3)在观察者 Swarm 中为模型 Swarm 创建内存空间，构建 Model_Swarm，之后对模型 Swarm 中建立的主体设计主体的属性信息和行为规则。

(4)在时间表的推动下，使模型 Swarm 和观察者 Swarm 按照一定顺序运行。在此过程中，每个 Agent 的行为将产生一系列数据，这些数据在系统中不断运转，影响系统中其他 Agent 的行为，也影响系统环境的变化。在整个系统不断运动的过程中，观察者 Swarm 记录各种特征数据曲线。

(5)在第(4)步观察结果的基础上，对 Swarm 模型进行参数修改，或者直接修改程序代码来调节系统中的状态改变，回到第(3)步。

(6)在实验的过程中，必须详细记录整个仿真过程，特别是仿真的数据和曲线，通过对记录结果进行分析，可以对现实世界中涌现出的各种现象加以解释。

3.5　博弈分析的相关理论

博弈理论又称为对策理论。根据研究的问题不同，对博弈有着不同的定义。在市场环境中，博弈是指在一定的市场规则约束下，市场参与者根据确定或不确定的顺序，从市场参与者的策略选择集中选择一个或多个可供选择的策略，并采取相应的行动，获得相应的回报或支付相应的费用的过程。从博弈的定义可以看出，市场内的博弈过程主要包括：市场参与者、参与者策略集、市场参与者行动、市场参与者支付、博弈结果和市场均衡。市场参与者、市场参与者行动和博弈结果结合起来称为博弈规则。

复杂适应系统中各个适应性主体与其他主体以及系统环境之间进行交互的过程中，必然会产生竞争与合作的相互关系，适应性主体之间这种相互作用关系便是一种博弈关系的体现。复杂适应性系统中的适应性主体不断地适应过程，便是主体对获取的信息进行整合后的博弈过程。

3.5.1　非合作博弈的行为策略

非合作博弈是指在一个利益相互影响的局势中，博弈参与者即局中人，如何对策略集中的策略进行选择，使自身的利益获得最大的实现，即策略选择问题。非合作博弈更加强调个人自主决策行为的重要性，所以，其非合作的框架把所有人的行动都当成个别行动，与策略环境中其他人的行为策略无关。

在电力系统中，各市场参与者主体从各自利益最优化的角度出发进行策略性选择。由于电力市场采用封闭式拍卖交易方式，各市场参与者在市场规则的约束下，为了实现自身利益的最大化，彼此间进行单独的申报行动，自主进行决策，各适应性主体的策略同时发生，不存在各方策略的先后顺序，并且策略的产生具有随机性。因此，电力系统中的参与者行为可以描述成一个不完全信息非合作博弈过程。用非合作博弈论来进行策略性报价，其结果可能更加接近实际。

3.5.2　合作博弈的行为策略

合作博弈也称为正和博弈，是指博弈双方的利益或至少一方利益有所增加。其研究的重点在于如何分配合作得到的收益，即收益分配问题。

在市场中，参与者交易的市场主体多为有限理性主体，为了实现效用最大化，其采取行动可能会带来好的效果，由于与其他市场主体行为产生冲突，也有可能产生负面的效果。由于市场参与者有限理性，很难预测所有的行为结果，不可避免地与其他市场参与者主体行为策略产生冲突。但是在不断博弈的过程中市场参与者主体会根据以往的博弈冲突和自身利益的需要不断改变自己的行为策略，以减少冲突，增加收益。所以各个市场参与者在完成各自目标的过程中一直处于合作博弈的状态。这种合作的状态可能是显性合作，也可能是默契合作。

对于电力系统而言，当电力系统中的博弈过程运行一段时间后，系统中的适应性主体通过不断地适应和学习积累经验发现系统中的规律，部分适应性主体为获取更大的自身利益，往往与其他的适应性主体进行合作博弈，这便表现出相应的投机行为与合谋行为。

中篇　市场利益分配结构
与 Swarm 模型

第4章 市场利益分配的"不当得利"结构

4.1 市场经济的"不当得利"倾向

"不当得利"作为一种非正常缺陷的市场失灵,可能会出现在任何有利可图的市场配置环节,并可能会对整个国民经济造成恶劣影响。多种市场分类形式的存在,使得"不当得利"的表现形式出现差异化,形成机理也有所不同,对"不当得利"的整体调控手段实施造成一定障碍。本章尝试对"不当得利"的市场形成机制进行系统化的描述,在对市场进行分类的基础上,运用个案分析的方法选取典型行业或特定市场并对其进行详细分析,对不同市场的特定"不当得利"市场形成机理进行探究。最后对市场失灵的政府监管方面进行系统化描述,并提出相应的策略建议。随着社会主义市场经济的发展,其独特性逐渐显露出来,并且逐渐营造出社会主义经济中独特的价格环境,拥有多种市场主体,而这些参与者各自拥有的市场地位存在差异,同时市场主体参与市场经济时,其价格形成机制也存在差异,如果再考虑由于特殊利益吸引导致的投机行为的存在,那么市场经济环境将更加复杂多变,这些主体地位差异和特殊利益的存在恰恰容易滋生不当得利,主要表现为操纵市场、传播虚假信息、囤积居奇、制假售假、寻求地方保护等行为。

"不当得利"消极方面表现在以下几方面:垄断行业的市场占位严重损害消费者及处在买方位置上的经营者的合法利益,增加了消费者的消费成本和经营者的交易成本,降低了居民消费率;市场占位表现出的垄断性,使正常的市场秩序遭到破坏,经济生活变得紊乱,违反有序、公正、公开、公平的原则;另外,投机利润、投机行为的大量滋生扭曲价格信号,误导市场主体行为,影响价格机制作用的发挥。由此观之,"不当得利"可能会对整个国民经济造成恶劣影响。同时,由于多种市场分类形式的存在,"不当得利"的表现形式出现差异化,形成机理也存在不同,对"不当得利"的整体调控造成一定阻碍。

"不当得利"的危害几乎涉及市场的方方面面,但不同分类市场下"不当得利"的表现方面、形成机理以及原因存在差异。因此,本章力图在划分市场的基础上,运用个案分析的方法选取典型进行"不当得利"的分析,对其独特性进行对比分析并提取共性得出结论,形成系统的概念体系,便于对"不当得利"的整体把握。通过对由"不当得利"造成的市场失灵的监管分析,提供相应的策略建议。市场失灵是市场经济发展到一定阶段的产物,是市场机制缺陷的一种表现,而"不当得利"

是市场失灵一种为获取超额利润的边缘行为。不同于简单的市场失灵现象分析，本章先提取系统的概念体系，运用个案分析法和对比分析法试图对不同市场分类下的典型代表进行选取分析，对不同"不当得利"的表现形式进行对比描述，并分别进行形成原因及现象分析。"不当得利"作为一种非正常缺陷的市场失灵可能会出现在任何有利可图的市场配置环节，表现形式及形成原因也呈现多样化。通过个案分析的方法虽不能以一代全，但可以做到以点代面的效果，个案的典型特征可以更好地抽象出市场的特性，从而易于对整个市场的"不当得利"系统进行把握，更有利于对症下药，进行有针对性的改进。

4.2　市场经济"不当得利"的相关研究

4.2.1　自然垄断型的市场失灵研究

通常，市场失灵是指未能达到资源的最优配置状态。丁兴业等[72]提出不完全竞争市场和垄断市场的存在产生的市场失灵。钱丽莉[73]指出存在于垄断行业中严重的市场失灵现象，其不仅拥有自己的"成本优势"，靠国家无偿拨付或政策优势，从而逐利市场，而且因为国家授予其行业内的行政管理或监管的执法权力，使其理所应当地排挤市场竞争对手，设置壁垒来阻止其他企业进入行业内部，减少竞争。

张立宏[74]指出在价格上表现的市场失灵是指由于市场经济的无序性或自发性，商品价格明显偏离其价值，或者自然垄断型行业使竞争失效，该行业价格因垄断而偏高，或者利微产业缺少吸引力，其供给不足，价格骤升，并总结出在价格波动中市场失灵主要表现在竞争失效、供给失效、资源约束、流通失效、暴力行为、轮番涨价、公平失灵等方面。鲍金红等[75]提出拥有反市场经济性质的政府干预的存在，其中国有垄断可以通过组成利益联盟的形式形成更加膨胀的垄断利润。Dodgson 等[76]通过构建框架体系来分析澳大利亚的国家创新体系，并展示了创新体系中的辩论政策如何发生变化。同时提出使市场失灵的分析方法可以用复杂进化系统的方法进行补充，而实施的对策方法仍以解决市场失灵为重点。另外，Bleda 等[77]通过研究创新政策下市场失灵与系统失灵的关系进行概念框架和分析框架的构建以对它们进行评价，并试图精确地测量两个理论之间的联系。韦德华[78]指出存在于导致电力市场中的失灵，要求电力要适度地打破垄断和引入竞争，但同时要避免造成外部不经济的现象。秦泗阳等[79]总结出水市场失灵的原因除了自身的外部性和自然垄断性，更重要的是水市场中存在的严重的信息不对称现象。

4.2.2　兼具垄断与资源稀缺性市场失灵研究

阿多尼斯·雅筑等[80]提出在能源市场中经常出现的市场失灵为外部性和市场势

力，而有关能源负外部性的突出例子是化石能源燃烧产生温室气体，因此仍然需要政府的干预。徐颖科[81]指出存在于我国能源供给体系中的价格扭曲、偏离供求的现状，不存在市场化的能源价格形成机制，扭曲的价格无法反映国内外能源市场的供求。胡德胜分析能源行业的垄断主要集中在下游的批发和零售环节，同时他指出能源领域还有意外利润存在，并警示要对大型或巨型垂直一体化的能源企业进行监管，打击操纵市场性的投机，防止安然公司事件的发生[82]。Radygin 等从当今社会出发，通过分析国有企业的行为以及它们在市场结构中的位置进行"政府失灵"和"市场失灵"方面的研究，同时考虑嵌入系统之中的私人财产权利的影响[83]。

4.2.3　投机性市场失灵研究

祝涛[84]提出信息劣势的参与者，特别是投机者会通过"启发式捷径"进行投资，甚至采取其他极端的投机行为，而这些投机行为的盛行会导致股价非理性波动，严重破坏市场均衡和稳态运行。另外，通过结合我国现阶段实际，鲍金红等[85]具体总结了我国现阶段农产品市场失灵主要表现在：传统农业市场失灵依然普遍存在，农村市场培育环境不完善，市场主体发育不成熟，基础设施不健全等，使得不能充分发挥市场机制的调节作用。同时，王冰[86]对"假"市场失灵的解释有利于解释投机性市场主体的行为，易于滋生投机性的"关系经济"各种不应存在的"潜规则"以及"权贵经济"使价值规律无法发挥资源配置的有效性，即为"假"市场失灵。

4.2.4　针对市场"不当得利"的研究方法

关于"不当得利"的研究方法主要从法学、社会学、心理学领域开展，其中主要集中在法学领域，法学领域多运用比较法系统地分析国内外的不当得利制度，进一步对存在于我国的不当得利提出相应的立法建议，还多用系统论的方法进行解构、建构，将不当得利制度定位于一种系统性的存在。与上述法学等领域相比，从管理学上进行"不当得利"研究的方法很少，本章从仿真分析的角度进行研究，与不当得利的结构化状态是相契合的。

不难发现，在市场失灵即市场经济无法达到最优配置的情况下，有一类特殊的非正常缺陷的市场失灵存在，即不当得利。通过文献梳理我们发现，这种"不当得利"出现在任何有利可图的环节，遍布垄断行业和非垄断行业，并通过影响价格使价格明显超过其价值而获取超额利润，且不同的行业中具有独特性。

已有文献主要对市场失灵进行了不同的分类，同时在"不当得利"的研究中，已有的研究给出了一些结论，但这些结论都是零散的，只针对个别行业、个别现象，缺少系统化的认识。

4.3　"不当得利"的市场结构状态

一旦出现供需环节失调、价格失控以及利益分配不公等情况,则表明"不当得利"的现象存在,有必要探究"不当得利"形成的原因、表现、结果与基本应对策略。

社会主义市场经济发展至今一直发挥着它的独特作用,形成了独特的价格环境。市场主体形式呈现多样化,并且这些参与者所拥有的市场地位存在差异,同时市场主体参与市场经济时其价格形成机制也存在差异,如果再考虑由于特殊利益吸引导致的投机行为的存在,那么市场经济环境将更加复杂多变,这些主体地位差异和特殊利益的存在恰恰容易滋生不当得利。

从系统化的角度分析不当得利的市场形成机制,可以考虑如下基本方面,包括市场主体、市场主体结构关系以及市场形成关系,其中它们之间的关系如图 4.1 所示。

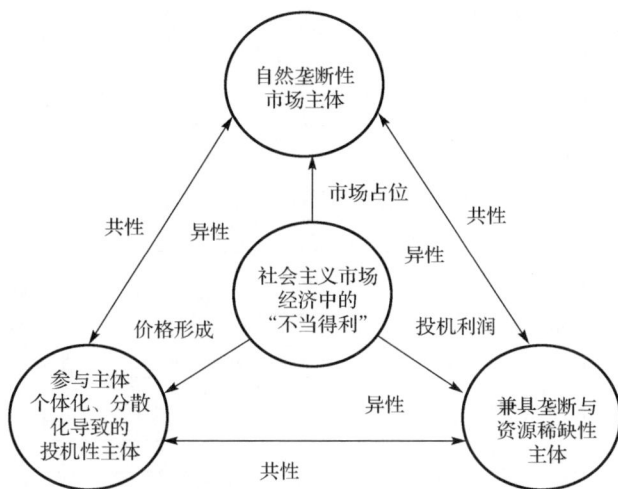

图 4.1　"不当得利"的市场形成机制图

4.3.1　成品油市场的"不当得利"

1. 调价环节的"不当得利"

国内成品油价格变动频繁,我们选取 2008~2013 年国内成品油价格变化进行统计分析,如表 4.1 所示。

通过对其中的价格上调、下调次数进行统计,如图 4.2 所示,柴油和汽油的价格调整以上调为主,其中上调比例达到 57.5%,分别净上调了 2950 元/吨和 3390 元/吨。

表 4.1 2008～2013 年国内成品油价格调整

年份	具体日期	汽油价格调整	柴油价格调整
2013 年	2013 年 12 月 12 日	每吨上调 60 元	每吨上调 60 元
	2013 年 11 月 28 日	每吨上调 160 元	每吨上调 155 元
	2013 年 11 月 14 日	每吨下调 160 元	每吨下调 155 元
	2013 年 10 月 31 日	每吨下调 75 元	每吨下调 75 元
	2013 年 9 月 30 日	每吨下调 245 元	每吨下调 235 元
	2013 年 9 月 13 日	每吨上调 90 元	每吨上调 85 元
	2013 年 8 月 30 日	每吨上调 235 元	每吨上调 225 元
	2013 年 7 月 19 日	每吨上调 325 元	每吨上调 310 元
	2013 年 7 月 5 日	每吨下调 80 元	每吨下调 75 元
	2013 年 6 月 21 日	每吨上调 100 元	每吨上调 95 元
	2013 年 6 月 6 日	每吨下调 95 元	每吨下调 90 元
	2013 年 5 月 9 日	每吨上调 95 元	每吨上调 95 元
	2013 年 4 月 25 日	每吨下调 395 元	每吨下调 400 元
	2013 年 3 月 27 日	每吨下调 310 元	每吨下调 300 元
	2013 年 2 月 25 日	每吨上调 300 元	每吨上调 290 元
2012 年	2012 年 11 月 16 日	每吨下调 310 元	每吨下调 300 元
	2012 年 9 月 10 日	每吨上调 550 元	每吨上调 540 元
	2012 年 8 月 10 日	每吨上调 390 元	每吨上调 370 元
	2012 年 7 月 11 日	每吨下调 420 元	每吨下调 400 元
	2012 年 6 月 9 日	每吨下调 530 元	每吨下调 510 元
	2012 年 5 月 10 日	每吨下调 330 元	每吨下调 310 元
	2012 年 3 月 20 日	每吨上调 600 元	每吨上调 600 元
	2012 年 2 月 8 日	每吨上调 300 元	每吨上调 300 元
2011 年	2011 年 10 月 9 日	每吨下调 300 元	每吨下调 300 元
	2011 年 4 月 7 日	每吨上调 500 元	每吨上调 400 元
	2011 年 2 月 20 日	每吨上调 350 元	每吨上调 350 元
2010 年	2010 年 12 月 22 日	每吨上调 310 元	每吨上调 300 元
	2010 年 10 月 26 日	每吨上调 230 元	每吨上调 220 元
	2010 年 6 月 1 日	每吨上调 230 元	每吨上调 220 元
	2010 年 4 月 14 日	每吨上调 320 元	每吨上调 320 元
2009 年	2009 年 11 月 09 日	每吨上调 480 元	每吨上调 480 元
	2009 年 9 月 30 日	每吨下调 190 元	每吨下调 190 元
	2009 年 9 月 1 日	每吨上调 300 元	每吨上调 300 元
	2009 年 7 月 28 日	每吨下调 220 元	每吨下调 220 元
	2009 年 6 月 30 日	每吨上调 600 元	每吨上调 600 元
	2009 年 6 月 1 日	每吨上调 400 元	每吨上调 400 元
	2009 年 3 月 25 日	每吨上调 290 元	每吨上调 180 元
	2009 年 1 月 14 日	每吨下调 140 元	每吨下调 160 元
2008 年	2008 年 12 月 19 日	每吨下调 900 元	每吨下调 1100 元
	2008 年 6 月 20 日	每吨上调 1000 元	每吨上调 1000 元

　　而对于国内成品油市场来说，价格易涨，一定程度上助长了看涨投机者的信心，涨价前批发和零售商的囤货、惜售或降价前的抛售行为将对成品油市场的稳定性造

成不利影响。成品油价格出现上调时间的窗口时,各地经常会出现囤积行为。因此,油价上调之前国内部分地区已经出现油荒,从而倒逼油价上涨。

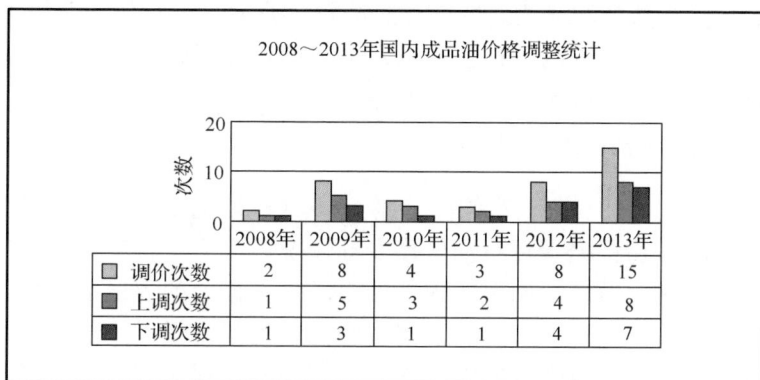

图 4.2　2008～2013 年国内成品油价格调整次数统计

根据发改委公布的 2008～2013 年国内油价调整次数统计图发现频繁调价给投机者带来投机炒作的空间。

2. 信息传递环节的"不当得利"

2014 年年初以来国内油价上下调整了 16 次,国内油价下跌幅度却只有百分之十几,国际油价已暴跌 40%,由此可以看出将 22 个工作日(定价周期)调整为 10 个工作日国内油价的变化虽然较之前频繁,但仍有很大的时滞性,每次调价都是对前一段时间国际油价波动结果的反映,而不是反映其中某一时间点的油价,更不是对未来油价的预测,从而会导致"国内油价下跌,国际油价上涨"的现象。

市场传递环节中调价的时滞性会带来投机行为,虽然国家发改委撤销了对于 4%这一调价的模糊化处理从一定意义上说是为了打击囤积行为,但投机行为一直存在,因此,油价上调之前国内部分地区已经出现油荒,从而倒逼油价上涨。

定价周期的缩短是政府力图将国内油价与国际油价接轨的进一步尝试,未来很可能根据行情的改变和市场的需求进一步缩短调价周期,但石油是国家核心的战略性能源,目前国家还不会完全放松对它的管制,因此就要在国际油价出现波动时对国内油价及时地进行把控,避免倒逼油价上涨的情况。

信息传递环节的不透明以及不对称性使得企业难以接受公众的审查,根据中国现行的成品油价格形成办法,国内成品油价格以国际市场原油价格为基础,加国内平均加工成本、税金、合理流通费用和适当利润确定。同时由近年来的数据可看出,2013 年 3 月的成品油价格调整后,国内成品油价格的调整相较以往更加频繁,但并未触及原有定价办法的核心——"成本加成"定价法。现行的成品油价格形成办法中对企业成本以及费用的确定问题成为不当得利的滋生点,企业的成本及费用涉及商业机密相关的数据无法向社会公布，从而也难以接受公众的监督。

　　同时，石油行业的价格构成体系中也拥有远高于其他行业的非成本因素，从我国目前油价的实际构成情况来看，除了石油垄断企业远高于其他行业的工资、福利、损失、浪费之外，政府收取的各种税费以及昂贵的物流运输成本都包括在成品油价格内，导致整个油价中非成本因素的比例相当高。

　　3. 供求环节的"不当得利"

　　中国石油天然气集团公司(简称中石油)和中国石油化工集团公司(简称中石化)两大石油垄断集团往往根据国际石油价格变动情况，人为干扰国内石油市场供需，以增加企业收益。这种做法加剧了我国石油市场供需偏紧的程度，增大了国内、国际市场的石油价格差。此外，国外石油消费结构、消费习惯以及供需等影响因素和我国石油消费结构、消费习惯等影响因素有一定差异，很多因素在中国并不存在。

　　如果只是机械生硬地与国际市场石油价格接轨，国内石油市场的供求关系将难以得到真实反映。国际对柴油的需求就远不如国内对柴油的需求旺盛，如果机械地以国际市场柴油价格为依据制定国内柴油价格，将会使柴油价格被严重低估，最终造成柴油产量下降，供需缺口拉大。

　　4. 成本环节的"不当得利"

　　完全成本是衡量石油企业成本高低的一个重要指标，它是指油气生产过程中进入当期损益的成本，通常包括以下三部分：一是阶段成本核算时直接进入损益的生产成本(现金操作成本)和勘探费用；二是进入当期损益的资本化成本，主要是折旧、折耗与摊销以及长期资产减损；三是期间费用，主要是管理费用和财务费用。

　　统计数据表明，高运营成本已经成为限制石油企业发展的重要因素。石油企业在经营过程中没有一个良好的市场环境，以其独特的行业性质，具有国家政策支持的优越性，利用石油行业垄断优势，所以不需要经过有效的成本控制管理就可以取得较高的企业经济效益。这种状况很容易在石油企业中形成一种不劳而获的心理，这种方法严重影响了石油企业员工的工作积极性，同时影响到了石油企业成本控制管理的力度。

　　很明显，中石化石油的完全成本水平明显偏高，国外石油气公司除尤诺克外，大多在9～13美元/桶，埃克森美孚在1997～2001年的平均石油成本为9美元/桶，与此同时，中石化高出其50%～60%，而与博灵顿相比，同时期高出20%。同时，油价倒挂现象下，石油企业由于获得巨额的财政补贴而备受争议，在"实报实销"式的补贴机制下，炼油企业更是缺乏对降低成本、提高效率的追求，使得石油企业可以较为便利地提高炼油成本而转移价格风险。

4.3.2　水务市场的"不当得利"

水务市场作为行政垄断特征明显的自然垄断行业,在经营目标上存在着明显的矛盾关系。一方面作为市政公用事业,应服务于大众,应以较低的价格和较好的诚信质量服务大众。而另一方面作为经营者,要追求经济利润最大化的经济目标,要创造更大的利润空间,难免会损坏公共利益。而现实情况下,企业往往追求经济利润最大化而忽视公共利益。下面从市场准入和市场交易两个环节进行分析。

1. 市场准入环节的"不当得利"

企业依靠垄断大量获利,为了维持垄断地位保证持续获利,寻租、腐败现象经常发生。地方政府主管部门、利益集团、行业从业人员为了维护本行业高工资、高福利的待遇,在主观上排斥外来经营者,设置障碍。

基于行业的特殊性,设立必要的行业准入制度可以保障人民群众的安全和社会的稳定,还可以避免本行业陷入恶性竞争,使得行业可以健康稳定地发展。但是准入门槛过高则会把良性的外部竞争挡在门外,从而使从业人员、行业主管部门、利益集团等心安理得地享受着垄断利益而不思进取,长久下去就会造成行业整体效率低下,加剧亏损,最后走上"提价—亏损—再提价—再亏损"的恶性循环之路,如图 4.3 所示。

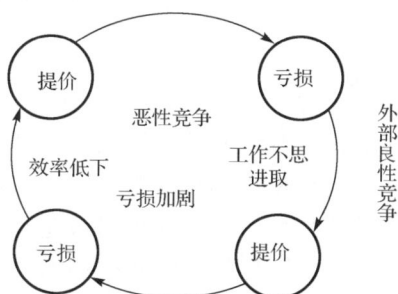

图 4.3　恶性循环图

2. 市场交易环节的"不当得利"

对于垄断地位明显的自然垄断行业来说,滥用市场支配地位谋取垄断利润成为一种主要手段和主要力量。交易环节中凭借其地位强制交易的行为成为不当得利的滋生点。

3. 源于成本环节的"不当得利"

成本环节的不当得利体现在通过各种手段变相涨价,垄断行业凭借其拥有的垄断地位将成本转嫁给不知情的消费者,以高垄断成本谋取私利。

　　提价前召开的听证会等更是流于形式毫无实质意义，消费者无法进行表决，听证会反而成为垄断企业提价的一种工具，听证会制度无法发挥真正的作用使得自来水价格失真，而究其根本原因还在于信息的不对称，听证会上的消费者并不是水利专业和技术方面的专家，无法根据水企提供的信息做出涨价、降价是否合理的判断，而水企改善水质的完备成本信息只有水企自己可以掌握，不对称由此形成。

　　加强管制可以消除一定程度的信息不对称，政府拥有独一无二的优势来获取信息，但巨大的管制成本又使得政府管制进退两难。

　　另外，不当得利滋生点体现在垄断行业的高福利、高待遇方面以及一些自然垄断行业背后隐藏的灰色收入。

4.3.3　过度投机市场的"不当得利"分析

　　市场环境中的逐利效用使得小宗农产品价格在进入 21 世纪后经历大起大落，由小宗农产品供给方式所引发的价格趋利行为是出现问题的主要原因。近几年我国小宗农产品的生产一直比较平稳，局部的供需矛盾不能促使价格的全国性上涨，投机对市场价格暴涨暴跌、价格怪圈负有不可推卸的责任。

　　由于小宗农产品本身的属性，市场价格易受投机行为的影响。总体来看，蒜、生姜、绿豆等小宗农产品不同程度地呈现出产地集中、季节性强、易保存、没有政府储备等特点，而且总产量低，价格也低，控制市场所需的资金少，存在短期操纵价格的空间。

　　1.　源于流通环节的过度投机市场"不当得利"

　　目前，我国农产品流通体系还不健全，缺乏统一、规范合理、有序的农产品流通市场，省与省之间、省与市之间彼此封闭、信息不畅，农产品要经过收购、运输、批发、零售环节才能最终到消费者手上，而且我国农超对接、农社接管、农消对接等环节和机制建立不完善，容易使得利益集团从中切入，故意降低流通速度，囤积居奇，高价抛售而产生不当得利。

　　大蒜、绿豆等小宗农产品一般具有总产量小、产地集中、季节性强、容易保存的特点，并且其替代品很少，致使其消费量不会随着价格的波动而产生较为显著的变化。也正是由于这些特点，部分企业、公司、超市、利益团体和经营者趁当地发生自然灾害之际，捏造、散布涨价信息，并囤积居奇、哄抬价格、谋取暴利，加之有些媒体集团出于利益或是信息跟风逐流，继续炒作，火上添油，渲染加剧紧张气氛，更加助推价格上涨，致使这些企业、公司、超市、利益团体和经营者以及媒体等不当得利团体获取了高额的暴利，特别是在 2009～2010 年这段时间内，小宗农产品价格涨势好比"过山车"，并出现"蒜你狠""豆你玩""姜你军""花你钱"这些词汇，严重扰乱了农产品市场秩序。

2. 源于供需环节的过度投机市场"不当得利"

价格是由市场的供求关系来决定的，而农产品由于属于非弹性商品，其产量和价格波动呈现蛛网模型的特征，即本期产量取决于上一期价格，本期价格又决定本期消费。而当下大多数包括小宗农产品在内的农产品价格依赖于市场调节，以至于信息具有很强的滞后性，从根本上导致农产品价格波动。也正是这个原因，部分公司、企业或是利益团体利用供求信息不对称的特点，通过分析市场走势特点，囤积或抛售农产品，从而形成利润空间，获取不当得利。

3. 源于成本环节的过度投机市场"不当得利"

在市场交易过程中，部分经营者为了增加净重或是降低成本从而产生不当得利。以生猪质量和水果包装为例，生猪质量上，打水猪肉、病死猪肉、用猪肉配制"牛肉""羊肉"等；水果包装上，特别是批发水果的纸箱上，底部塞满厚纸、废纸，纸箱间隔层注水泥、注泥巴等。

有例子显示，一只带水泥的纸箱净重就能达到 2 千克，1 千克打水猪肉里面能注上 0.5 千克水，这些都使得经营者通过不当得利的手段尝到甜头。但是这些手段严重危害了消费者健康，扰乱了市场秩序，破坏了市场交易氛围和环境，是当下农产品不当得利最常见也是最严重的部分。

4.4 "不当得利"的价格结构特征

马克思主义观点认为，市场是一种流通领域的表现形式。实际上，随着现代经济的发展，人们已经开始把市场归结为由买者、卖者、货币、商品构成的体系化的社会形式，逐渐将市场理解为交易场所，同时作为资源配置的一种存在方式。

市场体系是指商品经济中的商品市场和其他要素市场构成的有机统一体。在微观经济学理论中，依据行业内企业数量、进入难易程度以及产品差异程度等将市场分为四种不同类型的市场结构，分别为垄断市场、寡头垄断市场、垄断竞争市场以及完全竞争市场。这些市场构成了丰富的、多层次的市场体系。

一类完整的市场体系是以完成交易过程，满足供需双方对货币或者是产品与服务的需求所存在，建立在公平交易的基础上，是不应该存在不合理或不正当的市场收益的。在完整的市场体系中应包括供需关系体系、价格体系、利益分配体系等，没有产生不合理收益的部分，不存在不当得利行为和产生不当得利的市场条件。其中拥有足够的供需者，供需双方完全决定价格，实现完全公平的利益分配。完全竞争市场是一种理想的状态，或者自然垄断行业产业链中的竞争环节也可以实现公平交易的市场体系与结构。

4.4.1 "不当得利"的价格形成机制

能源区别于一般商品,价格形成机制不光拥有普通商品的形成机制共性,还具备能源的垄断性与稀缺性。而正是这两种核心特征产生的能源的垄断、信息的不对称使上游生产企业不正当竞争得以滋生,不当得利由此产生。

成品油定价机制与国际原油价格挂钩使"国际油价下跌,国内油价上涨",与其时滞性有关,每次调价都是对前一段时间国际油价波动结果的反映,而不是对未来油价的预测。这样就容易产生囤积现象,造成投机行为[87],容易产生不当得利。回顾油价改革历史,国内油价均是根据国际市场平均价格进行调整的,因此,任何人均可以根据国际市场价格的变化判断国内油价的走势,甚至判断价格调动水平,使得投资行为和成品油的走私行为有机可乘[88]。

4.4.2 "不当得利"的投机利润刺激

不当得利产生于农产品价格的异常波动,使得稳定性降低、投机行为滋生。李村璞[89]提出土地流转制度和产业集聚产生的垄断效应易造成小宗农产品价格的异常波动,企业通过产业集群生产小宗农产品常借助现货压库的手段进行投机性炒作。另外,游资即社会闲置资金的存在又一次推动了农产品市场的投机活动。王文涛[90]指出中间商极易掌握小宗农产品的市场信息,这导致特别是在流通环节,农户和消费者对于小宗农产品的有效价格信息掌握不足,投机性大大加强。

4.4.3 "不当得利"的市场占位优势

自来水行业具有多种形式的垄断行为,一种表现为制度上的过高门槛,限制良性竞争,一种表现为价格垄断,凭借地位强制交易、变相涨价、滥用市场支配地位获取超额利润,实施价格联盟利用行政垄断谋取垄断利润[91]。垄断市场地位所带来的"不当得利",主要是由信息不对称的存在引起的。王辉指出自来水行业中服务信息的不对称发生于管制者和被管制者之间,信息不对称主要表现在道德风险和逆向选择,其中道德风险指被管制的企业可以任意采取影响成本或质量的行动,这类行动的典型标志是自来水企业对于实现社会福利的努力程度,投机行为以及资本趋利行为降低了企业提供的服务水平。同时,在自来水服务方面,实践中信息不对称的另一个表现为听证会制度的失效,从而使自来水价格失真[92]。

4.5 "不当得利"的市场主体属性

社会主义市场经济环境的复杂多变成为滋生"不当得利"的温床[93],随着经济的发展,"不当得利"越来越集中体现在几个主要方面,例如,垄断性的市场占位使得正常的市场秩序遭到破坏,经济生活紊乱,严重损害了买方地位经营者及消费者的合法权益,增加了消费者的消费成本和经营者的交易成本,降低了居民消费率。此外,投机利润、投机行为的大量滋生扭曲了价格信号,市场主体行为失常,价格机制的调节作用无法发挥。这些"不当得利"的滋生点成为我们划分"不当得利"市场主体的主要依据,分别归纳概括出自然垄断性市场主体、投机性市场主体以及介于两者之间的资源类市场主体。由于三元市场主体的"不当得利"形成基础不同,出现物以类聚的局面,即三类市场主体所在的市场处于分离状态,形成三元主体。

产业组织理论中的市场结构指标无法真实地体现经济转型时期中国市场"不当得利"的形成状况,因此,我们将市场指标和"不当得利"滋生点结合,大致确定三元化的主体分类,进行系统化的描述。三元市场主体分别涉及垄断行业和竞争行业,在"不当得利"的形成环节上具有相似性,而又由于分属不同行业领域具有独特性,在结构上呈现互补的关系。共性、异性相辅相成,共同构成"不当得利"的三元市场主体结构。三元主体不是齐头并进、相互独立的,而是作为补充,拥有着间接和无形的互动。

4.5.1　自然垄断性市场主体

在规模经济和范围经济的作用下,这类市场常常表现出自然垄断的性质,其平均成本能够随规模的扩大而降低并且能够避免重复建设,这样看来垄断拥有一定程度的必要性和合理性。但由于其垄断或寡头的市场占位,常常出现"一家独大"或几家合伙控制市场的行为,成为孕育"不当得利"的摇篮,如自来水市场、电力市场。这类市场由于政府干预的存在,从而具有一定的"成本优势"或"行政优势"。而凭借这种"不当"的优势常常会挤走竞争者,这种竞争失效集中表现在价格的垄断上,或寡头企业的联盟从而获取膨胀的利润。另外,信息的不对称性是构成竞争不完全的主要原因,主要集中在信息的不完全使得弱势的一方处于被动接受的状态,从而强势一方获取不正当利润。

4.5.2　参与主体个体化、分散化导致的投机性主体

参与者数量庞大且分散化是一类投机性主体存在的市场特征。相对个体化的参与者通过相同的行为选择构成的一类群体,这种行为选择表现为投机性和趋利性,如股票市场、农产品市场。其中,信息的不对称仍然是"不当得利"出现的催化剂之一,个体化和分散化会导致主体对有效信息的掌握不足以及话语权的控制力度不够,投机因素大大增强。

4.5.3　兼具垄断与资源稀缺性主体

区别于上述两种较为极端的主体，这类市场的参与者由于同时具有垄断和资源稀缺的特点而形成独特的主体分类。与自然垄断市场主体相似，自然垄断与行政干预也存在于这类市场中，但在产业链上的某些环节竞争程度会大于自然垄断，价格垄断以及竞争壁垒都会一定程度地存在，如成品油市场、天然气市场。拥有稀缺性的能源使得国家对其价格干预过多，价格无法反映资源的稀缺性和环境的外部性，而在能源价格市场化的改革过程中，多种利用缺陷、漏洞获取"不当得利"的行为逐渐滋生。同时能源领域中又存在着较为严重的行政垄断和自然垄断，使得它也具有自然垄断市场主体滋生"不当得利"的条件[94]。

4.6　"不当得利"的市场结构属性

4.6.1　"不当得利"的同质环

前面提到三元市场结构关系为同质、异质相连接，其中同质环如图 4.4 所示。

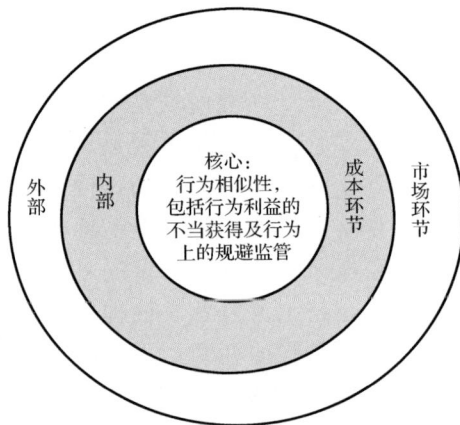

图 4.4　市场"不当得利"的同质环

三元市场主体的核心同质表现为行为上的相似性，包括行为利益的不当获得、行为上的规避监管等，在微观层面集中在内部成本控制环节，而宏观层面则体现在市场环节中。

4.6.2　"不当得利"的异质环

已知"不当得利"的三元市场主体具有不同的形成基础，这些基础正是不同主体所具有的独特性所在，也是形成"不当得利"的主导因素，如图 4.5 所示。

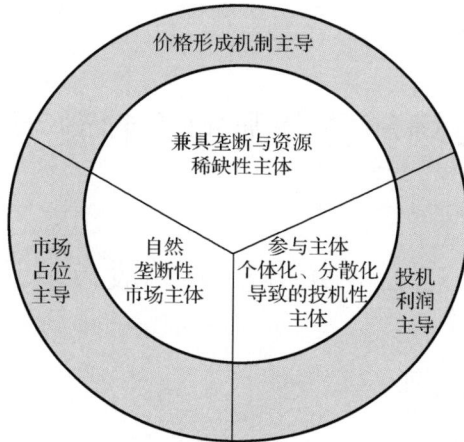

图 4.5　市场"不当得利"的主导因素

从图 4.5 中可以清楚地看到，三类市场主体分别由不同的因素主导，自然垄断性市场主体由市场占位主导；参与主体个体化、分散化导致的投机性主体主要由投机利润主导；而兼具垄断和资源稀缺性的主体其价格形成机制成为主导因素。不同的主导因素使得"不当得利"形成环节中具体的成本和市场环节出现差异。

第 5 章 市场利益分配的"刺激-反应"结构

5.1 电力系统分析与一般市场运行

5.1.1 电力系统问题特征

电力行业是国家的基础工业,电力行业的发展对于国家经济发展和人民生活水平的提高至关重要。自中华人民共和国成立以来就对电力行业进行适应社会发展的改造,改革开放以后,更是进行了多次电力改革,将市场化引入电力行业。在一次次的改革中,虽然电力行业的改革取得了巨大进步,但是仍存在一些游离于市场规则之外的问题,危害着国家经济的发展和人民生活水平的提高,而这些问题大多是由于规制体系不科学导致的。本章致力于找出电力企业这些"不当行为"的形成机制,找出存在的问题,并解决问题。从电力企业的行为入手,建立电力企业行为的复杂适应性模型,然后具体分析电力企业不当行为,建立电力企业行为的"刺激-反应"模型,更加直观地了解电力企业不当行为产生的影响因素,接下来经过对各类模型分析找出电力系统中存在的问题,并提出关于电力系统的策略建议。以复杂适应性理论作为研究方法,在分析电力系统复杂性的基础之上,利用复杂适应性系统方法分析电力企业的行为,并建立各种复杂适应性模型。研究发现,影响电力企业不当行为形成的主要因素是规制问题,目前我国的规制体系还存在规制机构定位模糊、职能划分不合理、立法不完善等问题,在此基础上提出立法先行、职能划分等策略建议。

电力企业是电能的供应企业,电力企业的行为影响着国家的经济发展和人民的生活水平。所以国家对电力行业的改革也从未停歇,在历次电力改革中,电力行业取得极大的改进,实现了飞速发展。但是,由于电力行业的结构特征以及规制体系的不完善,电力企业出现了一些在监管规则之外的不当行为,制约着电力行业改革的进一步发展、国家经济水平的提高并侵害着电力用户的切身利益。面对这些不当行为带来的问题,有必要对电力企业的不当行为进行研究,找出形成不当行为的关键因素,以解决这些问题。

对电力系统不当行为的研究已经持续了很长时间,以往电力行业不当行为形成的研究在不当行为的形成分析上综合各种行为的形成,主要将原因综合性地归结为电价机制、自然垄断、政府规制等几方面,并不是将行为进行分类,从行为形成的过程入手,结合电力企业的运行规则、规制体系,确定影响不当行为的关键因素。这种研究方法虽然可以在一定程度上找出行为形成的原因,但是忽略了原因和行为之间的联系性,无法准确地找到原因与行为之间的联系,这样就无法确定影响不当行为的关键因素,无法从根本上解决问题。要想从根本上解决问题,必须明确问题的来源,而要找到来源,必须弄清整个形成过程。在此过程中,行为是连接各主体、各种相互关系的节点,从行为入手进行分析,可以得出行为形成过程,清晰地表示出行为形成过程中外部环境、行业内部的关系变动对主体行为的影响,进而找出行为形成的关键因素,为行业改革和行业内部各主体发展提供借鉴。

由以上分析可知,对电力行业不当行为的形成机制的研究是必要的。但是,行为的影响因素是大量而且复杂的,包括各个行为主体的特性和它们之间的相互关系、外部环境变化和外部组织的行为。由此观之,找到一个科学的、合理的分析方法成为重中之重。电力企业不是一个完全独立的个体,而是存在于一个大系统中的与其他个体有着紧密联系的个体。这个整体我们不妨看作一个复杂适应性系统,因为在该系统中有着众多的主体,从职能上可以将这些主体归为电力运营子系统、电力规制子系统和电力用户子系统。电力企业的不当行为也不是电力企业凭空自发的行为,而是当企业遇到外界变动时,出于对生存的渴望,这些企业就会做出相应的行为寻求出路,以更好地生存,适应不断变动的外界环境。综上,可以看出,电力系统符合复杂适应性理论的几大特征,所以可以将电力系统作为一个复杂适应性系统,电力企业作为电力系统中的主体来研究,可以根据复杂适应性系统的理论对电力企业的不当行为进行分析,更加准确地理解不当行为的形成。

综上所述,根据我国的现实情况、相关研究的缺陷和不足以及电力行业的实际情况可以看出,只有找到电力行业行为的形成模型,才能找出影响行为的关键因素,才能更好地解决电力行业所产生的问题。而对行为的分析必须依赖于复杂适应性系统理论这一理论基础,所以必须进行基于复杂适应性系统的电力行业行为分析。

5.1.2　市场环境的反应机理

当受到刺激(主要是环境变化或电力企业的经营出现问题)时,电力规制系统各规制机构就改变自身的内部模型以适应变化的环境。国资委会加紧对电力企业资产情况的监管,并通过监事会对电力企业内部进行监督,必要时还会通过任免高管来促进电力企业的改革。国家能源局是能源管理部门,专业性较强,当受到刺激时,能够改变电力行业的规则,并向发改委提出改变建设规模的建议。财政部可以对电力企业的财务情况进行监督,但是由于专业性的限制,财政部对电力企业的电力成本监督力有所削弱。发改委既有宏观调控职能(物价稳定、供电安全、价格管理等),又有微观管理职能(建设项目审批、电价审批等),当受到刺激时,两种职能可能出现矛盾。电监会作为独立监管机构,是专门的电力企业监督机构,有着较强的专业性，当受到刺激时，改变电力市场规则和监管方式以更好地进行市场监管，适应环境。

电力用户子系统包括用电企业和居民，电力用户是电力企业行为的直接感受者和电力规制机构衡量电力企业行为质量的指标，电力系统健康运行的标准就是用户能够用上价格合理、电量充足、电流稳定的电能。而且在国外的改革中，配电与售电分离后，用电用户可以自由地在售电市场上选择电力运营商，在这种情况下，居民对于电力行业的影响就进一步增大，所以，将电力用户包含在电力系统中是非常合理的。

通过对电力系统的复杂性分析可以看出，电力系统是一个包含多种主体、关系错综复杂的复杂适应性系统。当一个主体或多个主体受到刺激时，必然会产生连锁反应，并最终对市场参与群体的利益产生影响。

在这样一个复杂的系统中，要想从根本上解决不当行为，就必须在规则上对电力行业中的各个主体进行约束。电力系统中电力规制系统的关系是非常杂乱的，规制主体众多、职能错位等问题依然存在。一方面，电力规制职能过于分散，发改委负责审批建设项目和电价；国资委是出资人，任命高管；电监会负责电力市场监督和监管规则设计；技术监督部门负责监管电能计量标准等。另一方面，电力行业规制部门协调性差，职能错位，监督作用有限。这些问题都造成企业不当行为。

5.2　电力系统市场化的研究思路

通过对电力行业的自然垄断性、电价形成机制、政府管制进行研究，可以在一定程度上了解电力行业现存问题形成的原因和影响因素，但是从制度本身来看，片面地从其中一方面或将主体割裂开进行分析，不可避免地会造成分析结果缺乏科学性。如何用科学的方法得出电力行业现存问题的形成原因和影响因素，就成为解决电力行业现存问题的关键，也成为学术研究和政策制定部门关注的焦点[95]。

通过对电力行业现实情况的整理，针对电力行业的自身结构和性质以及电力行业外部环境的特性[96]，在参考前人研究的基础上，从行为研究入手，运用复杂适应性系统理论逐步分析几种典型不当行为的形成过程，在分析典型不当行为形成过程的基础上，建立电力行业不当行为的一般性理论模型。得出的电力行业不当行为形成模型旨在为电力行业改革和各主体发展提供一个分析行为形成的一般性理论模型。在得出行为的形成机制、建立不当行为形成模型的基础上，能够更加科学清晰地分析出不当行为的形成原因，进而找出影响不当行为的因素，通过改变影响因素变量可以从根本上解决电力行业存在的问题。

从研究对象来看，本节以电力企业行为"刺激-反应"模型作为研究对象。在以往对电力行业存在问题的研究中，多为综合各种违背规则的行为的基础上提出电力行业存在的问题,这样就使得问题与行为的关联度大大下降。而本节以电力行业行为形成过程为研究对象,研究行为的形成机制,完整地还原了行为的形成过程。从研究方法来看,以往的电力行业行为研究中多以中外改革对比分析、模型分析、效率分析等作为分析方法,几乎没有以复杂适应性系统理论作为分析方法。

本节以电力行业不当行为形成作为研究对象,以复杂适应性系统理论作为分析方法,意在得出电力行业不当行为形成机制,建立电力行业不当行为的一般性理论模型,为电力行业不当行为形成原因分析提供一个科学的理论模型,为电力行业存在问题及其解决方案方面的相关研究提供新的思路。

以复杂适应性系统的模型作为研究方法,以电力企业行为作为研究对象,最终得出电力企业行为形成机制,建立电力企业行为复杂适应性系统模型。

本节是对电力企业的行为模型进行研究,建立行为模型是本研究的重中之重,只有通过建立行为模型,才能更加准确地分析电力行业行为的形成,在确定了以复杂适应性系统模型作为研究方法后,要对复杂适应性理论和模型建立的相关研究进行分析。

另外,外部刺激是行为产生的动力,电力系统内部模型是行为产生的原因,所以对电力系统内部结构、电力系统的规制体系的研究也是非常重要的。

5.2.1 电力企业行为模型的相关研究

环境的变化刺激各主体产生反应行为并不断相互作用,所以环境变化是动因。单个主体经过组合形成的大的主体之间的相互关系都可以归结为单个主体的反应行为的集合,这样就达到了适应环境变化的目的。个体是整体的组成部分,但个体不是独立生存的,而是相互作用的,并且在不断地适应系统环境,不断地使系统增值,不断进化。

复杂适应性系统理论是研究复杂系统的有效方法和手段,可以研究当环境对系统发出刺激行为时,系统中各主体是怎样变动以达到适应环境的目的。电力行业市场化之后,电力行业各企业都是具有主动性和适应性的主体,这些主体在与环境的相互作用和与其他主体的相互作用中,不断寻求新的发展方式,不断进行企业改革,以不断适应变化了的环境。在电力系统主体相互关系的研究中,系统的总作用要由系统中的各主体的相互作用和行为来体现。个体之间又会有一定的相对独立性,这样,一个主体的行为也会影响到其他主体,类似于外部环境作用,由此观之,主体与系统是辩证统一的关系。主体之间的相互作用也会产生分化。

电力系统中个体的反应就是一个复杂适应性的很好例证。所以,复杂适应性理论是研究电力系统的理想方法。使用复杂性理论支持电力系统不当行为的研究,电力系统所包含的电力规制子系统、电力运营子系统、电力用户子系统,以及各个主体,所有显示的属性和行为适用于电力系统。

若没有外部环境刺激,系统按照自身的内部模型所确定的规则运行就是自组织。电力系统行为的变化不是仅靠规制机构的政策设计和经济环境变化的刺激,而是电力系统内部模型运行机制的作用结果,符合系统主体自组织性。电力系统的整个生命周期中各个主体的演化都是自组织机制演化造成的,规制行为也要遵循电力行业的发展规律。他组织演化就是存在一个外界指令,也就是说系统之外还有一个独立的能够刺激电力系统的主体,制定刺激行为的方案,然后刺激电力系统之后,电力系统各主体就会按照自组织演化进行变动,发出反应行为,达到既定目标。他组织演化刺激者与反应者是管理与被管理关系,是在外力推动下的系统演化过程,而不是系统的自主运行过程。

5.2.2　电力企业"不当行为"的相关研究

电力行业不当行为形成过程是研究对象,找出不当行为是研究的开端,以下是关于电力行业不当行为的分类。下面从掠夺性定价行为、拒绝交易行为、歧视性价格行为、捆绑销售、竞争协议、行政垄断等几方面对电力行业不当行为进行综述。

对于掠夺性定价行为,发电领域和零售领域是重灾区,少有的出现在输电和配电领域。英美等发达国家电力改革已经完成,这些国家在发电、输电、配电和售电等领域已经有所发展、占有重要地位和一定市场份额的企业,就会为了更高的市场份额,采取掠夺性定价行为的方式。在市场上占支配地位的企业在正常条件下拒绝其他企业购买商品和服务的要求以达到实现超额经济利润的行为就是拒绝交易行为。这在电力行业主要表现为三方面:发电和电网企业、售电和用户以及电网企业之间的拒绝交易。当市场中的供应商在市场竞争中获得一定市场支配力之后,就会根据购买者的不同购买力而实行不同的定价,这就是歧视性价格。在电力行业,在对电能的买卖过程中也会出现这种行为,例如,发电领域出售电能时可能会滥用这种行为,在输配电与售电完全分开的时候,某一售电企业若是某发电企业的控股企业,此时这两个企业之间的电价就会降低。在地方或区域性市场上,若购买其他地方市场上的电力产品会增加输配电成本,此时电价就会偏高,这样就不得不接受当地电厂的较高的歧视性电价。搭售与捆绑行为也是一种电力行业中经常出现的不当行为,就是指电力行业中的企业如销售多种产品时会将这几种不必合并的产品合并强迫出售给消费者的行为。在售电企业将电力产品出售给用户时,往往会搭售电力产品以外的产品和服务,以获得超额利润。在我国,部分电网企业在销售电能时,要求用户必须购买与电力销售无关的电卡。

竞争协议行为就是指大的企业之间签署协议或密谋联合以达到限制竞争目的的行为。这种行为在电力行业中表现在两方面:①纵向限制竞争行为,由于电力行业电力运营的相关性,在发电、输电、配电和售电之间的电能买卖过程中会产生独家经营和关联交易行为；②横向限制竞争行为，在发电行业和售电行业内部的企业通过签署协议排挤竞争对手，抑制竞争。

5.2.3　电力行业政府管制的相关研究

由对垄断理论的研究可知，自然垄断行业的健康发展对社会总体福利的增加和国家经济的发展具有重要意义，但是由于垄断固有的弊端，所以必须进行政府管制。没有监管的垄断最可怕。所以对电力行业不当行为的解决，最重要的就是做好规制，对电力行业各主体建立一套完善的管制体系。

电力行业的内部结构变化对电力企业的效率有非常大的影响[97]，由于四个领域的经济学属性不同，四个领域并不都是自然垄断的，所以是可以对电力行业中的部分领域引入竞争，用市场进行调节。目前，电力行业改革已经在发电侧引入了竞争，并将原有的电力公司进行拆分，形成了五大发电集团相互竞争的局面，以更好地发挥市场作用。电力企业以及相似的具有非自然垄断性的企业，解决问题的方式一定是系统化研究问题的形成来源，系统化建立管制体系，以使得立法在前、完善的管理体系包括各种专业性管理规则。电力行业的各技术领域的不断拆分是需要强有力的立法支持的，需要一个科学、合理的市场规范。

电力行业的发展离不开企业创新，而在现代社会，企业创新的发展必须依靠激励。在以往计划经济的管理模式中，电力行业中各企业都是依靠中央计划进行生产的，缺乏竞争性和创造性。我国的行政手段对电力行业的管理虽然有效，但是会产生一系列其他类型的问题。在企业理论成熟发展的现在，对于电力行业这样一个关乎国家经济发展和人民生活水平的基础性技术和资本密集型行业，必须发挥激励管制的作用，建立一系列科学的管理机制，通过刺激电力行业内部机制实现创新[98]。

电力行业多元化格局才是政府规制的重点。电力行业中的差异性也十分明显，尤其是地域化差异明显，这在电网建设和用电分布上都有体现。中国的电力行业也有国家的特殊性，其他国家电力改革的经验可以参考，但是不能照搬，因为其他国家的情况与我国相去甚远，照搬必然会导致电力行业难以协调各种差异性，造成资源浪费。所以，在下一阶段的电力改革过程中，要准确把握电力行业的差异性，对不同行业不同地区的电力企业进行差异化改革，开创电力行业多元化格局[99]。

综上所述，对电力行业问题形成原因的研究从行业特性、外部环境和政府管制等方面论述问题的形成原因，在一定程度上揭示问题的形成过程，对问题的解决有一定的积极意义。但是这种分析是从整体问题入手，分析较为粗糙，对问题的认识不够精确，因此，所得出的形成原因也比较宽泛，这样对解决问题来说是不够的。以上分析也说明，要想解决问题，就必须从行为入手，探索行为的形成过程，把握每一个影响行为的因素，最后，通过改变这些影响因素变量来达到解决问题的目的。

复杂适应性系统理论[100]是研究行为形成和建立电力行业行为形成模型所依赖

的方法。该理论将电力行业这个复杂的系统展开，将每个行为主体、各行为主体之间的相互关系、外部环境以及最后形成的理论有机地连接起来，而且复杂适应性系统理论中还提供了"刺激-反应"模型等研究工具，对建立行为形成模型有很大帮助。

5.2.4　管理制度框架

上述电力企业不当行为模型的不当行为出现都是源于管制问题，因为我国的改革中都是"先改革，后立法"，而且习惯于某一企业或某一规制机构的创新而带来的制度改革，可是某些负面的所谓的"创新"又会被默默地隐藏，隐形化为潜规则，成为影响企业适应性行为的隐性规则。中国"先改革，后立法"的情况是由中国改革经验不足的国情决定的，但是随着我们对市场经济和中国国情了解的深入，我国的各企业主体也在发展中不断适应市场经济的环境。此时，我国也应该在管理规则方面进行改革，增强立法的专业性和科学性。

目前电力系统的法律起草都是由不同的监管机构进行的，然后交由管理规则制定的相关部门决议通过。在这一过程中，难免造成管理规则的协调性下降，系统化解决问题的思路受到限制。各个部门根据自己的职能制定的相关管理规则并不一定适应整体的目标。就以电力企业"预算软约束"模型为例，电价的所有运行规则都由国家发展与改革委员会制定，而电力市场的运行规则由国家电力监管委员会制定，不可否认，价格的监管是市场监管的重中之重，价格监管规则与市场监管规则的不协调，必然导致市场监管效果受限。

科学、准确的市场管理规则建立的前提是对事物全面、系统化的分析与构建。在分析不当行为模型和目前各类法律和规则的基础之上，提出以下建议：①市场管理规则的统一性建设，组建专业的委员会，在完善《电力法》的同时，对各项专业市场管理规则进行修改，并且保证各项管理规则的内部自洽性和外部环境的和谐化；②加强市场管理规则的可执行性，明确各个主体规制机构的职能，在遇到违法问题时能够有强大的市场管理规则的理论与制度依据；③提供管理制度规范的相对适应性，当环境发生变化时，不只靠管理部门的自由裁量权解决问题，而是具备提请修改相关管理规范的系统化调节机制。

在重构自然垄断产业的竞争化格局中[101]，政府监管的重要特征体现在政府监管的管理制度规范、规则执行效力和社会监督三方面。市场经济是建立在规则基础上的主体适应性行为经济[102]。政府监管立法在整个监管体制发挥着基础性的作用。电力行业规制的持续有效性需要在更大程度上依赖于管理制度规范，建立在扎实理论推演结果的基础上。

1. 职能划分

在规制中，机构设计和功能划分必须与目前的规制目标和现实情况相结合，在电力系统中，电力企业的关系趋向于垂直联系，反映在规制中也需要各种规制职能密切联系，相关协调，这样才能达到计划的规制效果，科学合理的价格机制就应当从成本的财务监督和审核入手，但是电力系统的财务监督和审核部门又不是进行价格管理的部门，这样就带来了财务监督专业性差的问题；电力建设的投资成本是影响电力价格水平的重要因素，电力项目建设的成本预测就需要建立在电力行业的需求和成本上。当前，规制体系中成本监督与电力价格监管的职能已经分离，这时电力系统规制所需的有效信息不能保证，规制机构的职能分离和相互联系不紧密导致信息不畅，进而造成电力规制中的监管效率低。在目前的电力规制体系中，规制职能分散不是因为现代管理中的制衡思想，而是因为我国目前的规制体系中依然留有计划经济的残余。规制主体职能分散不可避免地造成了多种规制主体共管的模式，在这种模式下，各规制部门的政策协调性得不到保障，就出现了不当行为。

建立完整的监管体系需要在完善管理制度规范的基础上，对电力监管部门机构的职能进行功能性划分，保证对电力企业的监管职能紧密联系、完整高效。根据各项监督职能，下面给出划分建议。

将全局性的独立的电力监管机构——电监会建设成为绝对中立的第三方监管机构，负责电力市场监管，对各主体的市场行为进行监督。对全国电力行业实行中央到地方的垂直管理，在机构设置上，根据各区域各地方的电力企业对电力监管工作的需求，向各区域各地方派驻相应规模和等级的区域分支监管机构。电力监管机构的监管效果好坏与电力规制体系中的制度设计息息相关。一般来说，从中央到地方可设立四层监管机构，分别为全国、区域、省级、市县四个层级，对全国的电力行业实施有力监管。全国监管机构在进行规则设计时，必须研究各个地区、各个省份的不同情况，对不同的区域进行不同的规则设计。例如，在条件成熟、电网建设全面、电力市场完善的地区，区域电力监督机构就可以负责跨省电力市场监督，以下各地方的派驻监督机构就可以负责各自省内输、配、售电的监管，这样各个层面的监督机构垂直管理，互不交叉，形成一整套电力监管体系。

电价监管收归电监会，电价应由电监会审核通过，发改委负责宏观调控，而不能直接对电价进行干预。电力价格监管是电力行业监管的核心内容，目前这项监管职能由发改委而非电力行业的专业独立监督机构电监会承担。在这种情况下，一方面形成了监管部门之间的权力斗争。发改委认为电力价格与国家经济发展密切相关，应该属于国家宏观调控的内容，所以就应该由负责国家宏观调控的发改委进行监督。而电监会是电力行业的独立监督机构，负责行业市场设计和市场监管，则认为电力价格作为市场行为，应该由电监会监督。然而在目前的电力系统规制体系中，定价审批权归国家发改委所有，而电监会只能向发改委提出建议；发改委有电价监督检查权，而电监会有电价监督权，这样就形成了职能重叠的规制部门设计的科学规律。另一方面，对电力行业的价格监管需要对成本进行审核和监督，而电力行业有着很强的专业性，但是电价审批权和电价的财务核算权以及定价规则制定权分属不同的部门，这就造成了电价监管不能够拥有有效可靠的信息。

国家能源局要负责电力行业的规则和制度设计，以及项目建设的审批和建议。作为国家能源的管理部门，国家能源局对我国的能源需求、能源格局和能源分布更加了解，所以可以制定更加合理的行业标准、行业规范，并且对电力行业的各项建设能够有一个清晰合理的规划。

财政部负责电力企业的账目审核和预算批准，但是要经过电监会对电力企业账目的真实性监督后再进行核准，预算批准要在国家能源局审核后批准。财政部在会计审核方面具有专业性，但是对电力行业的特殊性了解较少，所以需要有专业性的机构在财政部之前对电力企业的账目真实性进行监督。国家能源局是电力行业的建设规划部门，预算批准必须经过能源局核实，这样就可以避免电力企业的盲目建设问题，解决预算约束问题以及产品市场和原料市场的差异化问题。

2. 大用户直购电模式的引入

国外电力改革成功的国家在进行改革时都体现了电力行业的透明性以及电力规制的公众参与性。电力用户子系统作为电力系统中的一个子系统，与电力运营子系统和电力规制子系统都有着密切的联系，作为电力运营子系统的消费者和电力规制子系统的衡量标准和意见反馈者，电力用户子系统的地位是非常重要的。

意见反馈、行业问题咨询等制度都使得电力行业规制更加科学，更加能够适应环境变化。因为通过这些手段，用户可以在咨询中更加了解电力系统，也使得用户在遇到问题时，能够主动了解电力系统的运行方式，及时反映所遇到的各种问题。规制机构可以从政策实施的最末端及时了解规制效果，更快地做出反应。在系统中，反应速度的加快，对于快速发现问题、快速解决问题、形成完善的规制体系具有重要影响。问题的快速暴露有利于规制机构迅速调整布局，在职能上划分合理的规制机构，更快地完善规制体系。

3. 信息分布

要发挥用户参与的作用就要增强电力系统的透明度。透明就是让用户了解电力系统，包括电力运营子系统和电力规制子系统的结构、功能和规则。具体而言，就是法律法规政策规范、电力企业的价格形成情况、电力规制机构的工作情况等。通过对用户的信息透明，减少规制机构的监督成本，增强监督效力。此外，信息透明只是让用户了解电力系统，建立广泛的反馈渠道才能够真正地起到监督的作用。利用目前的电视媒体、广播媒体以及互联网社交媒体，让广大用户广泛参与，积极反映问题，形成规制机构强大的信息来源，为其进行规制设计及时提供信息。

总而言之，对于治理电力行业的市场化运作，管理制度是至关重要的。立法在前是解决规制滞后问题的保障，目前看来，规则的不完善是造成电力企业不当行为的主要原因。从"刺激-反应"模型中可以看出，规制系统存在天然缺陷，各机构之间职能的划分已经不能够适应目前的市场环境，不当行为的出现更是让消费者蒙受损失，并且让某些企业获得大量不当利益，在这些前提下，这些企业的势力不断增强，对规则更是一种挑战，这样的连锁反应会带来更大的危机。建立完善的规制体系是电力行业规制的必由之路，经过对国外电力改革成效显著国家的研究发现，这些国家都存在一个全国统一的规划部门或规则制定部门对国家电力系统进行规制。这样这个机构的专业性和权力兼具，对电力企业监督有力。

5.3　电力系统"刺激-反应"的基本模型

以电力系统为例，每一个主体都具有自身的功能以及与其他个体之间的联系，具有差异性，并且主体会随着环境的改变而自发地变动去适应环境。每个主体都有自己的一套"内部模型"，当输入刺激时，主体内部模型就开始工作来决定主体的行为输出。所以，要想建立模型并找出影响电力企业行为的关键因素，关键就是研究电力系统的内部模型的工作规则，这就需要明确各个主体的功能、结构以及它们之间的相互关系。研究现实问题时，内部模型必须立足有限样本。CAS 理论提出可以把下一层面的内容和规律作为一个新的大的内部模型组装起来，然后进行上一层面的相互作用。从这个角度入手可以减少模型中的反应主体，在一定程度上简化模型，又不会影响模型的完整性，这样就使得行为模型能够更加直观地反映电力系统内部模型的运行规则。基于以上思想，可以根据职能的不同将电力系统分成三个相互作用、相互影响的子系统，分别为电力运营子系统、电力规制子系统和用户子系统。本章首先将三个子系统看作三个大的"积木块"进行分析，找到影响行为的关键因素，然后分别从三个子系统的角度具体分析子系统内部的行为。

5.3.1　电力系统"刺激-反应"的总体模型

CAS 的建模过程可以归结为描述主体的刺激和反应。因为在系统的关系中，子系统对主体的行为产生影响，并反馈为系统的环境条件。在此前提下，界定主体的行为策略，形成"刺激-反应"行为规则。图 5.1 为电力系统复杂适应性"刺激-反应"模型的整体性结构示意图，此模型暂时忽略了子系统内部的细节问题，将子系统内部各主体的功能整合在一起，找出子系统在受到刺激时的整体反应。

当子系统受到环境或政策变动的刺激时，三个子系统都要改变自身的内部模型

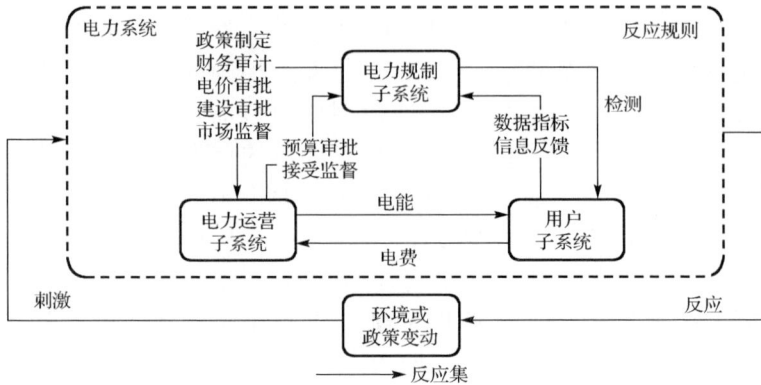

图 5.1 电力系统"刺激-反应"总体模型

来适应变化的环境，而且子系统之间还会相互影响，触发电力系统的规则系统，从而产生不同的行为。具体来看，当受到政策变动或环境变化刺激时，电力规制子系统就要根据政策修改自己的具体法律法规、监督方式、审计方式，还要进一步了解电力运营子系统(如结构变化情况、是否存在监管之外的不当行为等)和用户子系统(如反映生产和生活标准的指数等)，然后进一步改进各种具体政策、监督方式、审计方式等，以期电力运营系统能够高效运转，电力价格能够加快经济发展；电力运营子系统在此时要准确把握市场信息，研究新的政策，迅速地反应，加快企业内部改革，增强企业竞争力；用户作为电力企业的服务者，可以通过意见反馈将用电过程中的问题反映给规制机构和电力企业，为电力行业改革提供参考。另外，用户行为以及用户的生产生活质量也是评价政策设计的指标。

5.3.2 电力运营子系统的"刺激-反应"基本模型

图 5.2 是电力运营子系统内部的复杂适应性模型图，在中国，电力运营子系统包括发电企业和电网企业，从职能上看它们是产业链上的垂直分布关系，但是在某一具体领域内部又具有竞争和合作关系。发电企业目前包括从原国家电力公司分离出来的五大发电集团和电网企业留存的部分发电企业和地方性的发电企业，这些发电企业实行竞价上网。电网企业也分成了南北两大电网公司，在各自的地区负责经营输配电工作。

当受到环境或政策变动刺激时，发电企业就会根据情况增减电源建设项目，重新核定发电成本，实行企业内部改革提高效率，认真分析市场需求，提高企业竞争能力。电网企业负责输、配、售电，当受到刺激时，会改变电网建设，加强科学研究，提高输电效率，建立更加高效的配电系统和制定更加合理的电价机制(并不局限于单一电价，而是制定更加科学的两部制电价或更加科学的电价机制)，以适应变化的环境。

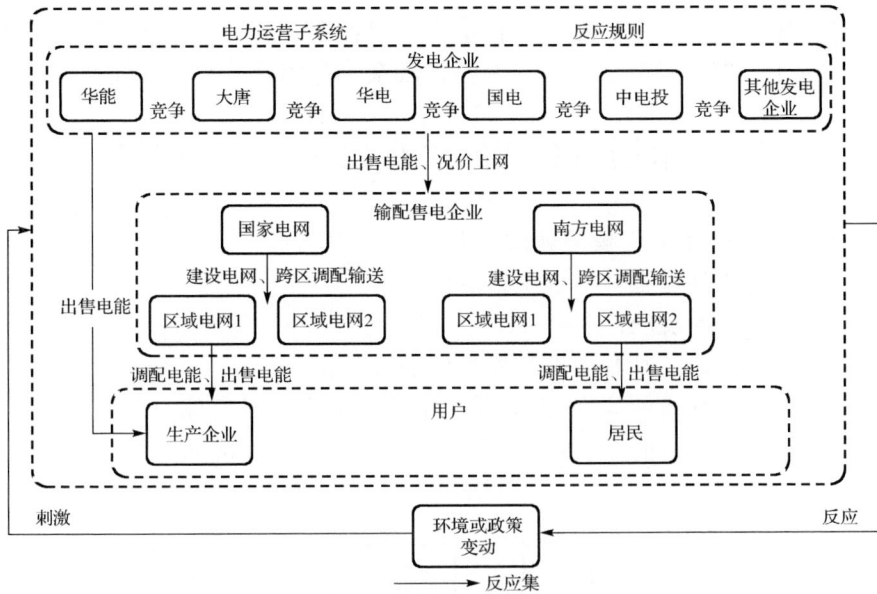

图 5.2　电力运营子系统的"刺激-反应"模型

5.3.3　电力规制子系统的"刺激-反应"基本模型

图 5.3 表明电力规制子系统是由众多的规制机构构成的，其整体职能就是为电

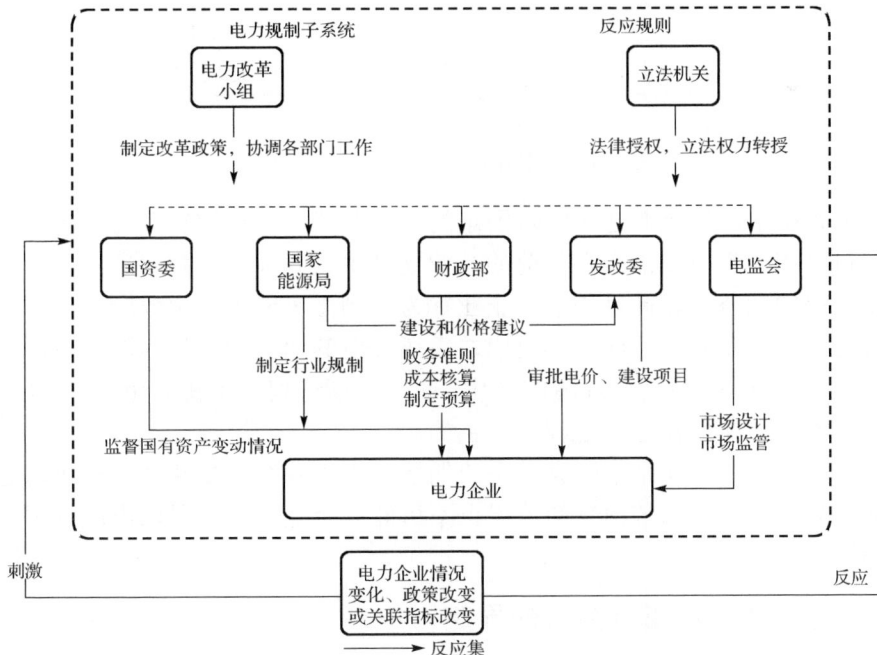

图 5.3　电力规制子系统"刺激-反应"模型

力行业制定科学的运行规则，并且监督电力行业各企业的行为。其各机构均有其各自的功能，并且一些机构在功能上有着各种联系，是相互交叉、非线性的关系。

5.4　市场与企业的"刺激-反应"模型

一般化的"刺激-反应"模型如图 5.4 所示，其中：

输入——环境和其他主体对该主体的刺激；

输出——该主体的反应；

规则——对什么样的刺激做出怎样反应的条件；

探测器——接受刺激的器官(电力系统中一般为政策研究部门)；

效应器——给出反应的器官(电力系统中一般为做出反应的部门)。

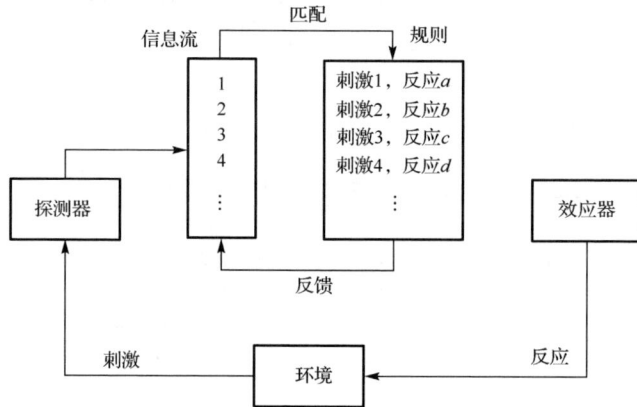

图 5.4　一般化的"刺激-反应"模型

在电力系统中，当企业遇到经营困难的问题时就会寻求解决办法，此时企业以保障企业自身利益为出发点，在目前的行业规则中找到适应自身发展的方向，做出反应保障自己的利益。在此过程中，企业行为的刺激可能来自于政府政策也可能来自于自身内部，然后做出反应，其反应之后还会对其他主体产生刺激，进而使得其他主体再次做出反应，以适应环境的变化，此后逐渐达到一个新的相对稳定的状态，电力行业不当行为就是在这个过程中产生的。

但是这种行为的出现是不断尝试中的偶然，由于系统的复杂性，解决问题的途径不可能瞬间被找到，系统内部的情况也不可能完全被掌握，所以出现规则之外的不当行为。

5.4.1　电力企业"不当行为"的界定

电力企业"不当行为"是电力系统中电力企业做出的不违反电力行业规则、逃避或规避政府监管(或者由于政府的市场规制不到位)而形成的行为,该行为对电力用户和国家经济会造成不良影响,具体由产生的条件与造成的后果所决定。

5.4.2　电力企业的"预算软约束"模型

表 5.1 列出了电力企业的预算软约束各主体的"刺激-反应"。

表 5.1　预算软约束各主体的"刺激-反应"表

主体	刺激	反应
国有发电企业	发电侧引入竞争,统一竞价上网	扩大贷款,加紧电源项目投资,抢占市场份额
银行	贷款额巨大,风险增大	加强对发电集团还款压力
发改委	五大发电集团成本上扬,要求涨价	批准涨价

2002 年,随着电力改革的深入,电力行业的市场化逐渐扩大,发电行业分解为五大发电集团企业和若干其他发电企业,这样在发电企业中企业之间互相竞争,在购电过程中竞价上网。

虽然电力改革在发电侧引入竞争有利于发挥市场作用,促使各发电企业进行改革,提高效率,但是发电侧引入竞争后,国有发电企业凭借自身强大的实力开始进行大规模电源项目建设,近年来,由于在定价过程中区分了容量电价和电量电价,拥有更多的发电机组就意味着更多的利润和市场份额,边际成本会进一步下降,市场竞争力也会逐渐增强,具体如图 5.5 所示。

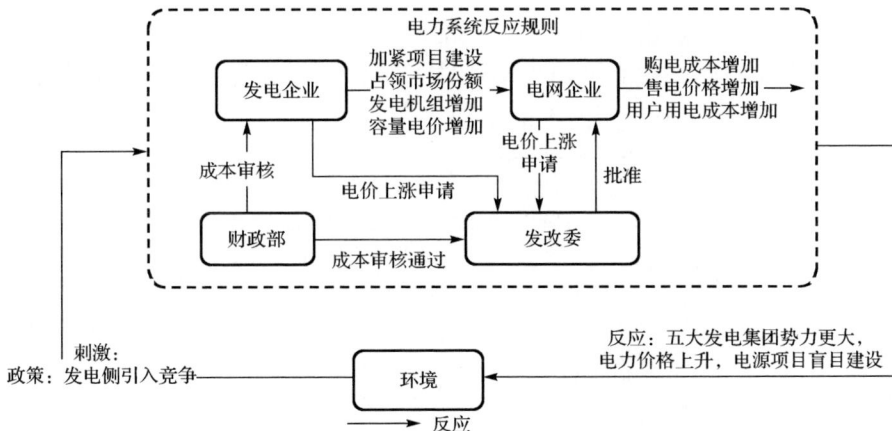

图 5.5　电力企业的"预算软约束"模型

各个发电企业想尽办法进行电源项目建设。由于之前我国存在的供需矛盾和国民经济的强大生命力,电源项目审批顺畅。发电企业便抓住机会,获得银行贷款,进行电源项目建设,在这样巨大的建设成本面前,电力成本必然上升,由于会计审查部门是财政部,而不是专业监督机构电监会,所以在上扬的成本面前,负责价格审批的发改委在不了解具体情况的情况下，就会批准发电企业价格上涨，作为企业财务的审核机构，财政部就无法在预算中对发电企业进行约束，盲目的电源项目建设的最终结果就是发改委通过电价上涨来挽救发电企业不断上涨的成本，而不是由有计划的财政预算来决定，这样的不当行为只能由消费者买单，又制约着国家经济发展和人民生活水平的提高。

5.4.3　差异化的"负反馈"模型

目前，发电企业的主要生产燃料是煤炭，但是煤炭是可以自由交易的商品，其价格主要由市场供需关系决定，具有销售价格变动迅速的特点。而作为发电企业产品的电能，则是由发改委审批，变动慢。所以当煤炭价格发生波动时，电力市场的反应速度远远跟不上煤炭价格的变化，而且发电企业出于对自身利益的保护可能会谎报或隐瞒数据。这种差异化的主体刺激-反应如表 5.2 所示。

表 5.2　原料市场和产品市场"差异化"的各主体刺激-反应表

主体	刺激	反应
煤炭企业	煤炭市场发生变化	反应1：煤炭价格上升 反应2：煤炭价格下降
发电企业	刺激1：煤炭价格上涨，议价困难 刺激2：煤炭价格下降，成本下降	反应1：成本上扬，经营困难 反应2：超额利润
发改委	发电企业利润下降，生产减少	涨价，刺激生产，保障供应
用电企业	电价只涨不跌	用电成本增加，经营困难
用电居民	电价只涨不跌	生活成本提高，生活质量下降

国家发展与改革委员会作为电价审批部门，不仅负责宏观调控，还负责具体的电价审批，这就使得对发电企业电价形成缺乏了解，造成监督不力。电力企业差异化"负反馈"刺激-反应模型如图 5.6 所示。

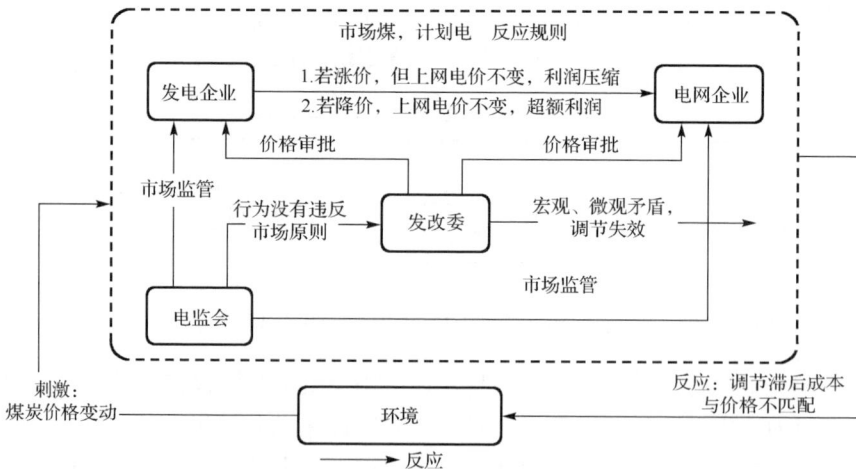

图 5.6　电力企业差异化负反馈"刺激-反应"模型

5.4.4　边缘企业"逆增长"的刺激-反应模型

大型火电机组闲置，无电可发，小火电依然运行，看似在完全竞争市场上不可能发生的事情还是在我国的电力市场上发生了。小型火电企业是 20 世纪国家集资办电阶段的遗留，归属关系比较复杂，通常有当地政府和当地电网的持股，这就带来一个问题：小型火电的效益与地方政府的财政收入和当地电网利润息息相关，又由于是国有企业，所以虽然小型火电企业为落后企业，生产效率低下，但是仍然在运行，而没有被电力市场所淘汰，这就是电力市场的竞争不充分性。

这就使得在竞价上网时，虽然小型火电企业的发电成本高，但是依然有电网企业采购其电量。这样不可避免地就会造成两个弊端：一方面，由于小型火电企业的成本偏高，所以上网电价偏高，继而售电电价上升；另一方面，大的发电集团虽然资金雄厚，设备先进，有着较高的发电效率，但是由于小型火电企业的电力优先上网，导致大的发电集团资源浪费。并且小型火电企业的存在对当地的环境也是一种威胁。小型火电企业各主体刺激-反应如表 5.3 所示，其刺激-反应模型如图 5.7 所示。

表 5.3　小型火电企业的各主体刺激-反应表

主体	刺激	反应
小型火电企业	厂网分离	效率低下，经营困难
地方电网公司	利益相关	小火电优先上网 价格较高
大型发电企业	需求不足	生产效率下降，成本上升
用电企业	电价上涨	用电成本增加，经营困难
用电居民	电价上涨	生活成本提高，生活质量下降

综上所述，电力行业不当行为出现的根本原因还是市场规则不完善。电力行业各主体同样作为市场主体，作为一个企业，其目标必然是经济利润，保障自身的利益。单从这个出发点来看是没有错的，但是在中国这样一个市场经济运行时间较短的国家来看，这样做不可避免地会出现问题。因为就目前来看，我国的规制经验不足。从立法方面来看，我国的立法一般是"先改革，在立法"，在这种情况下，存在两个问题，一是缺乏整体规划，市场主体在没有法律约束的情况下，必然根据自身需求采取相应措施，这就很容易产生不当行为；二是立法后，由于从改革到立法的时滞问题，法律又需要多次修订才能符合市场要求。从行政机构的方面看，多部门共管，缺乏一个专业性整体规制部门统一管理，这就造成政府部门执行力欠缺、监督不力的情况；从独立监督部门看，目前电监会的权力只是市场监督，专业性较强的电监会却没有强大的规制权力，出现规制不当行为。规则制定不当使得当电力行业的企业主体受到环境或外来主体刺激时，为了自身利益，游离于规则之外，逃脱规制机构的监管，形成不当行为。

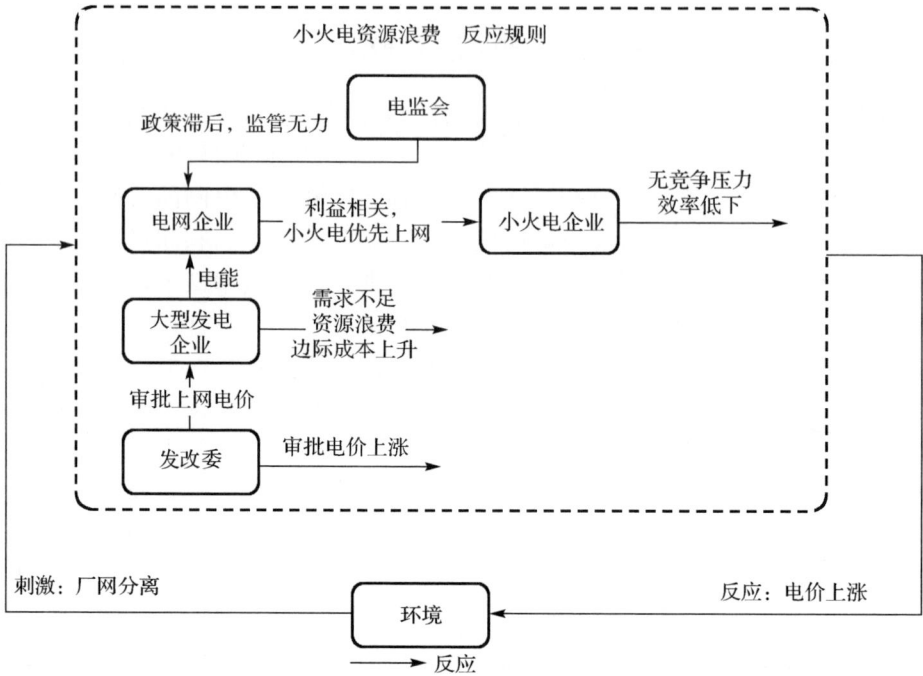

图 5.7　电力系统小型火电企业"刺激-反应"模型

对电力企业不当行为产生的"刺激-反应"模型作进一步分析,力图找出电力系统内部不当行为形成的原因,并针对系统化规制条件提出策略性建议。

由电力系统不当行为的"刺激-反应"模型可知,不当行为形成的主要原因在于规则,也就是规制系统,在向竞争性市场的转变过程中,我国电力行业的电力监管还是分权,在电监会这一独立监督机构之外,其他机构也具有对电力企业的监管职能,最典型的就是发改委,负责电力企业监管中最重要的电力价格审批,这样就导致专业机构对电价监管无力。如果各部门能够有科学的整体规则,各司其职,也没问题,但是,目前来看,电监会是独立的电力监管机构,具有法律赋予的权力,并且有详细的规则,能够依规则执法,可是其他部门作为行政机构,具有较大的自由裁量权,并且对于涉及电力行业的专业问题,监督起来有些力不从心。下面我们对监管系统存在的问题作具体分析。

5.5　电力系统管理者的结构组成

5.5.1　电力体制改革工作小组

电力体制改革工作小组是一个议事机构,它负责电力改革工作中的计划和协调工作，并没有决策权，所以在之后的电力机制改革中作用有限。后出于职能发挥的考虑归属于电监会。电监会虽为相对独立的电力规制机构，但是只负责电力市场设计和市场监管，在电力改革的中心问题，如改革方向、电价改革等问题中不能发挥主导作用。

5.5.2　国家发展和改革委员会

国家发展和改革委员会简称发改委。发改委是保留部分计划经济残留的产物，所以它既有宏观经济调控又有微观经济管理职能。对于电力部门的规制，首先，发改委负责提供长期能源规划，制定能源政策，预测能源需求，提出能源选择指导意见等工作，然而国外则是专门的部门负责能源方面的规制。其次，发改委还负责审批电力项目的投资以及电价(包括上网电价和销售电价)。同时，还负有保障国家节能的职能。

从我国多年电力行业发展的轨迹来看，发改委由于管理范围较大，对宏观经济发展态势把握和预测能力欠缺，对电力产业的规划能力下降，电力需求与电力建设不匹配，电力市场供需矛盾长期存在。电源项目建设必须依据电力建设进行整体规划，不能盲目建设，电力建设的整体规划的前瞻性、科学性有所欠缺，且市场电力需求匹配性不高；另外，电力项目建设为发改委审批制，不免存在审批程序复杂、审批周期长、审批过程权力寻租等问题，造成电力项目建设与电力需求不匹配。

5.5.3　国家能源局

国家能源局是国家能源行业的管理机构，主要职能是宏观政策设计，包括能源行业的行业规划、具体政策制定和行业标准制定。此外，国家能源局还具有审核电价和项目审批的权限，但是重大事件还需上报发改委和国务院；国家能源局还具有对价格调节的建议权，但是要经过国务院同意。

5.5.4　财政部

财政部负责企业的财务审查和规则制定工作，制定电力企业财务准则，监督电力企业的财务成本。财政部是部级单位，负责国家的各项财务工作，工作职能众多，所以财政部很难对电力企业的财务情况进行非常专业的监督。

5.5.5　国务院国有资产监督管理委员会

国务院国有资产监督管理委员会简称国资委。国资委的主要职能包括：对电力行业各企业的监督；电力企业的高层人事工作；制定关于国有资产管理的准则。但是国资委拥有双重身份,这两种职能实际上是一种矛盾,既是出资人,又监督出资人,这种角色定位必然会使国资委行使职能的效率打折扣。中央和地方的电力企业分别由国务院国资委和地方国资委作为出资者和监督者,形成中央、地方监管的不统一,监督效率大大降低。

5.5.6　独立监管部门

目前来看,电监会的职能就是负责电力行业的监管规则和电力市场设计以及具体监管工作的执行,在现阶段主要是市场监管。

第6章 考虑市场结构的利益分配 Swarm 模型

6.1 电力系统内的市场-利益-系统关系

随着电力市场的不断发展,电力市场逐渐由原来的供不应求状态转变为供给过剩状态,自然垄断地位逐渐减弱,发电侧竞争不断加剧,电力用户享有更大的用电选择权。LDP 模式下的电力系统正是一个发电侧和售电侧两端开放的电力系统,为发电竞争、增加用户选择权、降低成交电价、增加大用户利益创造良好的条件。

在电力市场中,由于电力生产技术的差异,不同发电商的生产成本和产能差距较大,加之大用户对电价的承受能力有限,导致在市场竞争的过程中,成本低、供电量较大的发电商具有较强的竞争优势,获取较大的市场份额,成为市场主导型发电商,而成本高、供电量小的发电商具有较少的市场份额,这种差距导致电力市场中市场集中度较高,电力系统中非自然垄断性较强,这种非自然垄断性正是电力市场中市场力的体现。

从经济角度看,市场力的存在使市场主导型发电商长期获得稳定且较高的利润,使成本较高的发电商长期难以获利,甚至最终被排挤出直购电市场,发电市场的利益分配不均使占主导地位的发电商市场影响力增强,为占主导地位的投机发电商采取投机性行为策略、操控电力市场创造条件。占主导地位的发电商采取投机策略改变市场价格形成因素,最终影响市场成交价格和成交电量。成交电价和发电商的获利与大用户的支出密切相关,是影响发电商和大用户间的利益分配的关键。因此,电力系统中的市场力影响参与者间的利益分配。

从系统角度看,以发电商和大用户为异质节点,以发电商和大用户间的连接匹配关系为连边,构建网络环境下的电力系统。网络节点的聚集是参与者属性信息和行为规则交互作用的系统涌现,节点的聚集程度体现发电商间市场份额分配的关系,可表现电力市场中所具有的市场力大小。同时,系统成交电价也是电力系统中参与者属性信息和行为规则交互作用的系统涌现,对电力系统中的利益分配具有较大的影响。在具有高聚集节点的电力系统中,主导型发电商采取投机策略改变自身的属性信息和行为规则,影响电力系统的成交电价,最终导致发电商和用户间的利益分配差异。图 6.1 为电力系统市场-利益-系统关系图。

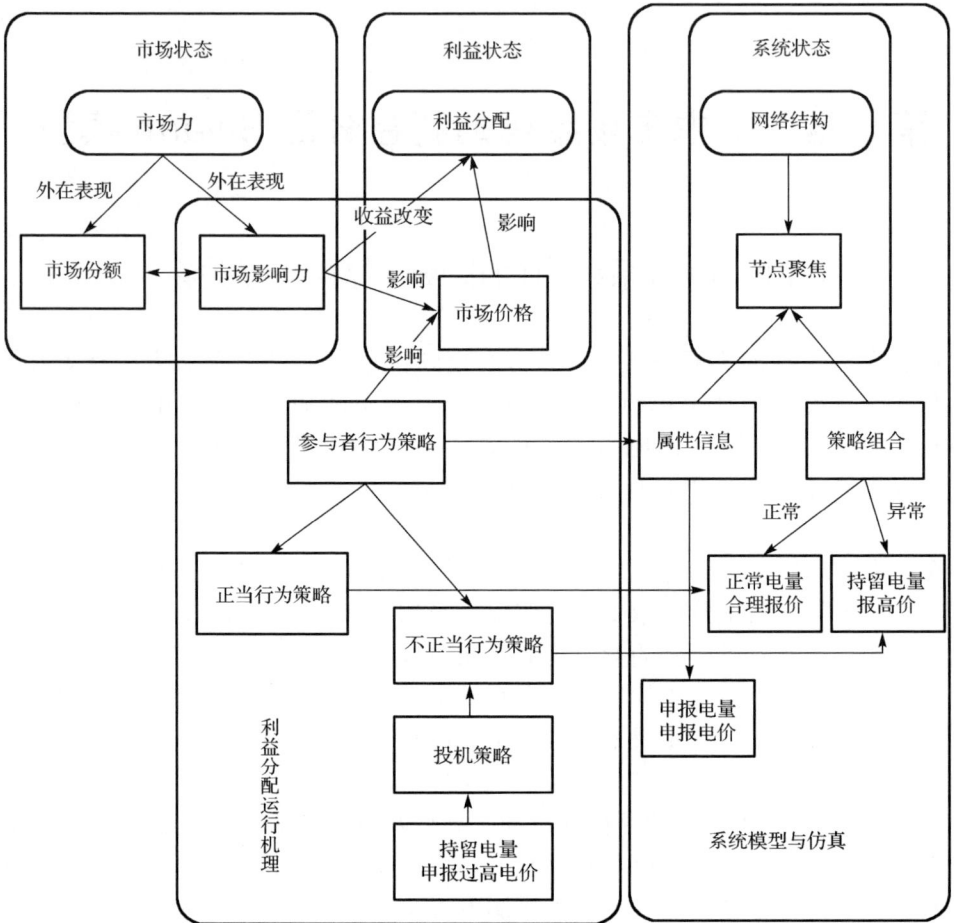

图 6.1　电力系统的市场-利益-系统关系图

发电侧技术改革以来,电力供应已由原来的供不应求阶段进入供大于求的阶段,打破了原有的发电侧单一垄断的局面,形成多厂竞争的格局。在 LDP 模式下,发电商通过申报电量和电价进行市场份额的竞争,同样,作为电力资源接收方的电力用户,其不同的行为策略导致与不同的发电商达成交易,支付不同的费用。发电商和电力用户的适应性行为策略导致不同的网络结构状态,并进而决定利益分配结果。

6.2　电力系统的 LDP 模式

电力行业作为基础性行业,对国家经济发展具有重要影响。但是在电力行业的发展中,由于规制的滞后和不合理,出现不当行为。这些行为游离于规制之外,不为监督部门所制约,侵害用户的利益,间接影响了生产的发展和人民生活水平的提高。本章力图通过复杂适应性理论与方法的应用，找出电力企业"不当行为"形成的"刺激-反应"模型，通过分析其形成的过程及原因，为电力企业"不当行为"的解决提供解决思路，主要完成如下工作。

（1）对电力行业的行为产生机制进行研究。构建电力系统行为的复杂适应性系统模型，该模型结合复杂适应性系统理论与方法，将电力系统内部各类主体(包括电力规制主体、电力运营主体和用户主体)的组成关系和在环境变化或政策刺激条件下的行为进行总结，找出电力系统内的主体关系与运行规律。

（2）用上述模型来分析电力企业"不当行为"的形成，建立电力企业"不当行为"的"刺激-反应"模型，得出影响"不当行为"形成的关键因素就是规制问题。如职能划分不合理、立法缺失等问题，而并不是电力行业企业的垄断性。具体分析如下：①在电力企业中，不是每个领域都存在垄断，只在个别领域存在自然垄断性；②我国数次对电力行业的改革中，在发电侧引入竞争，输配电由于其自然垄断性，无法引入竞争，售电行业虽未拆分，但是在试点中也已经出现用电大户直接购电的尝试，但是这些并没有从根本上解决不当行为。

（3）从复杂适应性系统的角度分析电力企业的"不当行为"。本章的研究对象是行为，而不是电力行业整体，研究具有较强的针对性，对于电力行业出现的问题也有更加精准的理解；以往在电力行业中的复杂系统多被用来进行输配电网络和供电安全研究，还没有用来进行电力企业的行为研究；本章采用复杂适应性系统理论研究电力企业行为，契合复杂适应性系统理论观点。

6.2.1　LDP 交易模式

电力产业是具有典型网络特征的产业，其管理模式的不同对电力系统网络具有重要的影响，所以电力产业的改革总是伴随着管理模式的变化，在电力市场的改革过程中，主要围绕以下问题进行研究：如何建立发电侧竞争市场，如何实现逐步放开售电侧市场，如何实行政府监管下的电网公平开放问题。相应的管理模式包括：垂直一体化垄断管理模式、单一购电管理模式、批发竞争模式和零售竞争模式。单一购电管理模式到批发竞争模式是逐步放开售电市场的转折点，两种模式的最大不同在于网络连接对象的变化，在单一购电模式下，电网企业作为唯一的购买方，通过电力交易平台获取所有的电量，然后，电网企业通过自身拥有的输电网络资源，将电能卖给最终用户。在这种运作模式下，电网企业一直扮演着一个电力交易中间商的角色。在这个过程中，依靠竞价上网的方式实现发电企业与电网企业之间的电能交易，以及通过国家定价的方式实现电网企业与最终用户之间的电能交易。而在批发竞争模式中，以 LDP 模式为代表，只允许具有电压等级较高或用电量大特征的电力大用户参与交易。在 LDP 交易模式下，符合资格要求的大用户可以直接与独立发电公司进行交易，在这个过程中，买卖双方需向电网公司交纳一定的网络传输费用。LDP 交易模式放开售电侧市场的用户选择权，发电企业和终端大用户之间通过直接协商或集中磋商的形式确定购电量和购电价格，然后双方以协议的形式委托电网企业输送给终端大用户。发电企业与具有直购资格的大用户直接进行交易，电网企业不再扮演中间商角色，而是为电能交易提供公平开放的电网平台，只收取过网费用，因此，原本以电网公司为中心的网络结构将发生重大变化。

LDP 模式实现了发电商和电力用户的直接对话，给予电力用户更多选择发电商的权利，真实反映供需信息，可以大大降低大用户的购电成本，提高企业的竞争力，有效地促进电力行业网络结构的变化。结构与功能是相辅相成、紧密联系的，特定的网络结构产生特定的网络功能，存在利益的网络结构中，网络连接功能之一便是实现网络参与者的利益分配。

在 LDP 模式下，参与策略博弈的发电商和电力大用户通过申报电量和电价，在市场规则的作用下确定成交电量和电价，并在物理约束下建立合理的网络连接，实现利益分配。在所有交易中，尤其是在传统自然垄断电力行业中，任何一方利益的极度不公都会影响整个行业的健康发展，所以发电商一方面通过电价和电量的竞争谋求更多市场份额，另一方面关注整个市场的总体利益情况。在进行决策时，任何一个发电商的行动都会影响自身以及全行业的边际收益以及总利润，这就使发电商确定其自身产量或价格时，必将预测其他发电商将采取的行动和这种行动对自身的影响，以及为抵消这种影响自身应做的反应，当然其他发电商也会做出对称性的思考和行动，网络的连接正是发电商和用户的行为策略共同作用的结果，任何一方都不能单独决定网络的连接特征。发电商之间这种相互依赖关系是电力系统复杂性和不确定性的根源，任何一个发电商很难运用简单的边际收益-边际成本原理进行生产决策，单个发电商的决策也很难主导整个系统内的利益分配，于是迫使发电商在相互作用中不断进行策略性博弈，求得某种有限竞争状态下的利益均衡。

6.2.2 集中撮合交易方式

目前，大用户直供电领域存在两种主要的交易模式，即协商式双边交易模式和集中撮合交易模式。

协商式双边交易模式是准入的大用户与发电企业以面对面商谈的形式，通过双边自主协商确定直购电的电量与电价，同时支付电网经营企业一笔过网费，并通过公用电力网络资源输送电能的供用电模式。协商式双边交易强调供需双方的直接交易，是传统的市场双方直接交互系统的代表，但是这种模式的弊端在于遇到大量的发电商和用户时，交易过程比较烦琐，效率较低，成本较高，所以协商式双边交易模式只适合电力市场发展的初期。

集中撮合交易模式的主要特点是电力交易中心为直购电交易建立虚拟电子交易平台，准入的大用户与发电企业向交易平台申报电量和电价，交易平台按照一定的市场规则集中撮合，并输出交易结果的过程。该模式是供需双方自动连接系统的代表，适合大量发电商和电力用户存在的市场，并且交易的成本低，效率高。随着电力市场的发展，集中撮合交易模式将成为未来电力系统发展的主流。

6.3　电力系统的利益分配机理分析

在电力系统中，系统参与者间的交易是多次反复进行的。根据产业组织理论，在动态的环境中，发电商和电力大用户这些具有自适应性的主体可以根据策略产生的结果以及系统环境的变化，在多次博弈中不断地学习和积累经验，从自身利益最大化的角度出发改变各自的策略适应系统的环境变化，获得更佳的收益回报。参与直购的发电商和电力大用户的利益强弱不均现象，便是由参与者的适应性影响的利益分配的复杂变动过程。

在通常情况下，各参与者在电力系统中遵循系统运行规则，不行使市场力或不采用直接或潜在危害系统运行的行为，而采取反映自身真实能力的一般行为参与市场竞争来获取正当的利益分配，维护电力系统运行的竞争性和有效性。

6.3.1　适应性机理分析

电力系统是一个复杂适应系统，该系统由环境、资源、适应性主体三要素组成，即 CAS=$\{E,R,A\}$。这些要素相互作用、相互影响，共同构成电力系统的网络结构，影响利益分配结果。其中，环境(E)是指电力系统所处的系统环境或边界条件；资源(R)是指电力系统中一切可利用的物质资源和精神资源等；适应性主体(A)是指在电力系统中具有适应性、自主性、移动性、协作性，有思维与学习能力的电力系统参与者，他们为实现各自的目标，与其他的系统参与者相互作用，形成电力系统的关系结构，并对利益分配格局产生影响。

电力系统中的利益分配关系是电力系统参与者间的微观交互作用在宏观层面的表现，在电力系统中，很容易理解电力系统参与者的交互作用，却不可预测由微观交互引起的宏观利益分配行为，所以电力系统中的利益分配可以被视作微观参与者交互的"涌现"现象，电力系统是一类具有涌现特征的复杂网络结构与复杂适应系统。

电力系统中，由于电力基础设施具有建造成本高、建造周期长的特点，很难在短时间内通过改变物理结构来影响电力系统的利益分配，然而，具有能动性的系统参与者由于其行为策略变动时间较短，成本低，并具有较好的学习适应能力，可以通过环境的变化不断做出合理调整，所以参与者的行为对电力系统的利益分配具有决定性的影响。

LDP 模式下的电力系统的参与者包括发电商和电力大用户。其中，发电商指独立发电商(independent power producer，IPP)，即从事电力生产，但与电网经营企业没有资产纽带关系，其拥有的发电机组满足并网运行条件，且参与发电侧电力市场交易的发电企业。大用户是指符合 LDP 准入条件的电力资源的最终消费者。此外，电力系统参与者拥有一定的信息和知识(I)，每个电力系统参与者具有各自的策略或行动的集合，电力系统参与者的全部可行策略称为策略空间(S)；电力系统参与者都有自己的所得利益(U)。信息知识、策略空间、所得利益共同构成电力系统参与者的状态 $X=\{I,S,U\}$；电力系统参与者的状态是随时发生变化的，记在时刻 t 的状态为 $X(t)$，在时刻 t 第 i 个电力系统参与者的状态是由时刻 t 的第 i 个电力系统参与者、与其有相互关系的电力系统参与者状态信息以及一定的资源环境所决定的，这便是电力系统参与者的复杂适应过程。

　　针对 LDP 模式下的电力系统交易活动，其复杂适应过程可描述如下：发电商和电力用户根据探测器收集到的系统环境和其他系统主体的信息，结合自身 IF-THEN 规则做出策略选择并采取行动，其行动结果会通过效应器反馈给系统环境和系统内的适应性主体，其中 IF-THEN 规则主要是通过自身的经验积累和学到的知识决定的。

　　具体来说，参与者的每一次申报行动都是积累经验的过程，在发电商和电力大用户每次申报结束后，会根据其申报的结果判断是否改变策略以及改变成何种策略。这个过程反复发生直到运行周期结束，如图 6.2 所示。

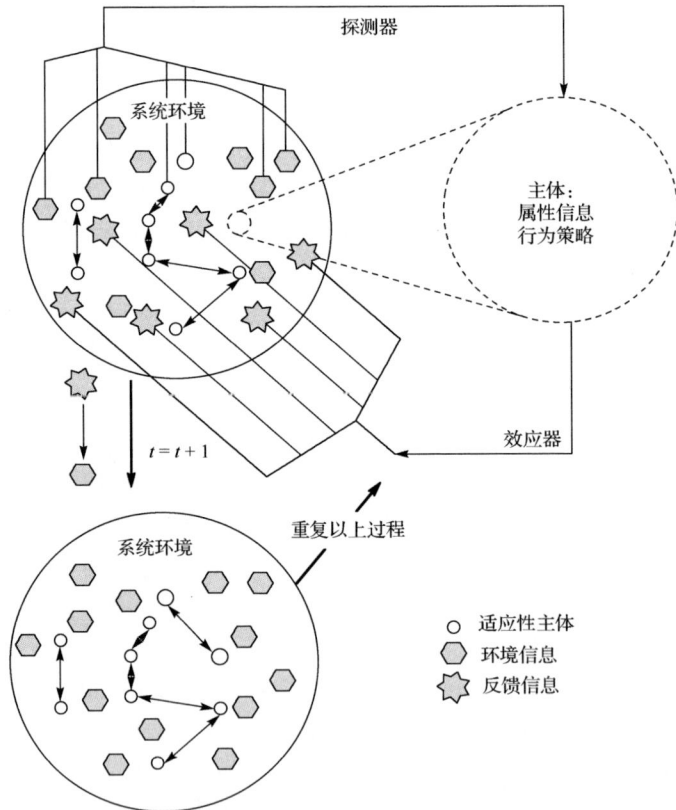

图 6.2　LDP 模式下的主体适应性机理分析

6.3.2　复杂网络机理分析

电力系统中参与者相互间不断地进行物质、资源和信息的交互，这种相互间的交互包括物理连接关系、市场交易关系以及管理关系。假设发电商和大用户为节点，以节点间的相互作用关系为连线，可映射成一个电力系统的复杂网络。电力系统的复杂网络不仅包括真实的输电网络的实体连接，还包括基于交易关系与管理关系的虚拟连接，电力系统的复杂网络是实际的物理网络、虚拟的交易网络与管理网络共同构成的复合网络结构。各参与者在不断适应的过程中，行为的变化影响作用关系的改变，导致新虚拟连接的生成和原有虚拟连接的消失，不断改变着电力系统的网络结构，网络结构影响网络的功能，不同的网络结构对电力系统的利益分配格局具有重要的影响。电力系统的复杂适应过程影响电力系统网络进化与利益分配格局的改变。

假设系统中存在一个非利益相关者——虚拟交易平台，电力交易中心负责对电力系统进行调度和协调，而不参与利益的分配，具有公正性，其对于发电商和大用户之间的交易具有决定权。虚拟交易平台并非按照传统的"高低匹配"的原则进行撮合，而是在电价最低的前提下，考虑连接强度对成交的影响，对交易双方进行匹配，即虚拟交易平台将发电商按照报价由低到高依次排序建立发电商优先级。在撮合交易时，考虑连接强度，并非为大用户直接撮合电价最低的发电商，而是在大用户电价可接受范围内，撮合连接强度最高的发电商。当达成交易时，连接强度增大，当未达成交易时，连接强度降低。当连接强度降低到一定值时，该连接被视为无效连接，将会从连接中删除。

在电力系统适应性网络模型中，每个节点 i 具有离散变量 δ_i，表明节点的状态属性，其取值为 $\delta_i = \{0, 1\}$，当 $\delta_i = 1$ 时，表示为发电商节点，当 $\delta_i = 0$ 时，表示为电力大用户节点。大用户和发电商之间具有交易关系，则两者建立连接，如图 6.3 所示。

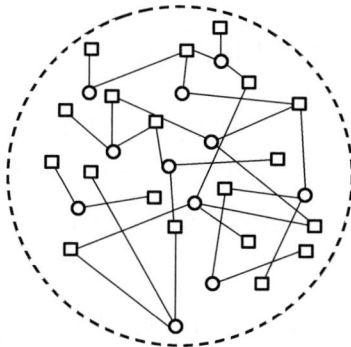

图 6.3　发电商与用户的连接关系图

注：圆点代表发电商，方块代表大用户

6.3.3　博弈机理分析

发电商和电力大用户相互之间通过电量和电价联系，由于各主体关注的目标不同，具有的策略选择不同，各方为获取更多的利益，采取对自己有利的策略关系，以下是各方之间的博弈关系。

第一种：发电商之间的博弈。

在电力市场中存在多个发电商，当面对同一个购电市场时，各发电商利用自身的资源优势以及对市场信息的敏锐的洞察力制定各自的行为策略，以抢占更多的市场份额，所以发电商之间的博弈在于市场份额的大小。

第二种：发电商和电力大用户之间的博弈。

发电商的利益在于销售电力所带来的收益，而大用户的利益在于以较低的价格购买相同的电量。发电商和电力大用户根据获取的市场信息和各自的属性信息分别进行申报电量和电价，最终的目的是发电商可以获取更高的成交价格，从而获得更多的利益。用户则是希望获得更低的售电价格和更高的电力使用效用，从而获得更多的利益。

6.3.4　电力系统的利益分配交互机理分析

主体间的博弈关系导致主体间的适应性交互，适应性交互产生网络关系，由于主体的随机选择性，产生复杂网络关系。生成的网络正是这三种机理交互作用的结果。

基于 CAS 理论，电力系统网络的整体演化是由发电商和电力用户的相互作用推动的，其本质是发电商和电力用户不断地进行"选择—学习—选择"的周期性行为。按照这种规则，在市场规则的作用下，发电商和电力用户之间建立交易关系，并根据自身的需要不断地变史和维持交易关系，进而形成电力系统网络。

6.4　基于 Agent 的电力系统市场力模型

根据研究的具体内容和以上运行机理分析，可以将 LDP 模式下的电力系统映射为以下两类 Agent：一类为类型 Agent，根据 Agent 间的同质性和异质性差异将 Agent 类型分为发电商 Agent 和大用户 Agent；另一类为集中服务 Agent，即虚拟交易平台 Agent。以下为各 Agent 的属性信息和行为规则描述。

6.4.1　发电商 Agent 的属性信息和行为规则

信息是发电商决策的主要依据，根据信息源不同，可将电力系统中的信息分为电力市场属性信息、竞争对手属性信息、自身属性信息。电力市场属性信息包括市场的总成交电量、市场的平均成交电价、市场的需求预测等。竞争对手的属性信息包括竞争对手的申报电量、申报电价和市场份额等。自身的属性信息包括上期的申报电价和申报电量、上期所获取的利润及增减状况和自身的市场份额等。由于电力市场中发电商间的竞争关系，很难获取竞争对手的属性信息，同时防止发电商的策略性报价行为，市场信息往往延期公开。所以发电商在进行竞标策略选择时，对市场具有不完全的信息，往往只能依靠自身的属性信息和以往的行为结果进行决策，不断得到新的策略。由于电力市场中的用户数量一定，发电商间进行着大用户市场份额的争夺，通过不断调整策略进行发电商间的博弈。每一个参与博弈的发电商都将当前行动转换为对前一阶段总体统计结果的反应。

发电商的状态集{state1，state2，state3，state4}，state1——利润增加，电量售罄；state2——利润增加，电量未售罄；state3——利润降低，电量售罄；state4——利润降低，电量未售罄。

行动集{action1，action2，action3 }，action1——价格随机升高；action2——价格随机降低；action3——价格不变。

发电商 n 依据自身的成本属性，存在高、中、低三种申报电价策略，构成各发电商的申报策略集。在利润最大化的驱动下，以装机容量为其最大的申报电量

$$\max \pi_i = Q_i^m (P_i - C_i)$$
$$\text{s.t. } P_i = \{P_L^n, P_M^n, P_H^n\} \tag{6.1}$$
$$0 \leqslant Q_i^m \leqslant Q_i^{\max}$$

式中，π_i 是发电商 i 的利润；C_i 是发电商 i 的单位生产成本；Q_i^m 为发电商 i 的成交电量；$Q_i^{\max}$ 是发电商 i 的装机容量。其具体的行为规则如下。

(1)初始化各发电商的属性信息，包括边际成本、装机容量、申报策略等。初次发电商依据其最低价格和最大发电量进行报价。

(2)发电商计算本期获利情况。每个周期结束后，供销商都会计算自己在这个运营周期内的运营情况，即计算本期利润。

(3)制定下一周期的报价策略。以本周期的报价策略和获取利润状态为基础制定下一周期的报价策略。具体规则为：默认初次执行升价策略，如果本周期获取的利润增量大于 ε，则本期在加强上期策略和维持电价不变的策略之间进行随机选择。如果上一周期获取的利润增量小于 $-\varepsilon$，则本期在减弱上期策略和维持电价不变的策略之间进行随机选择。如果上期调价策略使利润变动在 $(-\varepsilon, \varepsilon)$ 范围内，则以在[0,10]区间随机取值的方式，在升价、降价和维持电价不变的策略中进行选择，选取下一周期报价策略。

(4)发电商比较市场份额的变动情况，采取降低价格和提高质量的策略。依据发电商对市场份额的重视程度不同，在降价时取 0.05～0.2 的随机数。

(5)发电商根据多期的剩余量决定是否进行产能扩张。若连续 5 期电量全部售罄，则扩张随机数量的产能。

6.4.2　大用户 Agent 的属性信息和行为规则

由于大用户的电力需求较为稳定，且具有需求刚性的特性，大用户在进行竞标时往往以其所需的电量进行申报。所以，大用户的申报策略主要是通过价格变动来体现的。在申报电价时，既要考虑竞标风险，又要考虑对竞标电价成本的承受能力，其具体的行为规则如下。

(1)初始化各大用户的属性信息，包括需求电量、申报电价、电价申报上限值和电价申报下限值等。大用户在其申报电价最大值和最小值之间进行随机抽取。

(2)初始时，大用户按照 ρ 的概率随机选择匹配标准，即以 ρ 的概率按电价最低选择发电商和以 $1-\rho$ 的概率按连接强度最大选择发电商。

(3)如果本期与大用户匹配的发电商的质量满足大用户的要求，则下期仍保留对其匹配的权利，如果质量不能满足大用户的要求，则下期大用户不对其进行匹配。

(4)如果本期的价格高于电力系统中的平均价格，则下期按价格最低进行匹配，否则仍然按照 ρ 的概率进行连接匹配。

(5)大用户会根据本次的获取电量情况决定其申报电价策略，如果上期没有获取电量，而本期获取到电量，则说明降价空间较小，不进行降价，否则说明存在降价空间，采取降价策略。

6.4.3　虚拟交易平台 Agent 交易规则

在电力交易中心，虚拟交易平台负责对电力系统进行调度和协调，而不参与利益的分配，具有公正性。虚拟交易平台是电力市场的核心，负责执行电力交易中心制定市场的运行规则，完成发电商与电力用户的匹配，生成订单，并对市场信息进行统计和公示。在 LDP 市场中，发电商与大用户在电力中心进行撮合交易。在撮合交易的过程中，满足以下三个匹配条件才有机会进行交易。

(1)消费者的地理位置必须在发电商的供电半径内。

(2)电力用户与发电商申报差价大于等于零才具有交易的可能性。

(3)当有多个发电商满足以上要求时，根据大用户的意愿，首先选择价格最低的发电商进行交易，或是选择连接强度大的发电商进行交易。

综上，虚拟交易平台的撮合交易步骤可总结如下。

步骤一：发电商按申报电价由低到高进行排序，确立连接优先级。每期开始时，按照发电商申报的电价从低到高进行排序，建立发电商列表，该列表包含各个发电商所有的属性信息。

步骤二：电力大用户按申报电价由高到低排序，并匹配发电商。每期开始时，按照大用户申报的电价从高到低进行排序，建立大用户列表，从列表中依次选取一个大用户，以该大用户的属性信息遍历查看发电商列表，寻找满足匹配的发电商。如果存在匹配的发电商，且所有匹配的发电商的发电量满足该大用户的用电需求，则为其建立供电订单。如果没有找到匹配的发电商，或者满足匹配的发电商不能为其提供充足的用电需求，则本期不能进行交易，该大用户向交易中心提交缺电订单。然后电力交易中心处理下一个电力用户，直至所有的电力用户都进行一次交易。

步骤三：计算各个发电商和用户间订单的成交电量和成交电价。计算成交电价时，为避免发电商的投机策略，以发电商报价为其最终的成交电价。在计算成交电量时，当电力用户所选发电商的申报电量满足其用电量时，达成交易，退出优先级排序。当所选单个发电商的申报电量不能满足其用电量时，再从发电商列表中选择另一个发电商，直至大用户的用电量被满足，如果大用户的所有电量不能满足，则此次不参与交易。

步骤四：建立订单集合。根据发电商 ID 建立各个发电商的订单集合列表，存入订单集 Map 中。

步骤五：更新市场中交易双方的连接强度。当达成交易时，连接强度增强；当未达成交易时，连接强度减弱。

步骤六：统计并发布市场信息。交易结束后，虚拟交易平台根据大用户提交的缺货订单统计大用户直购电市场的市场潜力。根据成交订单集 Map 统计市场总成交电量和市场平均成交电价，并将在系统的市场中将统计结果公示。

6.5　电力系统市场利益分配的 Swarm 模型结构

本节 Swarm 模型结构的仿真程序共有 7 个类，即 7 个 Java 文件，如表 6.1 所示。主程序 Start.java 是开始文件，是整个系统运行的开始。附属文件 SwarmUtils.java 是对 Swarm 类库 Selector 类的说明文件。观察者 PowerObserverSwarm.java 主要负责最后的图像生成，是对系统内的状态进行观测的工具。PowerModelSwarm.java 主要执行仿真对象的生成及其主体行为的运行，是 Swarm 模型构建空间，是 Swarm 的核心文件。市场主体行为文件 Generator.java 和 LDPuser.java 设定参与主体的相关属性及策略规则。

表 6.1　Swarm 模型程序的文件结构

序号	文件名	描述
1	Start.java	主程序
2	Generator.java	定义发电商的文件

序号	文件名	描述
3	LDPuser.java	定义电力用户的文件
4	TradingCenter.java	定义交易中心的文件
5	PowerObserverSwarm.java	定义观察者 Swarm 的文件
6	PowerModelSwarm.java	定义模型 Swarm 的文件
7	SwarmUtils.java	附属文件

　　本章主要围绕构建 LDP 模式下的电力系统市场利益分配的 Swarm 模型展开。主要工作分为四方面：首先，对 LDP 模式下的电力系统市场利益分配进行分析，从市场-利益-系统关系角度分析 LDP 模式下的电力系统市场力问题，建立 LDP 模式下的电力系统概念模型；其次，从动态关系角度，对 LDP 模式下的电力系统网络生成关系进行分析，得出这种网络生成关系源于系统中的集中购电交易方式，影响着系统内的利益分配；再次，分别从适应性机理、复杂网络机理、博弈机理对电力系统的利益分配机理进行分析，得出这些机理影响下的利益分配关系；最后，基于 Agent 建模方法，构建包括发电商 Agent、大用户 Agent 和虚拟交易平台 Agent 的主体。结合 Swarm 仿真平台，给出基于以上分析的 LDP 模式下的电力系统市场力 Swarm 模型，设计发电商类、大用户类以及连接类。

第7章 考虑参与者行为策略的市场利益分配 Swarm 模型

在供给过剩的无约束电力系统中，由于大用户对于低廉电价的追捧，在个别成本低、产能高的发电商处长期聚集，电力系统市场力逐渐形成。这种市场力拓展市场中发电商投机空间，有助于其利用市场运行规律，采取投机策略，影响市场出清电价，对整个市场的利益分配造成严重的影响，是市场力在行为角度方面的体现。

7.1 考虑参与者行为策略的电力系统市场力的概念模型

本模型是对现实电力系统中发电商采取投机策略的电力系统市场力的抽象概述。该模型中包括四类参与者，具体包括一般发电商、投机发电商、大用户和调控者。各参与者依据自身追求的目标制定相应的行为策略。其中，投机发电商是指在电力系统的运行过程中，在利益驱动下，在遵循电力市场运营规则的情况下，采取投机性策略，而非提高生产技术来增加利润，损害市场的公平与竞争，影响电力市场整体效率的发电商。一般发电商是指在电力系统运行过程中，在利润最大化的驱动下，依据其最大容量和在成本范围内进行申报竞标的发电商。调控者是指在电力系统运行过程中，监测发电商行为、大用户属性信息以及市场属性信息，对发电商投机策略进行调控的市场参与者，其目标是实现参与者间利益的合理分配，以及市场的高效运行。

在本模型中，电力系统中的市场力主要通过主导型发电商采取投机行为策略对市场利益分配的影响关系来表现。具体表现为投机性发电商采取不当策略，使市场的平均电价显著升高和市场中供电量短缺的发生，对电力市场造成严重危害，严重影响大用户的利益。图 7.1 为 LDP 模式下考虑投机策略的电力系统市场力概念模型图，分别从市场状态、利益分配状态和系统状态对电力系统中的市场力影响利益分配以及系统仿真模拟状态进行分析。

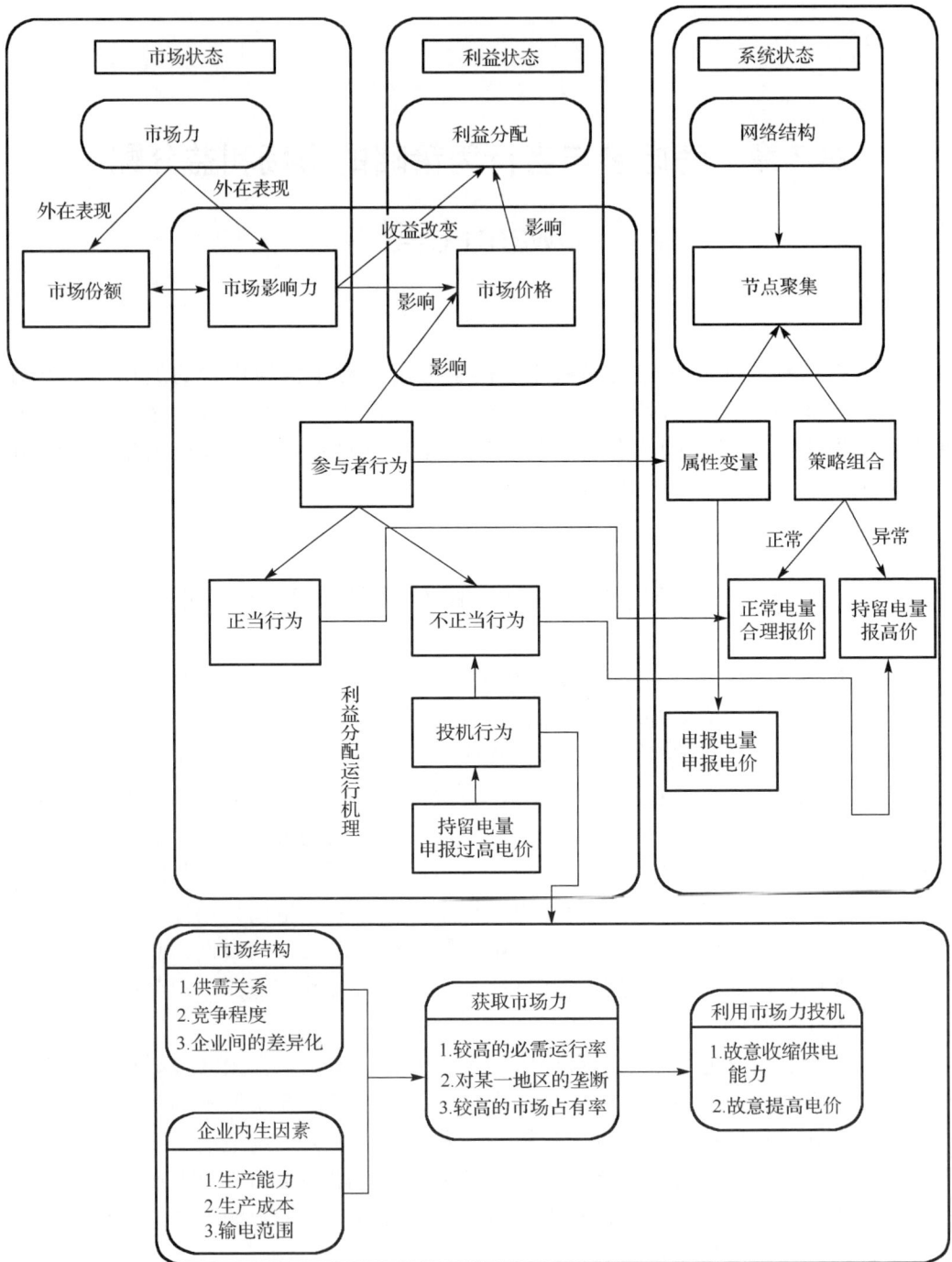

图 7.1　LDP 模式下考虑投机策略的电力系统市场力概念模型

7.2　电力系统的发电商投机行为策略

一般意义上的投机指利用市场出现的价差进行买卖从中获得利润的交易行为。电力系统中的投机行为具有其特殊的含义，是指发电商为追求利益最大化，通过利用市场力来垄断或操纵电价，利用或制造电网阻塞谋取不正当利润的行为。从电力系统中对投机的定义可以看出，电力系统中主要存在以下 3 种投机策略。

1. 物理持留（资源有利占位）

在正常的市场竞争过程中，供给小于需求时的市场成交价格高于供给大于需求时的成交价格。对发电商来说，市场处于供不应求的状态时，发电商有利可图，所以电力市场中经常会出现两种容量持留的策略。

（1）当市场中存在具有关键地位的发电商时，即其所具有的容量对市场的供需关系具有决定性的作用。单个发电商采取持留申报容量的投机策略，从物理角度造成市场内的容量低于真实的供电容量，人为地造成电力系统中的供电紧张。

（2）在没有关键性发电商的市场中，任何一个发电商的发电容量都不足以满足市场需求，即非主导性发电商持留其全部容量，对市场也不会造成短缺的影响。此时，发电商间共同持留容量可以造成整个市场的短缺，进而提高市场成交价格，使电力系统中的利益分配向发电商方向倾斜。由于重组以后的电力行业仍然承袭了原国有电力企业的许多特点，企业之间经营情况相似，成本信息互相了解，为达成默契串谋提供了方便。

2. 经济持留（市场有利占位）

当发电商在电力市场中具有不可或缺性时，利用电力系统中的市场力，申报远高于其边际成本的电价，降低其在电力系统中的排序，以超额利润弥补损失电量，获取投机利润。

3. 利用电网输送的约束占据有利的输送资源（渠道有利占位）

处于某一特殊地位的发电商，由于网络阻塞，拥有能够强加给其他竞争发电商的不合理资源[58]。当某一地区的网络发生阻塞时，低价的发电商的电能不能进入该区域，能够进入该区域的发电商在该区域内具有绝对的垄断地位，限制了发电商间的竞争程度，对成交价格具有较强的影响。

从以上分析可以看出，不管采取何种投机策略，其根源在于电力市场中个别或发电商集团的容量具有不可获取性。电力市场中常以必需运行率指标 $I_{\mathrm{MRR}i}$ 衡量发电商对于电力市场的不可获取性，测算利用市场力采取投机策略的能力

$$I_{\mathrm{MRR}i} = \frac{D - \sum\limits_{j=1,\,j\neq 1}^{N} Q_{bj}}{Q_{bj}} \tag{7.1}$$

式中，Q_{bj} 为发电商 i 申报的电量；D 为竞价空间；N 为电厂总数。$I_{\mathrm{MRR}i}$ 值越大表明对电量的需求越强烈，则该机组利用市场力的可能性也越大；$I_{\mathrm{MRR}i}$ 值越小说明该发电商利用市场力的可能性越小。

7.3　考虑投机策略的电力系统利益分配机理

7.3.1　电力系统利益分配适应性机理

在电力系统中，发电商和大用户间利益分配结果的扭曲主要通过市场的成交价格表现出来，发电商的投机策略主要是通过直接或间接地影响最终的成交价格的方式影响利益分配结果。电力系统存在投机空间，促使系统内的参与者参与投机。然而，电力系统中由于投机条件和利益驱动的存在，并非所有的参与者都参与投机，所以电力系统中存在两种状态的参与者，即投机者和非投机者。是否采取投机策略，与参与者的所得利益和市场条件存在密切的关联。

电力系统中的发电商存在两种策略，即投机策略和非投机策略。以发电商 Agent i 为例，在初始时，所有的发电商都采取非投机策略，经过几个重复博弈的周期后，发电商不断学习逐渐认识市场内的规律，发电商在 t 周期，根据是否满足投机条件采取相应的行为策略。通过比较发电商非投机的期望收益和投机的期望收益判断是继续投机还是由投机转化为非投机，若 $U_{投机} > U_{非投机}$，则采取投机策略；若 $U_{投机} \leqslant U_{非投机}$，则采取非投机策略。图 7.2 所示为电力系统投机策略生成机理。

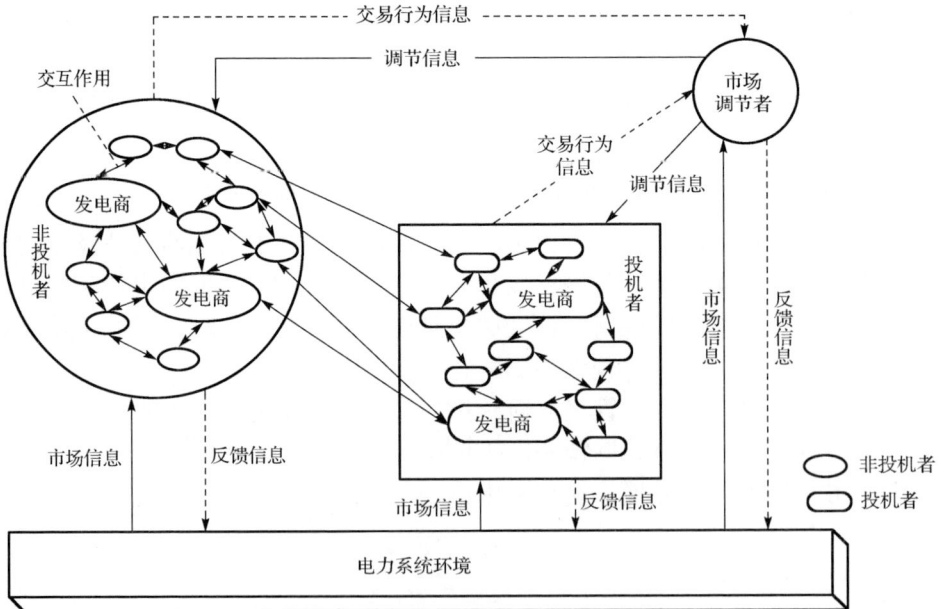

图 7.2　电力系统投机策略生成机理

7.3.2　电力系统利益分配网络机理

存在投机策略的电力系统适应性网络中，每个节点 i 具有离散变量 ξ_i，以表明节点的状态属性，其取值为 $\{0, 1\}$，当 $\xi_i = 0$ 时，表示为发电商节点，当 $\xi_i = 1$ 时，表示为电力大用户节点。其中，当 $\xi_i = 0$ 时，发电商又可分为两个策略选择，即 $\{\vartheta_1, \vartheta_2\}$，$\vartheta_1 = 1$ 表示采取投机策略的发电商节点，当 $\vartheta_2 = 0$ 时，表示采取非投机策略的发电商节点。大用户和发电商之间具有交易关系，则两者建立连接，可建立如图 7.3 所示的网络连接图。其中，圆形代表采用非投机策略发电商，三角形代表采用投机策略的发电商，方块代表电力大用户。当与采取投机策略的发电商连接的大用户的数量较多时，电力系统内大用户的利益将受到严重的影响，进而影响整个市场的出清电价。

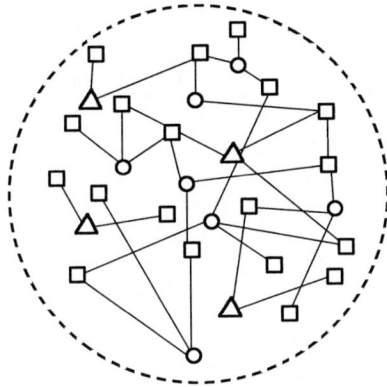

图 7.3　投机策略的电力系统网络随机连接方式

7.4　投机策略属性

发电商的市场力与发电商的市场份额相关，由于同一地区内实力相当的发电商竞争较为激烈，经常出现发电商间轮流成为市场领导者的现象，在这种现象中存在的领导者多为伪市场领导者，存在周期较短，市场份额起伏较大。凭借单期的市场份额难以确定其市场地位的稳定性。为确定市场领导者的绝对地位，可采用多期评价的方式考察发电商市场份额，计算发电商 5 个周期内的市场份额并与 K 值比较，若各周期市场份额全部大于 K 值，则可以判定其是主导型发电商。此时，发电商根据所获取的市场信息以及自身的主导地位，决定是否采取投机的报价策略。以下将研究两种投机策略影响下的电力系统市场力 Swarm 模型。表 7.1 列出了电力系统的投机策略属性。

表 7.1　电力系统的投机策略属性

属性信息	类型	描述
xPos2	int	发电商的横坐标
yPos2	int	发电商的纵坐标
generatorColor	byte	设置发电商在系统中的颜色
generatorNumber	int	发电商的编号
Cost	double	发电商成本
topPrice	double	发电商的供电价格上限
bottomPrice	double	发电商的供电价格下限
typeIs	byte	发电商种类
Left	int	发电商剩余电量
Radius	int	发电商供电半径
priceStrategy	int	本期价格申报策略，0 代表价格不变，1 代表上升，2 代表下降
generatorPrice	double	发电商的申报电价
generatorQuantity	int	发电商的申报电量
totalProfit	double	发电商总利润
totalAsset	double	发电商总资产
priceValue	double	两期利润差值
IncreasePrice	double	价格增量
Profit	double	本期利润
profitChange	int	两期利润比较结果
generatorQuality	int	发电商质量水平
Shares	double	发电商市场份额
generatorCapacity	int	发电商产能

7.4.1　单一投机策略下电力系统市场力 Swarm 模型

以往投机策略的研究表明，具有较高容量资源的发电商对市场的影响是不容忽视的。这种类型的发电商往往依靠其市场的不可获取性，对价格采取异常策略来获取超额利润。本节主要研究容量占优型发电商的单一投机策略，即以远超过最高成本价的价格进行申报，对电力系统整体运行状态的影响。

1. 发电商行为规则

在构建电力系统市场力 Swarm 模型时，采用 Agent 建模方法，针对 Swarm 模型中的发电商类的属性信息和行为规则进行设计，发电商的具体行为规则设计如下。

（1）初始化发电商的各相关属性信息，如成本、策略集、装机容量、质量等，触发仿真运行。

（2）每期结束后，发电商会计算本期所获的利润、本期的剩余电量以及本期获取的订单数量。

(3) 确定各发电商下一周期的报价策略。计算各发电商的本期利润，并根据本期利润的增减情况、本期的报价策略和本期的剩余电量确定下一周期的申报电价策略，此时为正常的申报策略。具体规则为：默认初次执行升价策略，如果本周期获取的利润增量大于 ε，则本期在加强上期策略和维持电价不变的策略之间进行随机选择。如果上一周期获取的利润增量小于 $-\varepsilon$，则本期在减弱上期策略和维持电价不变的策略之间进行随机选择。如果上期调价策略使利润变动在 $(-\varepsilon, \varepsilon)$ 范围内，则在[0,10]中随机取值，在升价、降价和维持电价不变的策略中进行选择，选取下一周期报价策略。

(4) 当存在市场退出机制时，采用发电商连续 5 个周期的成交电量判断是否退出大用户直购电市场。如果 5 个周期的成交量为零，则退出发电商市场，如果 5 个周期的成交电量不为零，则继续存在于市场中。

(5) 发电商根据市场中发电商的数量和自身的市场份额，决定采取正常竞争策略或是投机竞争策略。具体规则为：当系统中发电商的数量下降至 3 个时，并且连续 5 个周期内的发电商市场份额大于 1/3 时，发电商将采取投机策略，异常升高申报电价。

(6) 当采取投机策略时，根据利润增减状况和上期的投机策略决定其下一期的投机策略。具体来说，当进入下一个周期时，考察投机是否为发电商带来利润，如果带来利润，则将继续采取投机策略，升高申报电价；如果过度投机，使发电商的利润较前期下滑，则减弱投机，当价格降到成本价时，发电商由投机策略转化为非投机策略。当发电商从投机策略转化为非投机策略后，将采取更加谨慎的投机策略，不仅考虑市场份额，而且考虑市场的供给状况等，使其采取投机行为的可能性降低。

2. 发电商投机行为策略

发电商投机行为策略方法及其说明如表 7.2 所示。

表 7.2　发电商投机行为策略及其说明

方法	返回值类型	描述
generatorPolice()	void	发电商总策略
generatorPricePolice (double lastProfit, double lastlastProfit, int last_pricestrategy)	void	发电商正常调价策略
generatorSpeculatePricePolice (double lastProfit, double lastlastProfit, int last_pricestrategy)	void	发电商投机调价策略

方法	返回值类型	描述
LastProfitCompareLastlastProfit (double lastProfit, double lastlastProfit)	void	两期利润比较
increasePrice ()	void	升高申报电价策略
decreasePrice ()	void	降低申报电价策略
getShareList ()	List<Double>	获取前 5 期的市场份额
speculateIncreasePrice ()	void	投机升价策略
speculateDecreasePrice ()	void	投机降价策略

7.4.2　组合投机策略下电力系统市场力 Swarm 模型

本节主要研究容量占优型发电商的组合投机策略，即持留容量和以超过最高成本价的价格大幅度升高申报电价，对电力系统整体运行状态的影响。

1. 发电商一般行为规则

（1）初始化发电商的各相关属性信息，如成本、策略集、装机容量等。触发仿真运行。

（2）确定各发电商下一周期的报价策略。计算各发电商的本期利润，并根据本期利润的增减情况、本期的报价策略和本期的剩余电量确定下一周期的申报电价策略，即发电商正常竞争策略。具体规则为：默认初次执行升价策略，如果本周期获取的利润增量大于 ε，则本期在加强上期策略和维持电价不变的策略之间进行随机选择。如果上一周期获取的利润增量小于 $-\varepsilon$，则本期在减弱上期策略和维持电价不变的策略之间进行随机选择。如果上期调价策略使利润变动在 $(-\varepsilon，\varepsilon)$ 范围内，则在[0,10]中随机取值，在升价、降价和维持申价不变的策略中进行选择，选取下一周期报价策略。

（3）当存在市场退出机制时，运行 50 个周期后，各发电商依据其前 5 期的成交电量判断是否退出大用户直购电市场，如果前 5 期的成交量为零，则退出发电商市场，如果前 5 期的成交电量不为零，则继续存在于市场中。

（4）发电商根据其市场份额决定采取正常竞争策略还是投机竞争策略。具体规则为：当市场中连续 5 个周期内的发电商市场份额大于 1/3 的市场份额时，发电商将采取投机策略。

（5）当采取投机竞争策略时，先进行电价投机，当升高电价不能带来利润时，再进行电量投机。根据利润增减状况和上期的投机策略决定其下一周期的投机策略。具体来说，当进入下一周期时，考察投机是否为发电商带来利润，如果带来利润，则继续采取投机策略；如果过度投机，使发电商的利润较前期下滑，则减弱投机。

2. 发电商投机策略

发电商投机策略的方法及其说明如表 7.3 所示。

表 7.3　发电商投机策略及其说明

方法	返回值类型	描述
generatorPolice()	void	发电商总策略
generatorPricePolice (int last_radiusStrategy, int last_capacityStrategy, double lastProfit, double lastlastProfit, int last_pricestrategy)	void	发电商调价策略
generatorSpeculatePolice (double lastProfit, double lastlastProfit, int last_pricestrategy)	void	发电商投机策略
LastProfitCompareLastlastProfit (double lastProfit, double lastlastProfit)	void	两期利润比较
increasePrice()	void	升高申报电价策略
decreasePrice()	void	降低申报电价策略
increaseCapacity()	void	升高申报电量策略
decreaseCapacity()	void	降低申报电量策略

在 LDP 模式下，考虑投机策略的电力系统市场利益分配 Swarm 模型。在结构型市场利益分配的基础上，将占市场主导地位的发电商异常行为引导下的属性信息和行为规则作为扰动因子，建立 LDP 模式下考虑投机策略的电力系统市场利益分配 Swarm 模型。本章主要工作包括：①结合博弈论和复杂适应系统理论，考虑市场-利益-系统的关系，给出考虑投机策略的电力系统概念模型；②在对国内外文献对市场力研究的基础上，提出两种投机策略，即异常升价的单一投机策略、异常升价和容量持留组合投机策略；③在电力系统概念模型的基础上，结合复杂网络理论和复杂适应性理论对考虑投机策略的电力系统利益分配运行机理进行探究；④在考虑投机策略的电力系统概念模型和生成机理的基础上，结合 Agent 建模方法，借助 Swarm 仿真平台，给出考虑投机策略的电力系统市场利益分配 Swarm 模型。

下篇 市场利益分配仿真、实验设计与程序代码

第8章　考虑市场结构的电力系统市场利益分配的 Swarm 调控仿真

8.1　电力系统市场力 Swarm 调控机理

LDP 模式下的电力系统中，大用户具有更多的选择权，由于大用户的选择偏好具有差异性和随机性，电力系统将呈现出不同的运行状态。在不同的运行状态下，电力大用户聚众选择使系统中个别节点的聚集程度偏高，长期的网络聚集使发电侧形成非自然垄断现象，这种非自然垄断性将对发电商间的利益分配具有较高的影响，是电力系统中市场力的体现。特别是成本低、质量高、市场份额较大的发电商的存在，使部分处于初始发展阶段新型能源产业的发电企业长期难以获利，最终被市场淘汰。从长远角度看，将严重影响电力行业的发展，降低大用户的自主选择权。所以，在电力系统中需要调控者对这种市场状态进行调控。

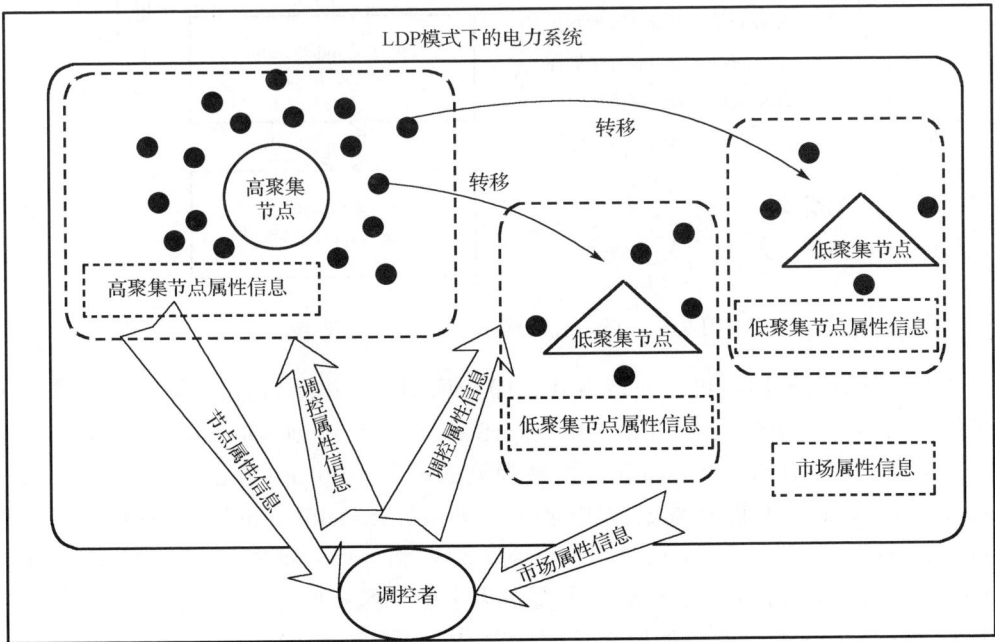

图 8.1　市场利益分配调控机理图

图 8.1 为电力系统市场利益分配调控机理图，从图中可以看出，系统内调控者通过观察电力系统的运行状态属性信息，包括市场属性信息、发电商属性信息和大用户属性信息，调控相应的变量引导大用户从高聚集节点向低聚集节点转移，降低电力系统中整体的市场力。

8.2　电力系统市场力 ObserverSwarm 仿真类库

一个完整的 Swarm 程序一般包括四类对象：ModelSwarm、ObserverSwarm、Agent和环境。Agent 可以是单个的个体，也可以是个体的集合或者简单个体聚集生成的高一级的个体。

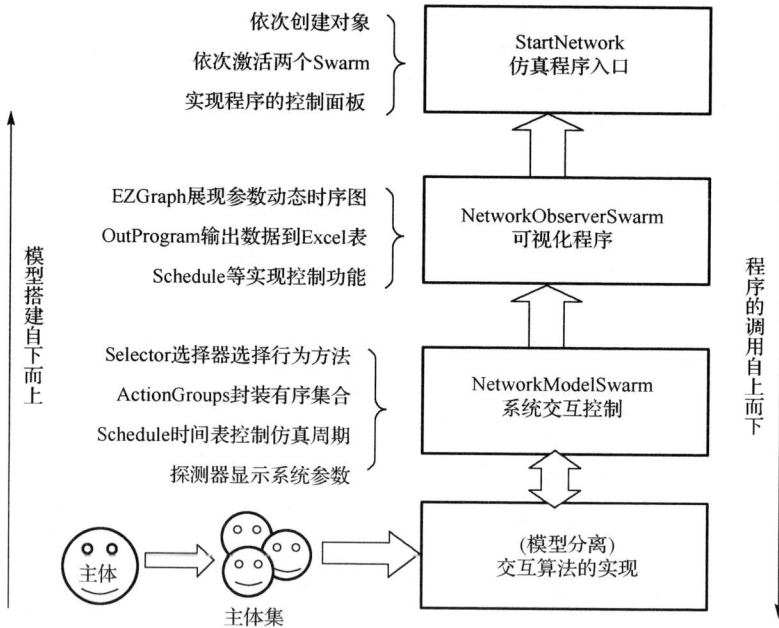

图 8.2　市场利益分配仿真的调控机理图

图 8.2 表示系统调控机理实现方式，即当模型 Swarm 负责模拟后，对这个世界的观察，需要一个实验仪器 PowerObserverSwarm。在 PowerObserverSwarm 中，最重要的组件是 PowerModelSwarm，是被观测的对象。PowerObserverSwarm 可以向PowerModelSwarm 中输入数据，也可以从 PowerModelSwarm 中读取数据。一个PowerObserverSwarm 由对象、行为时间表和一系列输入和输出组成，PowerObserverSwarm 行为的时间表主要是为了驱动数据收集，即从模型中将数据读取出来，并画出图表。在图形模式下运行时 PowerObserverSwarm 中大部分对象被用来调节用户界面。这些对象是平面网格图、折线图和探测器。它们与

PowerModelSwarm 相连以读取数据, 同时把数据输出到图像。在本章的调控仿真中, 通过 PowerObserverSwarm 中的监测类对 PowerModelSwarm 中的变量信息进行监测, 观察系统中的异常变化, 通过调节属性变量对电力系统中的异常变化进行调控仿真。PowerModelSwarm 负责仿真结果图形的显示, 其主要包括的属性方法如表 8.1 所示。

表 8.1　PowerObserverSwarm 的主要属性方法

属性方法	类型	描述
buildObjects( )	Object	主要定义图像对象的生成
buildActions( )	Object	创建必需的事件和行为, 建立时间表
activateIn (Swarm SwarmContext)	Activity	激活多个时间表, 包括 ModelSwarm 和 ObserverSwarm 的时间表

市场调控者的主要职能在于调控电力市场中的利益分配关系, 以保证电力市场中的发电商能够协调稳定地发展。以下主要从仿真角度, 在调控类 PowerObserverSwarm 中从对电力系统中监测变量和调控变量角度, 对调控者的调控行为进行表述, 调控的主要属性如表 8.2 所示。

表 8.2　调控的主要属性

变量类型	属性	类型	描述
监测变量	HHI	double	市场集中度
调控变量	Radius	int	供电半径
	Quantity_cap	int	申报电量上限
	Tax	double	税收

8.3　考虑市场结构的电力系统市场力自然运行状态

本节对系统进行设置, 由于电力市场中具有较高的进入壁垒, 所以市场内发电商的数量有限, 将发电商的数量设置为 $N_1 = 5$, 此外, 由于各发电商间在资源占有上存在差异, 在系统中选取 A 类和 B 类两种类型的发电商, 由于电力行业具有较强的规模效应, 规模较大的发电商具有较低的发电成本。各发电商以发电成本为基础, 设置各自的报价策略, 此时的报价不含有任何投机成分, 体现的是一种资源禀赋的差异, 在对发电质量进行设置时, 考虑电力产品的同质性较高, 将发电质量设为 $(5, 10)$ 区间的随机数, 其具体属性信息如表 8.3 所示。在高度开放的售电侧市场, 参与直购电的大用户的数量较高, 设置参与 LDP 模式中大用户的数量 $N_2 = 1000$, 大用户的申报策略电价(基础电价上下浮动的比率)在[0.7,0.9]区间波动, 由于大用户的用电水平不同, 申报电量取[50,100]区间的随机数。在完成以上系统初始设置后,研究选取不同的初始特征值时，系统可能存在的运行状态，并对仿真结果中出现的系统状态进行系统分析，发现系统中的运行规律，有助于对系统进行控制。

表 8.3　发电商属性信息表

属性信息	A 类	B 类
边际成本	0.3	0.5
最高价	0.6	0.8
最低价	0.4	0.6
申报价格策略集	{0.4，0.5，0.6}	{0.6，0.7，0.8}
供电半径	200	200
申报电量	50000～70000	10000～20000
质量	Random(5，10)	Random(5，10)

8.3.1　不同优先选择概率 ρ 条件下的系统状态与分析

LDP 模式下，在网络的生成过程中，大用户具有根据自身的需要自由选择发电商的权利，由于大用户对电价和连接强度的偏好不同，且在系统中具有较强的随机性，优先选择概率 ρ 表示系统中大用户对低价选择偏好的概率，根据系统中 ρ 值的不同，系统将表现出不同的网络连接状态和系统输出结果。以下将分析优先选择概率 ρ 在不同的取值条件下，电力系统可能存在的状态以及系统内的网络演化结果。

系统状态主要通过系统的栅格图和时序曲线图的输出图像进行表达，在具体表达的过程中，采用 HHI 指数说明系统内市场份额的聚集状态，以平均电价时序曲线图显示其市场的电价水平，以供需关系图显示系统内的供给与需求状况，最后以发电商和大用户的利益分配关系图表明系统的利益分配关系。

栅格图(图 8.3)直观地表现了系统中各个市场主体 Agent，即发电商 Agent 和大用户 Agent 的属性与行为。其中，红点表示发电商，绿点表示大用户，蓝线表示发电商与大用户间的交易行为。通过网络节点的聚集观测市场力变化。

1. $\rho=0.1$ 时的仿真结果

从图 8.3 和图 8.4 的仿真图像可以看出，当 $\rho=0.1$ 时，大用户对于低电价的选择性偏低，初始连接强度的存在，使大用户更愿意与周围发电商进行交易，增加其连接强度，偶然的与低电价发电商的连接对系统的影响较弱，此时系统内各发电商周围均匀地连接一定数量的大用户，并且随着低产能发电商的产能扩充，发电商间的产能差距减弱，市场内聚集程度更加均匀，HHI 指数在 2500 处上下波动。从各发电商的资产上升水平可以看出，各发电商间的利益分配均匀，市场平均电价保持在 0.5～0.6 元，市场总供给大于总需求，并有不断扩大之势，市场的竞争更加激烈。发电商的利润维持在 10000 左右，大用户支付维持在 40000 左右，市场较为稳定。

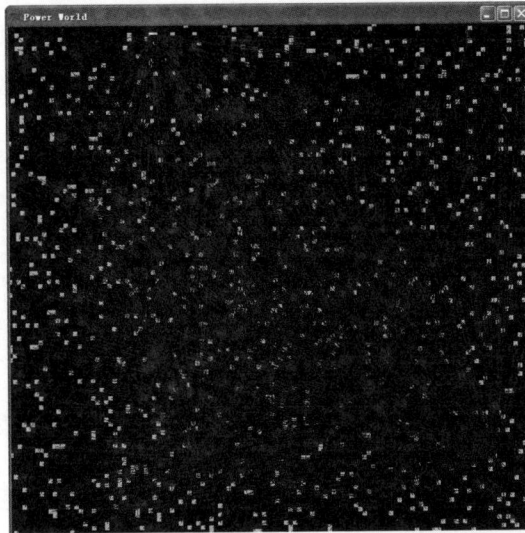

图 8.3 仿真栅格图(ρ=0.1)(见彩图)

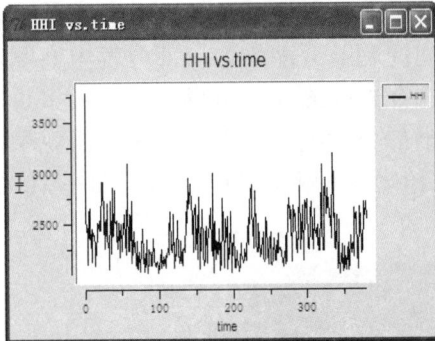

(a)市场内的 HHI 指数

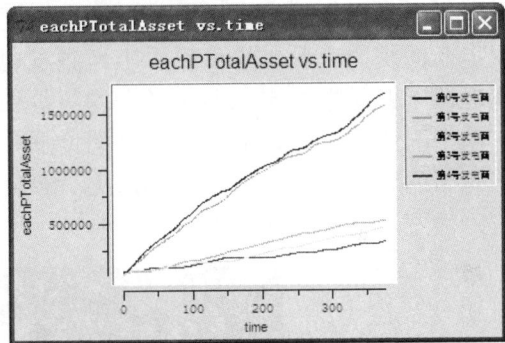

(b)各发电商的资产图

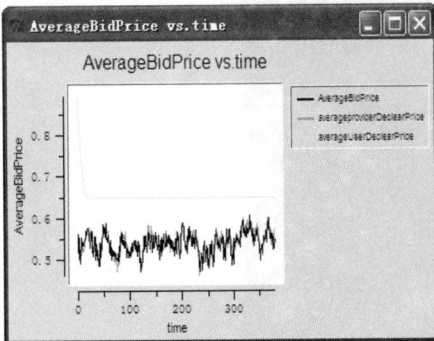

(c)系统内的平均电价图

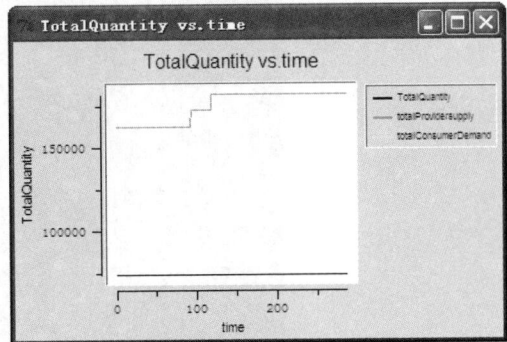

(d)系统内的供需关系图

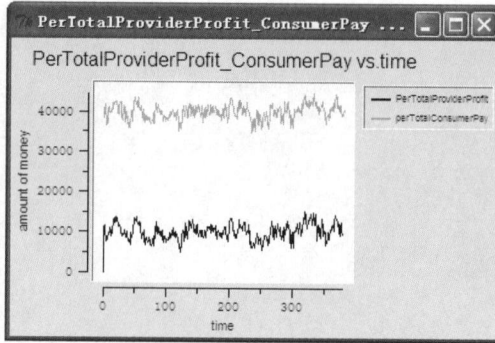

(e)发电商和大用户的利益分配关系图

图 8.4　电力系统的仿真结果(连接强度 ρ=0.1)(见彩图)

2. ρ=0.3 时的仿真结果

从图 8.5 和图 8.6 的仿真图像可以看出,当 ρ=0.3 时,大用户增加了对低价发电商的选择偏好,但对于电价的选择偏好仍然较低,提高对低价的连接偏好,减弱大用户与周围发电商的连接强度,市场集中度升高,HHI 指数上升至 3000~4000。从各发电商的资产上升水平可以看出,各发电商间的利益分配均匀,部分发电商利益出现轻微上升缓慢的现象,市场平均电价保持在 0.5~0.6 元。市场总供给大于总需求,由于大用户对电价的选择偏好的增加,一小部分发电商出现电量卖光的现象,开始有新的发电容量进入市场。所以,市场内供给电量增多,发电商的利润在 10000 左右,大用户支付在 40000 左右。

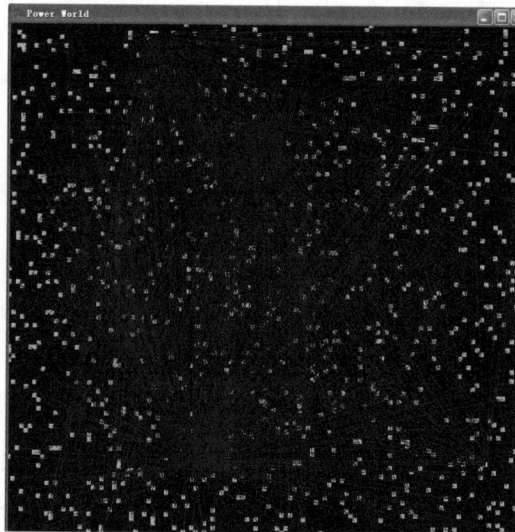

图 8.5　仿真栅格图(ρ=0.3)(见彩图)

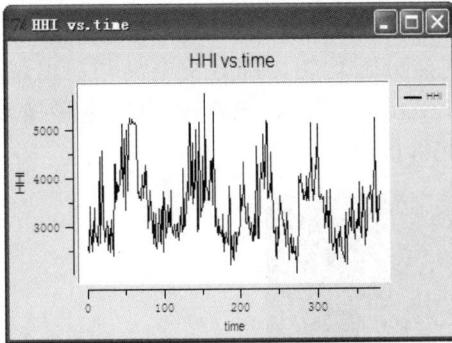

(a) 市场内的 HHI 指数

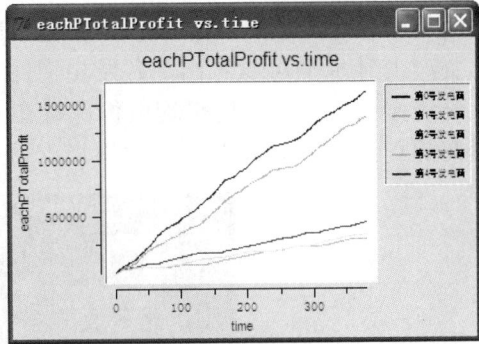

(b) 各发电商的资产图

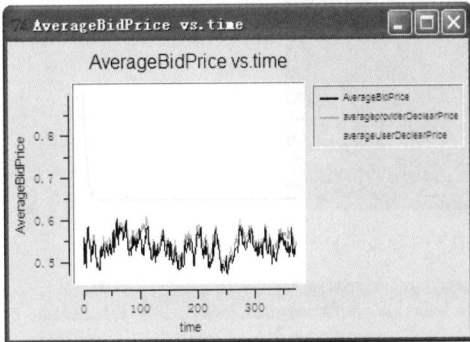

(c) 系统内的平均电价图

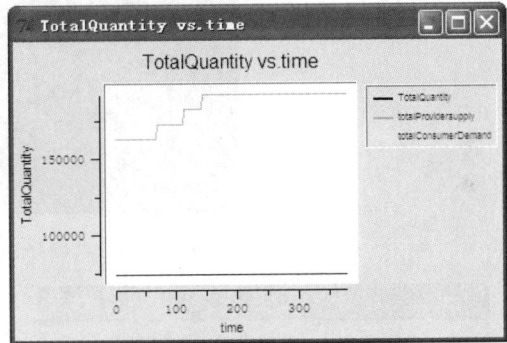

(d) 系统内的供需关系图

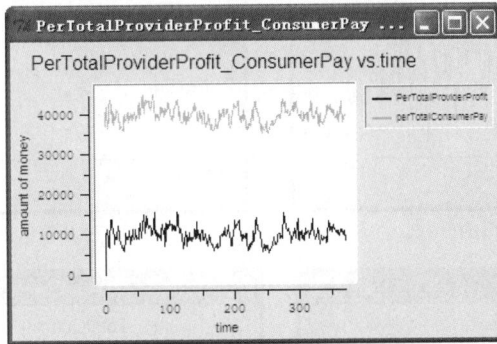

(e) 发电商和大用户的利益分配关系图

图 8.6　电力系统的仿真结果(连接强度 ρ=0.3)(见彩图)

3. ρ=0.5 时的仿真结果

从图 8.7 和图 8.8 的仿真图像可以看出,当 ρ=0.5 时,大用户增加了对低价发电商的选择偏好,但对于电价的选择偏好仍然较低,提高对低价的连接偏好,减弱大用户与周围发电商的连接强度，市场集中度升高，HHI 指数上升至 4000。从各发电商的资产上升水平可以看出，各发电商间的利益分配均匀，部分发电商利益出现轻微上升缓慢的现象，市场平均电价保持在 0.5～0.6 元。所以，市场内供给电量增多，发电商的利润在 10000 左右，大用户支付在 40000 左右。

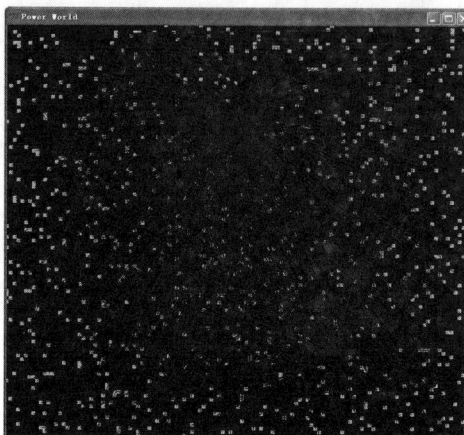

图 8.7　仿真栅格图(ρ=0.5)（见彩图）

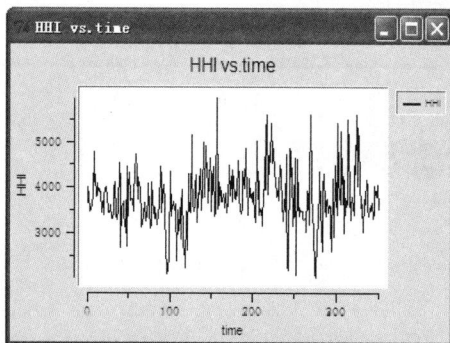

(a)市场内的 HHI 指数

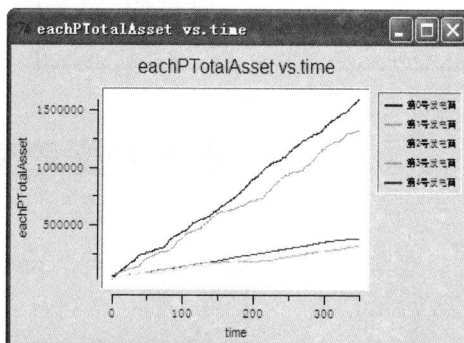

(b)各发电商的资产图

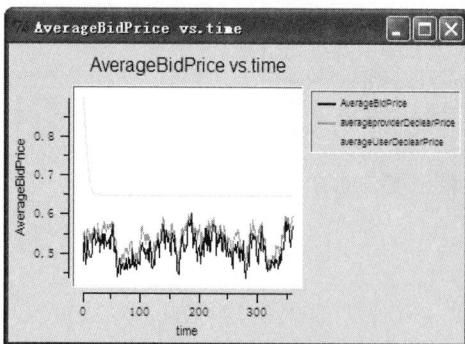

(c)系统内的平均电价图

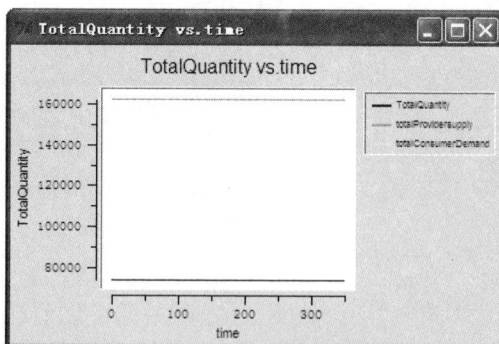

(d)系统内的供需关系图

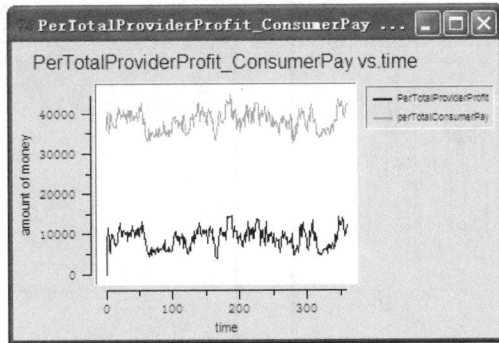

(e)发电商和大用户的利益分配关系图

图 8.8　电力系统的仿真结果(连接强度 ρ=0.5)(见彩图)

4. ρ=0.7 时的仿真结果

从图 8.9 和图 8.10 的仿真图像可以看出，当 ρ=0.7 时，大用户对于电价的选择性较高，对于周围发电商具有较低的选择偏好，此时市场内的聚集度较高，HHI 指数在 6000 左右。从各发电商的资产上升水平可以看出，各发电商间的利益分配不均现象出现，部分发电商的利益升高较快，部分发电商利益出现上升极其缓慢的现象，市场平均电价保持在 0.5~0.6 元。市场总供给大于总需求，由于大用户对电价的选择偏好剧烈增加，部分发电商出现电量卖光的现象，有较多新的发电容量进入市场。所以，市场内具有增多的电量，发电商的平均利润在 10000 左右，大用户支付在 40000 左右。

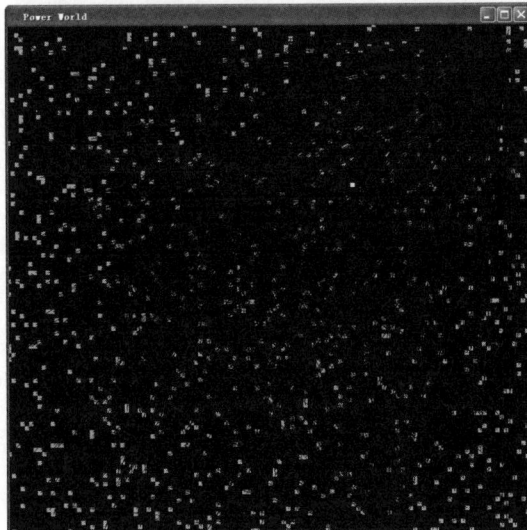

图 8.9　仿真栅格图(ρ=0.7)(见彩图)

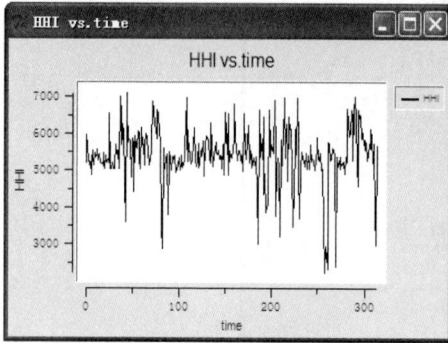

(a) 市场内的 HHI 指数

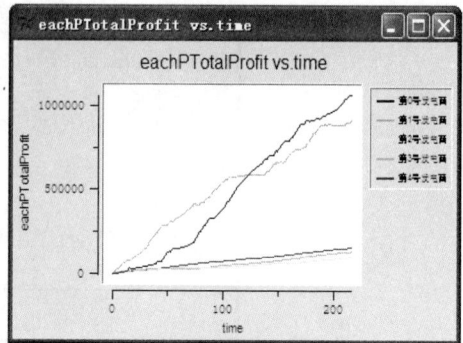

(b) 各发电商的资产图

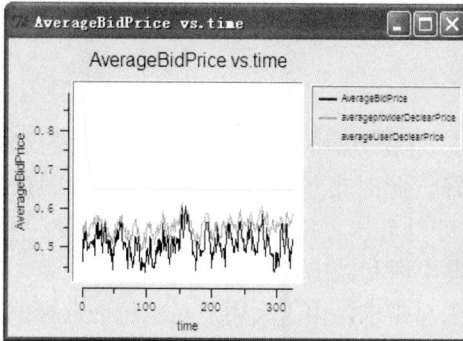

(c) 系统内的平均电价图

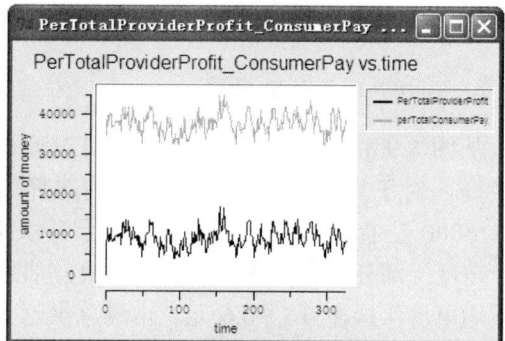

(d) 系统内的供需关系图

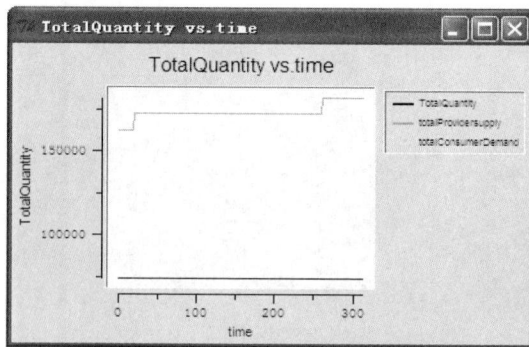

(e) 发电商和大用户的利益分配关系图

图 8.10　电力系统的仿真结果(连接强度 ρ=0.7)(见彩图)

5. ρ=0.9 时的仿真结果

从图 8.11 和图 8.12 的仿真图像可以看出，当 ρ=0.9 时，大用户对于电价的选择性极高，对于周围发电商具有较低的选择偏好，导致其与连接强度较低的低价发电商间的连接强度增大，当超过某一特定值时，对连接强度偏好也就是对低价发电商的偏好，此时市场内的聚集度较高，HHI 指数在 8000 左右。从各发电商的资产上升水平可以看出，各发电商间的利益分配严重不均，部分发电商的利益升高较快，部分发电商利益出现负增长的现象，市场平均电价保持在 0.5～0.6 元。市场总供给大于总需求，由于大用户对电价的选择偏好剧烈增加，部分发电商出现电量卖光的现象，有较多新的发电容量进入市场。所以，市场内具有增多的电量，发电商平均利润在 10000 左右，大用户支付在 40000 左右。

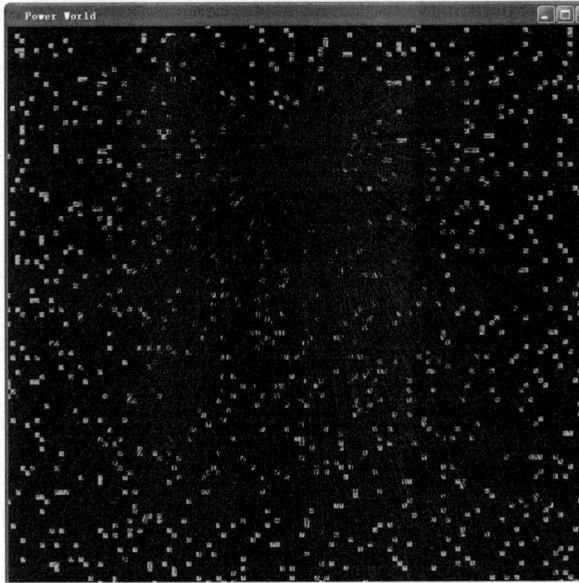

图 8.11　仿真栅格图（ρ=0.9）（见彩图）

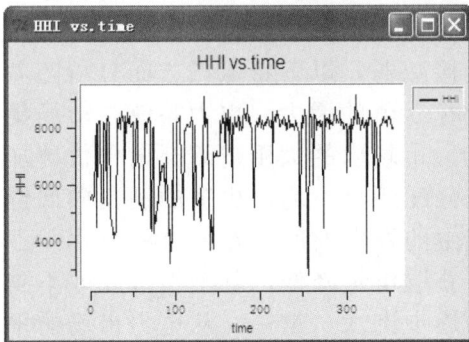

(a) 市场内的 HHI 指数

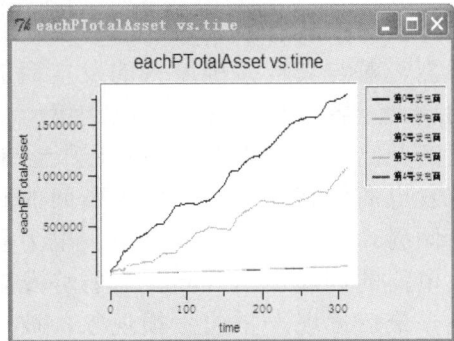

(b) 各发电商的资产图

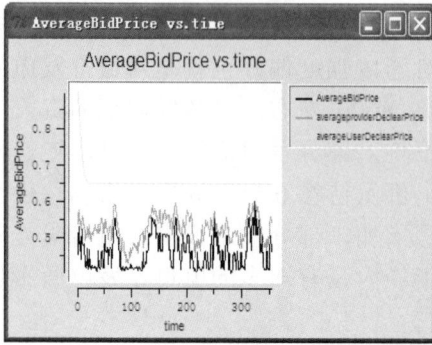

（c）系统内的平均电价图

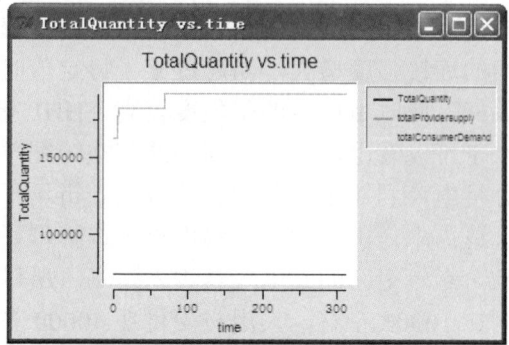

（d）系统内的供需关系图

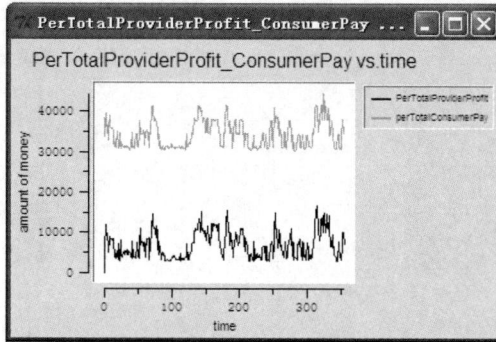

（e）发电商和大用户的利益分配关系图

图 8.12　电力系统的仿真结果（连接强度 ρ=0.9）（见彩图）

8.3.2　仿真结果对比分析

从前面的仿真图像可以看出，此时电力系统处于供大于求的市场状态，大用户在交易中具有较大的选择权利。随着 ρ 值的增大，大用户对电价的追捧更加强烈，对与其连接强度大的发电商的连接减弱。以下将从五方面分析随着 ρ 值的增大，各信息的变化情况。第一，随着 ρ 值的增大，电力系统中市场集中度逐渐升高，由原来的 2500 上升至 8000，市场内的大用户逐渐向电价更加低廉的发电商转移。第二，发电商间的利益分配逐渐不均，更多的利益向低价发电商倾斜。从图像上可以看出，电力系统中的发电商间存在严重的分化，占优型发电商的利润逐渐升高，而弱势发电商获取电量降低，甚至根本获取不到成交量，最后出现严重的亏损现象，被市场逐步淘汰。第三，从电力市场的平均成交价格来看，电力系统中由于没有投机性行为的存在，电力系统中发电商按照各自的成本及其合理利润空间报价，平均成交价格一直维持在 0.5～0.6 元。

第四，从电力系统的供需关系图来看，电力系统中，由于占优型发电商申报容量长期被市场消化，为了增加利润，占优型发电商随着时间的推移不断地提高其申报电量，电力系统网络节点由原来的分散聚集状态逐渐向个别节点聚集，最终甚至对整个电力市场形成垄断，市场的供给电量逐渐增加。第五，从发电商的利益分配图来看，电力系统中，由于大用户的电量需求一定，平均成交价格变动幅度不大，整个系统中发电商的平均利润和大用户的平均支付水平不存在较大的变动。

从以上对比可以看出，当优先选择电价的概率较高时，电力系统中存在较高的市场集中。这种市场的高度集中是电力大用户对低廉电价追捧的结果，在一定程度上使大用户获得较低廉的电价，但是这种高度的集中状态致使市场中发电商间利益分配严重失衡，促使电力系统中非自然垄断的发生。电力系统中长期的非自然垄断性对电力市场的利益分配存在潜在的威胁，特别是由电价剧烈波动为大用户带来的利益损害。此外，从产业更新换代的角度来看，由于新型能源的发展处于起步阶段，成本较高，在竞争中极易被市场淘汰，所以需要调控者对电力系统结构型市场力加以调控，实现电力行业良性的更新换代。

8.4　考虑市场结构的电力系统市场力调控状态分析

当电力系统中存在较高结构性市场力时，需要对其非自然垄断性进行调控，促进新能源产业的发展。于是，针对上述仿真结果中存在较明显的结构性市场力观察发现，当 $\rho=0.9$ 时，电力系统中的非自然垄断性较强。以下将以 HHI 指数为4000 时的系统状态为标准，采取不同的调控手段对电力系统中的结构性市场力进行调节。

8.4.1　基于税收调控变量的系统状态分析

税收主要调控的对象是电力系统中的占优型发电商，占优型发电商具有较低的发电成本和较高的供电能力。在网络中占优型发电商表现为较高的节点聚集性，通过税收手段提高其申报的电价，使其在竞争中的优势降低，为弱势发电商提供一定比例的发电空间。以下将税收变量的变动范围控制在[0.2,0.6]区间，观察系统的运行情况。

从图 8.13 和图 8.14 的仿真图像可以看出，在税收调控变量的作用下，电力系统的网络聚集度明显降低，同时，各发电商间的利益分配不均现象消失，各发电商拥有各自合理的市场份额，电力市场中的非自然垄断性降低。

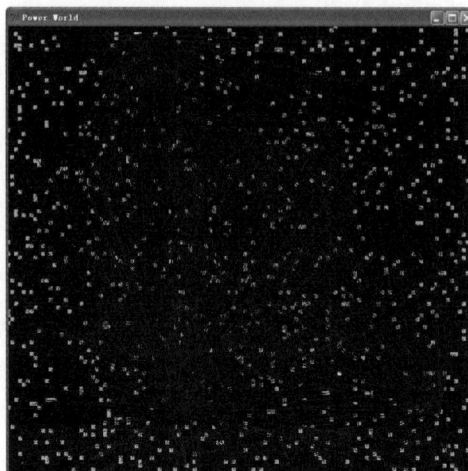

图 8.13　仿真栅格图(税收调控)(见彩图)

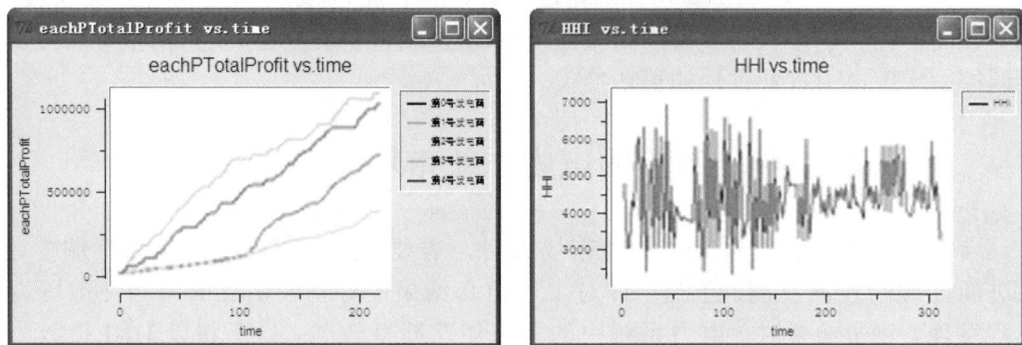

(a)各发电商的利润分配图　　　　　　　　(b)市场内的 HHI 指数

图 8.14　电力系统的仿真结果(税收调控)(见彩图)

8.4.2　基于供电容量调控变量的系统状态分析

电力系统中利益分配不均不仅与价格相关,而且与供电容量的大小密不可分。占优型发电商低廉电价的优势,使其供电容量在电力系统占据较大的份额,进而使其他发电商难以获利。以下将供电容量设置在[20000,30000]区间观察其仿真结果。

从图 8.15 和图 8.16 的仿真栅格图可以看出,系统内网络节点的聚集状态更加均匀,不存在聚集度过高的网络节点。从图 8.16 可以看出,占据资源劣势的发电商,在系统调节后,出现利益上升的现象,市场内利益分配更加均匀,所有的发电商都获取到一定的成交电量。所以,通过限制占据资源优势的发电商的供电能力,为资源弱势发电商让出部分市场份额,使市场集中度降低,电力系统中各发电商间的利润在稳步上升。但同时发现弱势发电商的电价较高,导致整个市场的平均价格升高。为大用户的利益带来一定程度的损害，但是通过对市场内大用户申报电价曲线的观察可以发现，这种损害是在大用户可接受范围内，表明采取限制供电容量的方法对降低市场中的市场力是有效的。

图 8.15　仿真栅格图(供电容量调控)(见彩图)

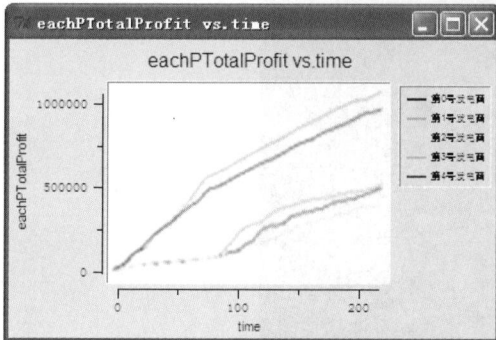

(a)各发电商的利润分配图

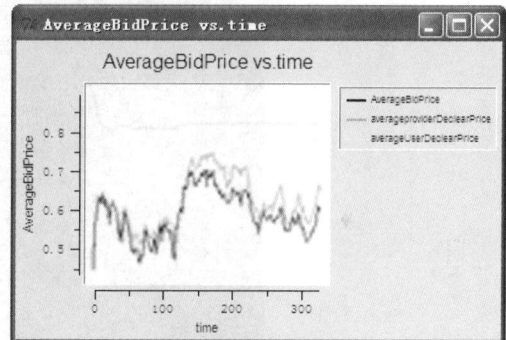

(b)系统内的平均电价图

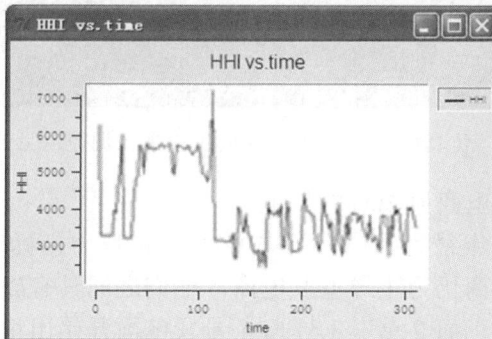

(c)市场内的 HHI 指数

图 8.16　电力系统的仿真结果(供电容量调控)(见彩图)

8.4.3 基于供电半径调控变量的系统状态分析

发电商的供电范围即由于地域的限制或是地方政府间的区域保护政策，而造成的供电范围的限制。采用限制发电商供电范围是从限制资源占优发电商可供给的大用户数量的角度入手，减少资源占优发电商的市场份额，来限制电力系统中的结构性市场力的。

条件一：占优型发电商原 80%的供电半径。

占优型发电商供电半径为其原有的 80%时(图 8.17)，市场力指标 HHI 降低到 5500 左右，0 号和 1 号发电商仍为主导型发电商，他们之间具有较强的竞争性，在相互竞争的过程中不断发展，而 2 号、3 号和 4 号发电商仍然获取很少的交易电量，在电力系统中缓慢发展。从图 8.18(c)可以看出，由于占优型发电商为弱势发电商让出部分市场空间，使弱势发电商的售电量增多，刺激其扩张容量，逐步发展。从图 8.18(d)和图 8.18(e)可以看出，市场的平均成交电价和利益分配关系无较大变动。其仿真栅格图及仿真结果如图 8.17 和图 8.18 所示。

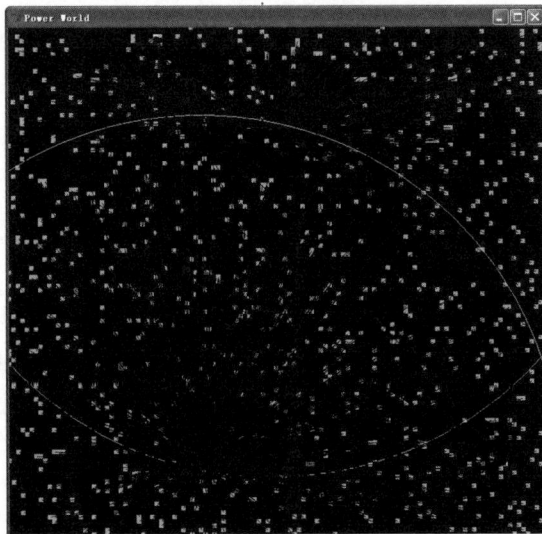

图 8.17　仿真栅格图(80%占比的供电半径调控)(见彩图)

条件二：占优型发电商原 50%的供电半径。

占优型发电商供电半径为其原有的 50%时，市场力指标 HHI 降低到 3000～5500，0 号和 1 号发电商仍为主导型发电商，他们之间具有较强的竞争性，在相互竞争的过程中不断发展，而 2 号、3 号和 4 号发电商开始出现加速增长的态势，在电力系统中赢利能力增加。从图 8.20(c)可以看出，由于占优型发电商为弱势发电商让出部分市场空间进一步扩大，弱势发电商的售电量进一步增多，使原来购买占优

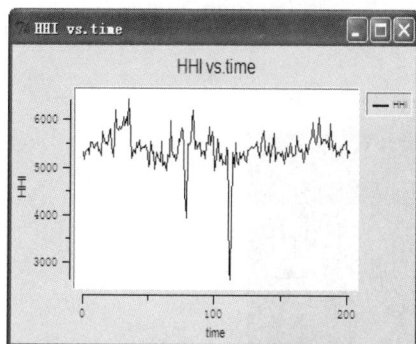

(a) HHI 指数图

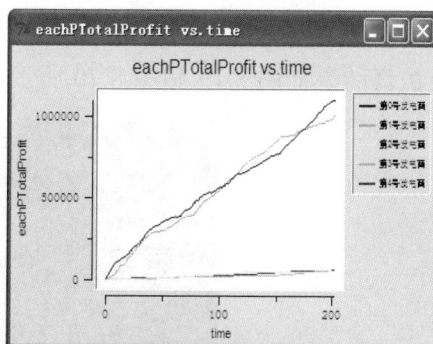

(b) 各个发电商总利润图

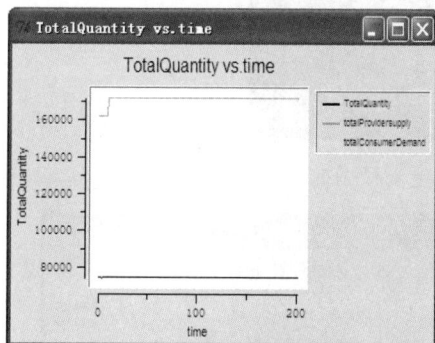

(c) 总供给-需求-成交量图

(d) 平均成交价-发电商申报价格-大用户申报价格

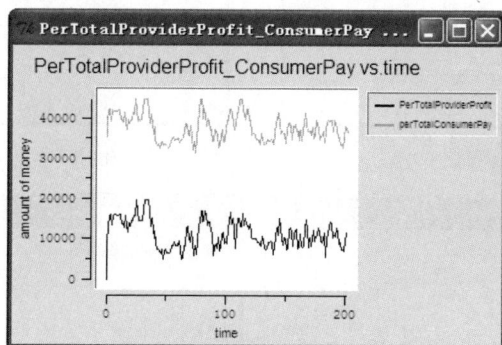

(e) 各期大用户总利益-消费者总支出

图 8.18　电力系统的仿真结果(80%占比的供电半径调控) (见彩图)

型发电商的大用户短期内未适应此变化, 而出现购买不到电量的现象。同时, 系统中增加自身容量的发电商进一步增加, 市场的供需差距进一步拉大, 市场内的竞争更加激烈。从图 8.20 (d) 和图 8.20 (e) 可以看出, 高价电不断被大用户所购买, 导致市场的平均成交电价有所提高，市场内的利益分配关系向发电侧偏移。其仿真栅格图及仿真结果如图 8.19 和图 8.20 所示。

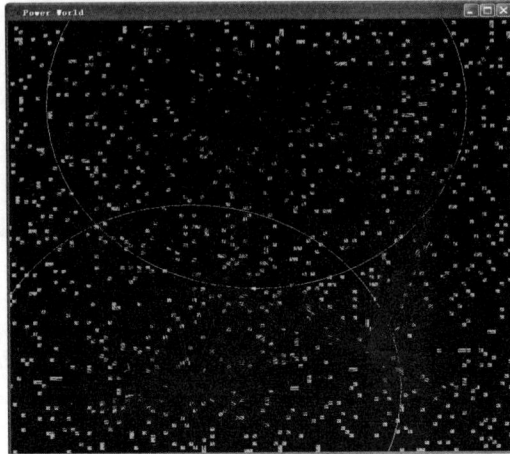

图 8.19　仿真栅格图(50%占比的供电半径调控)(见彩图)

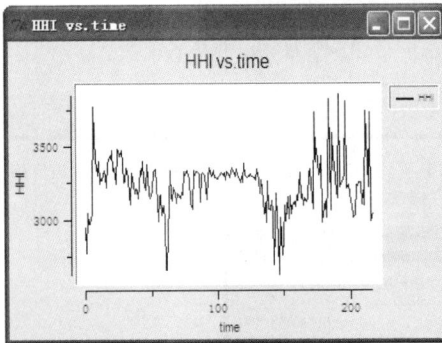

(a) HHI 指数图

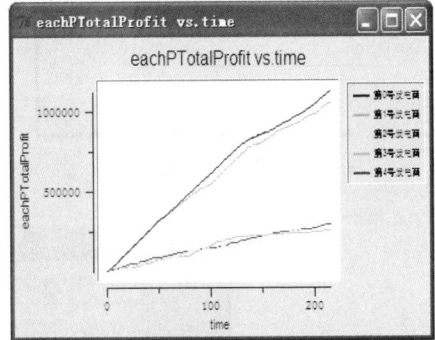

(b) 各个发电商总利润图

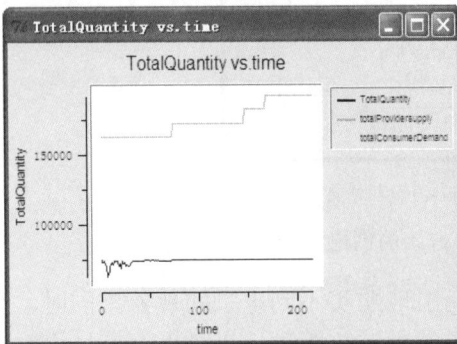

(c) 总供给-需求-成交量图

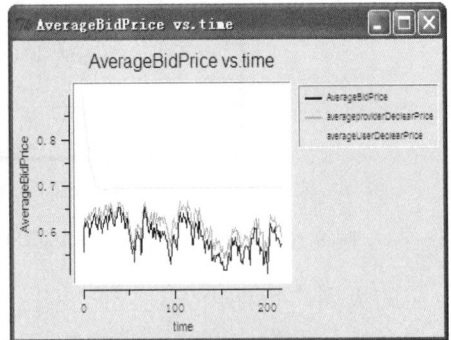

(d) 平均成交价-发电商申报价格-大用户申报价格

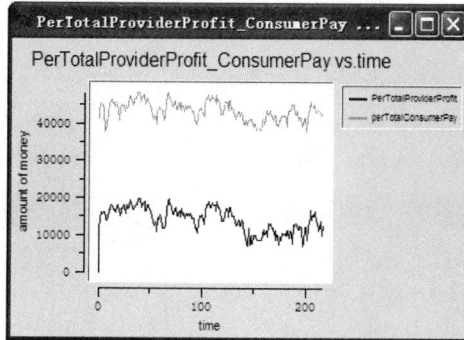

(e)各期大用户总利益-消费者总支出

图 8.20　电力系统的仿真结果(50%占比的供电半径调控)(见彩图)

条件三：占优型发电商原 20%的供电半径。

占优型发电商供电半径为其原有的 20%时(图 8.21)，其售电能力受到严重限制，此时市场力指标 HHI 升高到 6000 左右，0 号和 1 号发电商不再是市场内的主导性发电商，受到售电范围的限制，其高产能优势减弱，而 2 号、3 号和 4 号发电商由于占据较强的供电优势，开始出现急速增长的态势，在电力系统中赢利能力增强，扩张其产能的动力增强，市场中供电量快速增长，市场的供需差距进一步拉大，市场内的竞争更加激烈。从图 8.22(d)和图 8.22(e)可以看出，由于低价电比较紧俏，大量的高电价发电商在系统中存活并发展，迫使大用户不断提高其申报电价，市场内的平均成交价格高于其平均申报价格，系统内的资源配置不合理现象发生，市场内的利

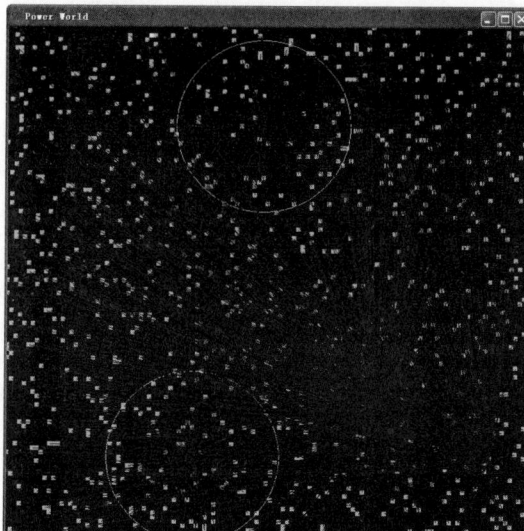

图 8.21　仿真栅格图(20%占比的供电半径调控)(见彩图)

益分配关系进一步向发电侧偏移，大用户利益受到损害。从仿真结果可以看出，地域的限制或是地方政府间的区域保护政策，可有效地降低占优型发电商的市场力，保护了部分发电商的利益，为弱势发电商提供发展的空间，但是过度限制后，将在一定程度上浪费社会资源，使整个市场出现低效运行的状态。

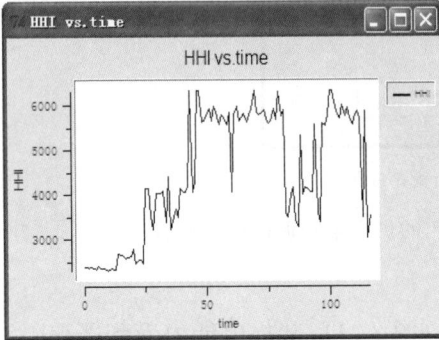

(a) HHI 指数图

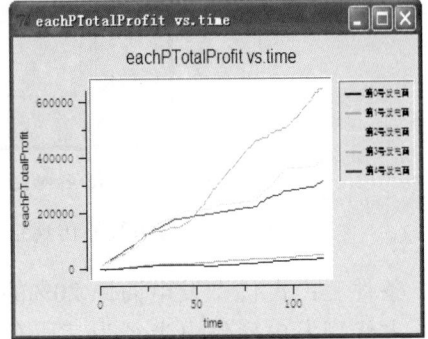

(b) 各个发电商总利润图

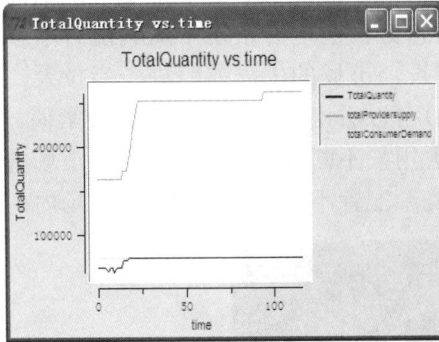

(c) 总供给-需求-成交量图

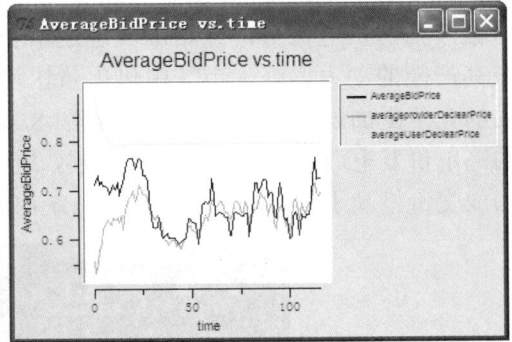

(d) 平均成交价-发电商申报价格-大用户申报价格

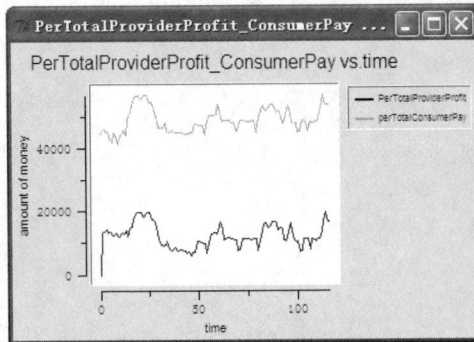

(e) 各期大用户总利益-消费者总支出

图 8.22　电力系统的仿真结果(20%占比的供电半径调控)(见彩图)

8.5　仿真结果的管理启示

通过对以上仿真结果进行分析，以下将从系统分析和实际应用两方面分析仿真结果在管理中的启示。

第一，从系统分析的角度来看，系统中变量的调整影响系统中整体运行状态的改变，具体分析如下。

(1) 在 Swarm 仿真平台上，改变以往主体间的直接交互关系，建立连接类实现发电商与大用户间的多主体连接，构建网络环境下的电力系统，以网络的生成与演化关系，以及节点状态的改变观测电力系统内的市场力运行状态，相比于以往的研究具有更强的直观性与实时动态性。

(2) 在对电力市场中的市场力问题进行研究时，应以系统的视角，从电力系统中变量间的相互作用出发，更加全面地研究市场力与利益分配的关系，以及如何调控的问题，避免局部调整的片面性。

(3) 仿真结果的分析表明，采用仿真模拟的方法可以实时地观测到电力市场内市场力的运行状态。通过仿真的方法对聚集度较高的发电商，即占优型发电商，采取征税、限制供电容量和供电半径等措施进行调控，在多次实验后，可找到有效的调控电力系统中的市场力调节变量和调节区间。可见仿真的方法非常适合用来研究电力系统中的市场力调控问题。

(4) 在构建系统模型时，考虑到参与主体，即发电商和大用户的随机性，更加接近于现实系统，其仿真结果对于现实电力系统的调控具有一定的参考价值，所以，可从仿真模拟结果中发现现实中难以预见的问题，并及时做好防范工作。

第二，从实际应用角度来看，在具体的政策调整中，仿真结果在政府的宏观调控管理上具有以下价值和意义。

(1) 依据自然选择中的优胜劣汰规则，竞争可以实现资源的优化配置，大用户可以依据自身的需要获取最低的电价，实现最大的用户利益。但是由于电力系统的特殊性，以及产业更新换代的需要，当资源过度集中于个别发电商手中时，垄断性的存在对电力系统存在潜在的威胁。在 LDP 模式中，大用户对低价的过度追捧可能导致市场内形成较强的市场力，使处于起步阶段的新能源产业难以在竞争中得到发展，同时，小型发电商的衰落使市场的集中度过高，为主导型发电商采取投机策略提供条件。所以，在电力市场逐步引入竞争的过程中，完全的市场开放对市场的长久发展可能会带来潜在的威胁，仍需要政府对市场的整体运行状态进行掌控。

(2) 在实际的政府调控中，可以将调控的方向从对弱势发电商或是新能源发电商的扶持，转变为对占优型发电商的限制上来，在制定政策时，出台相应的政策，如对市场内具有高市场份额的发电商加大税收力度，由于目前在市场中份额较大的发电商以火力发电为主，可征收一定的碳排放税，或控制其申报电量的额度。从供电范围的角度考虑，为各个发电商规划其可供电区域，各发电商必须严格在其可供电区域内进行有限的竞争。在此过程中，应注意当市场中价格较高的发电商依靠政府调控获得扩张机会时，过度扩张会出现"劣币驱逐良币"的现象，即市场内电价过度升高。

(3)政府在通过宏观调控维护大用户的利益时，应避免电价越低越好的认知，应对市场状态进行综合考虑。从长远来看，在大用户满意的电价范围内，适当提高电价可促进新能源产业的发展，给大用户带来更多的利益，同时增加发电市场的竞争活力，降低电力市场中市场力对利益分配的影响。

本章主要研究内容为 LDP 模式下考虑市场结构的电力系统市场力 Swarm 仿真调控。在模型的基础上，借助 Swarm 仿真平台 ObserverSwarm 类库进行仿真观测，通过网络节点的聚集表现电力系统市场力，以 HHI 指数作为电力系统中市场力的衡量指标，观测电力系统中的状态变化，分析市场力对发电商间利益分配的影响关系。通过仿真实验的方法调控不同的变量，研究调控市场力的有效手段，通过仿真结果给出相应的管理启示。

通过对仿真结果的分析可以得出以下结论：首先，采用仿真模拟的方法，通过网络结构的变化观测系统中市场力的变化情况，具有直观性与实时动态性；其次，从系统的角度研究市场力，更具全面性，避免局部调控的弊端；然后，通过实验得出，在无供电约束的环境下，市场处于供给大于需求的状态时，大用户低价偏好和市场中少数较高产能、较低成本的发电商的存在，使电力系统中形成高度节点聚集，进而形成较高的市场力；最后，通过税收和调控供电半径、供电容量的手段，可以降低电力系统内的市场力，实现发电商间的利益分配均衡。

第9章　考虑参与者行为策略的市场利益分配的 Swarm 调控仿真

9.1　考虑投机策略的电力系统市场力调控概述

9.1.1　考虑投机策略的电力系统市场力调控机理

LDP 模式下，电力系统处于供给大于需求的状态，发电商间展开激烈的竞争，随着市场内大用户对个别发电商的追捧，系统涌现出较强的市场力，拓展了主导型发电商的投机空间，根据不同的市场条件，发电商存在多种可能的投机策略，对利益分配产生不同的影响，是电力系统市场力的行为表现。如果不对其进行相应的调控，电力系统会出现不合理、紊乱的情况。图 9.1 为电力系统市场力调控机理图。

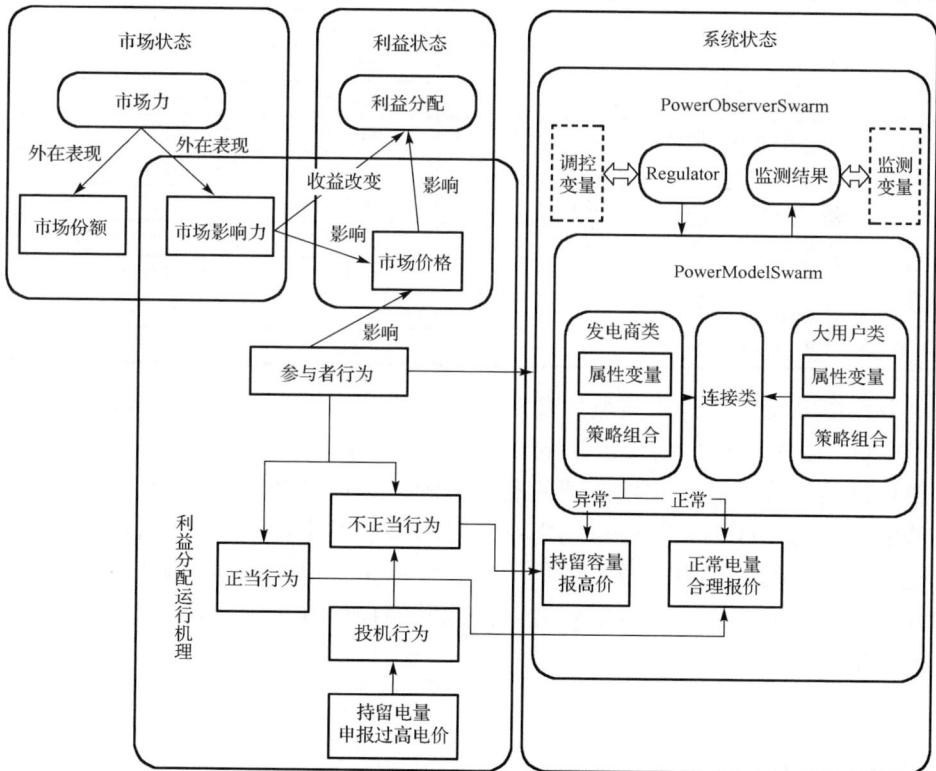

图 9.1　电力系统市场力调控机理图

鉴于发电商投机策略的产生条件，可以从市场力的形成和抑制发电商的投机空间两方面对电力系统进行调控。系统调节者作为维护电力系统合理运行的保障者，虽然不直接参与电力系统的竞争，但是通过间接地监控系统整体的属性信息，采取相应的监管措施，可确保系统合理有序地运行。本章以 PowerObserverSwarm 类为监管类，通过监测仿真运行结果，调节系统内的变量信息，实现对电力系统市场力的调控，使系统参与者间利益分配趋向合理。

9.1.2　系统监测变量与调控变量选取

为节约调控成本，监管者不能实时对每个发电商的运行状态进行调控，特别是在发电商数量较多的情况下，为维护系统整体运行状态的稳定，监管者从监控系统整体效率入手，观测系统的运行状况，抑制市场力的形成和市场力对利益分配的影响，所以监管者在进行调控时，可通过观察系统中的运行指标对系统状态进行监测，如表 9.1 所示。

表 9.1　监测的属性信息表

变量	属性信息	类型	描述
监测变量	LI	double	勒纳指数
	HHI	double	HHI 指数
	satisfaction degree	double	大用户满意度
	declarSupplyDemandRatio	double	申报供需比
	capacitySupplyDemandRatio	double	容量供需比
	transactionSupplyDemandRatio	double	成交供需比
调节变量	declarePriceCap	double	发电商申报价格上限
	declarePriceFloor	double	发电商申报价格下限
	declareQuantityCap	int	发电商申报电量上限
	declareQuantityFloor	int	发电商申报电量下限

电力系统中发电商投机策略主要是利用系统结构不完善，对价格采取行动，异常申报电价，哄抬市场价格，并最终影响电力系统的利益分配。作为系统的监管者，要实现高效的系统运行，实现合理的利益分配，可通过两种方式进行调节：一是通过调节市场力的形成因素降低市场力；二是从抑制发电商投机策略的实施方面减弱对利益分配的影响。采用分散系统集中度、控制申报电量和申报电价的手段对市场力进行调控。根据前面对系统监管者的监测和调控属性信息的描述，建立如下监测和调控变量。

1. 监测变量属性信息

x_1：HHI 指数。

x_2：勒纳指数。

x_3: 申报供需比。

x_4: 大用户满意度。

x_5: 成交供需比。

x_6: 容量供需比。

2. 主体属性变量信息

y_1: 发电商申报电价。

y_2: 发电商申报电量。

y_3: 大用户是否满意。

y_4: 大用户申报电价。

y_5: 大用户申报电量。

3. 调控变量属性信息

z_1: 发电商申报电量上限。

z_2: 发电商申报电价下限。

z_3: 发电商申报电量下限。

z_4: 发电商申报电价上限。

通过系统分析，电力系统内的演化函数为

$$\begin{cases} X_i^{t+1} = f(A(\beta), X_i^t, X_{-i}^t, Y_N^t, Z_N^t) \\ Y_i^{t+1} = f(A(\beta), Y_i^t, Y_{-i}^t, X_N^t, Z_N^t) \\ Z_i^{t+1} = f(A(\beta), Z_i^t, Z_{-i}^t, X_N^t, Y_N^t) \end{cases} \tag{9.1}$$

式中，$X_i = \{x_1, x_2, \cdots, x_6\}$；$Y_i = \{y_1, y_2, \cdots, y_5\}$；$Z_i = \{z_1, z_2, z_3, z_4\}$。$x_1, \cdots, x_6, y_1, \cdots,$ y_5, z_1, z_2, z_3, z_4 是说明系统状态变化的量，称为状态变量。X_i^{t+1} 和 X_i^t 分别为监测变量属性信息 x_i 在 $t+1$ 和 t 时刻的状态；Y_i^{t+1} 和 Y_i^t 分别为电力市场主体(发电商和大用户)的属性信息 y_i 在 $t+1$ 和 t 时刻的状态；Z_i^{t+1} 和 Z_i^t 分别为调控变量属性信息 z_i 在 $t+1$ 和 t 时刻的状态；$A(\beta)$ 为模型中的控制参量；f 为模型的局部映射或局部规则。

由式(9.1)可知，复杂系统环境中的每个属性信息之间都有相互关系，为使整个系统环境运行合理稳定，只要调控其中一个属性信息，其余的相关属性信息也会发生相应的变化，说明复杂系统的非线性现象，也说明复杂系统的复杂性。尽管系统环境内每个属性信息之间都有相互作用，但是作用的强度不一样，我们利用多次实验的方法，通过 Swarm 仿真平台检验与每个属性信息相对应的强相关属性信息，以此来作为系统环境调控的依据。

9.1.3　系统监管者行为规则设计

监管者调控策略的实施主要依靠对电力系统的监管者行为规则设计实现，其具体行为规则如下。

(1)发电商申报价格上限。

系统监管者制定发电商申报价格上限，其目的是避免占主导地位的发电商采取投机策略，申报过高电价获取超额利润。

系统条件设计：① 对系统价格和系统集中度进行监测时，当系统 LI 指数升高到 v 以上，且系统集中度升高到 v 时，降低价格上限，控制申报价格；② 对电力系统中大用户的满意度进行监测，当大用户满意度降低至 60% 时，说明电力系统中的成交价格较高，降低发电商申报价格上限。

(2)发电商申报价格下限。

系统监管者制定发电商申报价格下限，其目的是避免成本较低的发电商在优先匹配时，占据绝大多数的系统份额，使少量的大型发电商垄断系统，提升市场力水平。

系统条件设计：对电力系统中的系统集中度 HHI 进行监测，当 HHI 大于 v 时，表明系统中少数企业占据较高的系统份额，具有形成市场力的潜力，应该提升发电商的申报电价下限，使成本相对较高的发电商能够加入到竞争中，让出部分市场份额。

(3)发电商申报电量上限。

系统监管者制定发电商申报电量上限，其目的是防止成本较低的发电商在优先匹配时，占据绝大多数的系统份额，使少量的大型发电商垄断系统，提升市场力水平。

系统条件设计：① 对电力系统中的系统集中度 HHI 进行监测，当 HHI 大于 v 时，表明系统中少数企业占据较高的系统份额，具有形成市场力的潜力，应该降低发电商的申报容量上限；② 对电力系统中的申报供需比进行检测，当小于 1 时，提升发电商的申报容量上限。

(4)发电商申报电量下限。

系统监管者制定发电商申报电量下限，目的是防止发电商利用市场力控制电力系统中的供需关系，导致系统中电力供应短缺，在系统机制的作用下，导致电价飙升。

系统条件设计：对系统的供需状况进行监测时，当成交供需比小于 1 时，比较申报供需比与容量供需比的大小，当申报供需比小于容量供需比时，系统内供应紧缺的现象是由人为控制申报电量造成的，此时，必须提高申报电量下限。

9.2　考虑单一投机策略下电力系统市场利益分配Swarm 调控仿真

9.2.1　单一投机策略下自然仿真状态与分析

单一投机策略即电力系统中发电商利用其市场份额的不可或缺地位异常升价的投机策略。市场中发电商的数量以及发电商间的差异性，导致市场中发电商间的牵制作用不同，以下分别从有无发电商市场退出机制两个条件下，仿真单一投机策略下电力系统的自然状态。

(1)条件一：无市场退出机制时的系统状态。

在无市场退出条件下，考虑发电商异常升价投机策略的电力系统市场力仿真及结果分析，如图 9.2 和图 9.3 所示。

(2)条件二：存在市场退出时的系统状态。

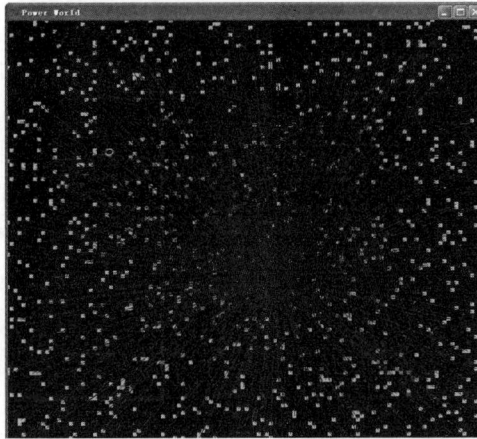

图 9.2　投机策略仿真栅格图（见彩图）

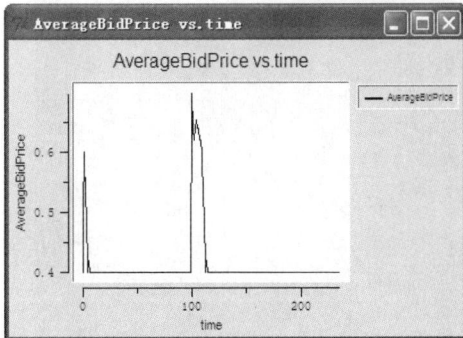

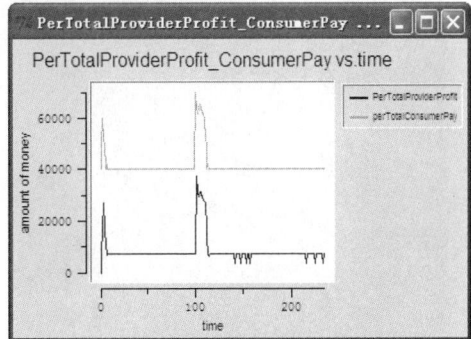

(a)平均成交价关系图　　　　　　　　(b)发电商和大用户的利益分配关系图

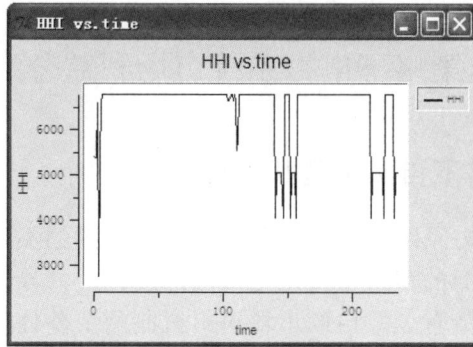

(c)HHI 指数

图 9.3　考虑投机策略的市场利益分配仿真结果(无市场退出)

(3)考虑发电商异常升价投机策略的自然状态仿真结果分析。

从图 9.4 的仿真图像可以看出,在无市场退出的情况下,当仿真开始时,由于供给大于需求,市场处于激烈的竞争状态。大用户对廉价电力的追捧,使成本低的发电商具有较大的网络聚集度,成为系统中的主导型发电商。此时,市场力较高,市场成交电价较低。随着仿真时间的运行,主导型发电商为了获取垄断利润,采取投机策略,异常升高报价,获取超额利润,发电商在投机利益的驱动下继续进行投机。当投机到一定水平时,由于发电商间较强的牵制作用,主导型发电商的异常升价为成本较高的发电商让出市场份额,从而使主导型发电商的利润降低,迫使主导型发电商采取价格降低策略,以增大市场份额。同时,成本较高的发电商的市场份额的增加,使其也有采取投机策略的动机,同样,过度投机使其市场份额下降,利润降低。由投机转化为非投机后,发电商再次进行投机时将更加谨慎,除非市场变为供给小于需求时。所以,由于发电商间强烈的牵制作用,在市场运行过程中,价格将自动调节至合理水平,不需要外在的监管力量支持。

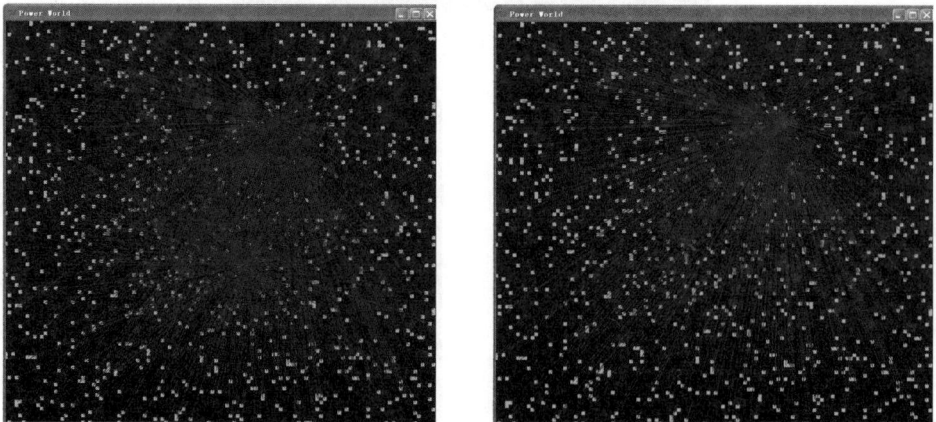

图 9.4　投机策略仿真栅格图(见彩图)

在存在市场退出的情况下，当仿真开始时，由于供给大于需求，系统处于激烈的竞争状态，由于对廉价电力的追捧，成本最低的发电商具有较大的网络聚集度，成为系统中的主导型发电商，此时，市场力较高，系统成交电价较低，所有的大用户需求都被满足，此时，系统内不存在投机发电商。从仿真栅格图可以看出，随着仿真时间的运行，在 50 个周期后，连续五个周期不存在成交的发电商退出系统，系统中只存在主导型发电商，系统中的供给量降低，总供给与总需求的差距缩小，但系统仍处于供给大于需求的状态。当 100 个周期后，系统内的发电商逐渐熟悉系统运行规律以及自身在系统中的地位，主导型发电商在利益的驱动下采取投机的价格策略，异常升高电价，由于实力较弱的发电商退出市场，系统中发电商间的牵制作用降低，发电商的异常升价没有受到约束，直至上升到大用户的最高承受能力，从图 9.5(a) 和图 9.5(d) 可以看出，市场平均电价异常飙升，发电商利润急剧升高，大用户支付增多，电力系统中利益向发电商侧严重倾斜，大用户利益受损。从图 9.5(b) 和图 9.5(c) 可以看出，勒纳指数显著升高，HHI 指数显著增大，说明具有较强的市场力。不仅如此，从图 9.5(e) 可以看出，系统中大用户的需求不能得到稳定的供应，呈周期性短缺状态。此时，市场力在发电商投机策略的作用下，使系统内利益分配显著失衡。只依靠市场的自我调节作用已达不到合理运行的效果，"市场失灵"现象出现，亟须市场监管者对电力市场进行调节，实现系统的高效运行。

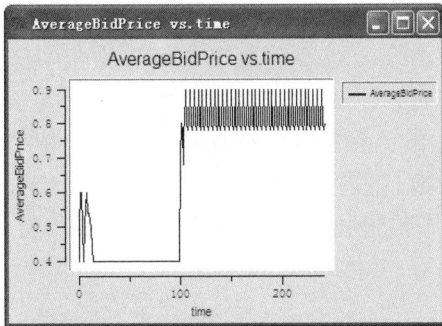

(a) 系统内的平均电价图

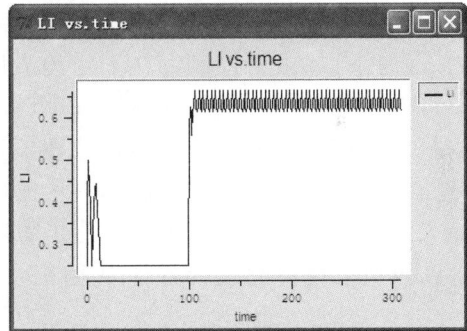

(b) 勒纳指数

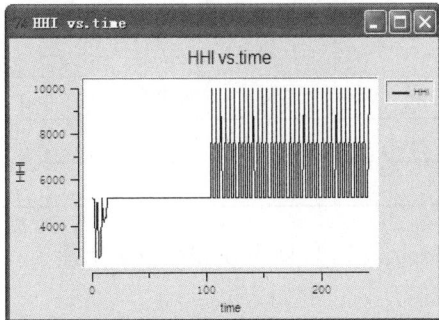

(c) HHI 指数

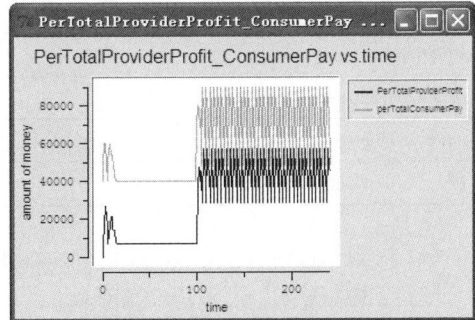

(d) 发电商和大用户的利益分配关系图

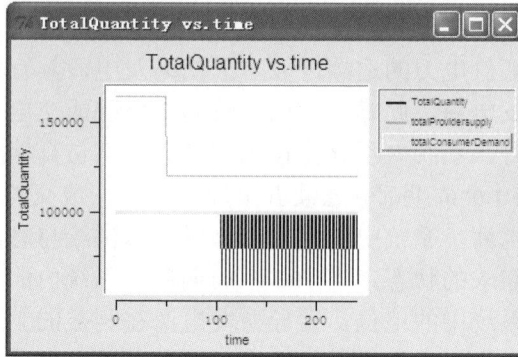

(e) 系统内的供给-需求-成交电量关系图

图 9.5　考虑投机策略的市场利益分配仿真结果(存在市场退出)

9.2.2　单一投机策略下调控仿真状态与分析

当发电商利用市场力采取异常升价投机策略进行系统调控时,针对市场力的形成以及发电商利用市场力两个方面进行调控。在调控的过程中主要通过对市场集中度、市场供需比以及勒纳指数进行监测。当市场集中度超过特定的阈值时,市场力开始增加,监管者采取降低申报电量上限、提高申报电价下限等手段对市场中的市场力进行控制。由于控制存在一定的滞后性,市场内已经形成发电商采取投机策略的条件,即部分发电商的必需运行率较高,此时,由于发电商具有能动性,在不断认识规律的过程,采取投机策略,逐步升高电价,系统内勒纳指数升高,并伴有经济持留的现象。当监管者监测系统内的勒纳指数超过一定的阈值,且市场内申报供需比大于成交供需比时,监管者通过采取降低申报价格上限的方式进行调控。表 9.2 为存在投机发电商的监管者行为策略列表。

表 9.2　监管者的调控方法表

方法	返回值类型	描述
regulationContral ()	void	总体调控策略
marketConcentrationRegulationContral ()	void	对系统集中度的调控
MarketSDContral ()	void	对市场供给的调控
LIRegulationContral ()	void	对勒纳指数的调控

(1) 监测 (x_1, x_2, x_3, x_5),调控 (z_1, z_4) 时的系统状态,如图 9.6 和图 9.7 所示。

(2) 监测 (x_1, x_2, x_3, x_5),调控 (z_1, z_4) 时的系统状态分析如下。

由图 9.6 和图 9.7 的仿真图像可以看出,仿真过程中市场调节者通过监测属性信息(市场集中度、勒纳指数、申报供需比、成交供需比),实时掌握系统环境下电力系统的运行状态。由于电力系统中的市场集中度较高,勒纳指数较高,采取降低申报电量上限和降低申报价格上限的措施进行调控。同时为满足市场需求,实时监测市场内的申报供需比,采取升高申报电量上限的措施,当与降低申报电量发生冲突时,满足市场需求作为优先考虑条件,所以其升高申报电量上限的幅度要大于降低申报电量的幅度。

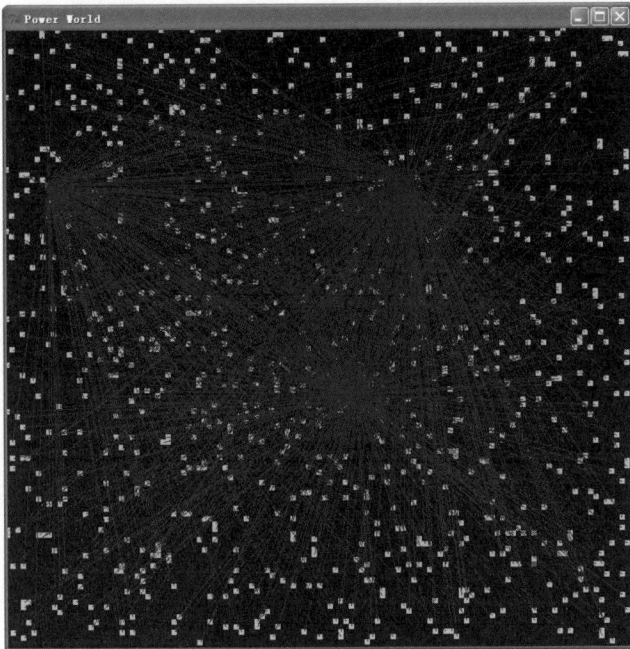

图 9.6　调控(z_1, z_4)仿真栅格图(见彩图)

通过对系统的调控可以看出,发电商投机策略对电力系统的影响明显减弱,图 9.7(a)和图 9.7(d)中市场平均成交价格虽然起初受到发电商投机策略的影响略有上升,但随着仿真时间的运行,系统成交价格最终维持在 0.4 左右,成交价格较低,发电商的利润水平降低,但发电商仍获得合理的利润,大用户的支付额度降低,大用户利益也受到保护。从图 9.7(b)的勒纳指数可以看出,市场的平均利润只占平均成交价格的 20%,电价以成本为基础,不存在投机利润。从图 9.7(c)和图 9.6 可以看出,市场集中度明显下降,市场力结构性降低。从图 9.7(e)可以看出,电力系统中供给仍然大于需求,存在一定的竞争性,同时,系统中所有大用户的需求得到满足,市场的整体运行效率较高。

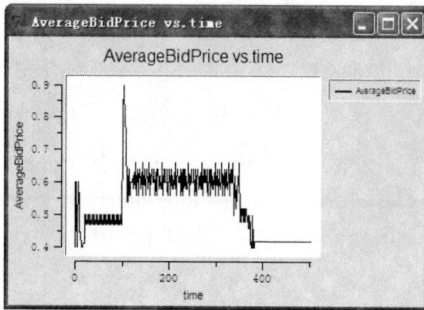

(a) 系统内的平均电价图

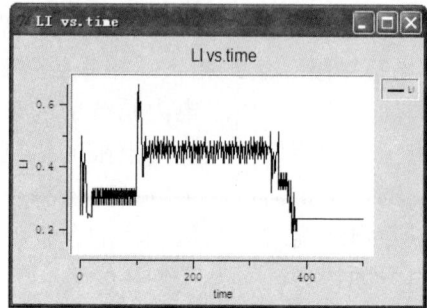

(b) 勒纳指数

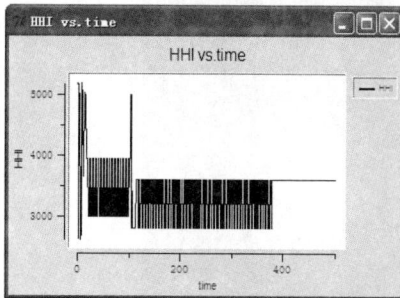

(c) HHI 指数

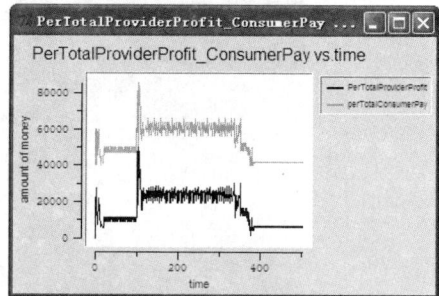

(d) 发电商和大用户的利益分配关系图

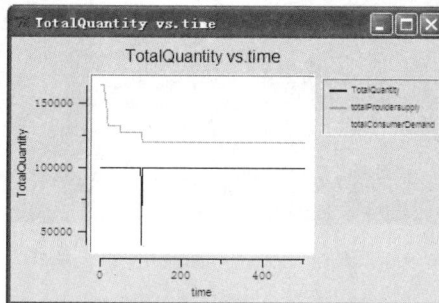

(e) 系统内的供给-需求-成交电量关系图

图 9.7　调控 (z_1, z_4) 的仿真结果

9.3　考虑组合投机策略下电力系统市场利益分配 Swarm 调控仿真

9.3.1　组合投机策略下自然仿真状态与分析

组合投机策略即电力系统中发电商利用其市场份额的不可或缺地位异常升价和容量持留两种投机策略。在有市场退出、无市场退出两个条件下,对电力系统市场力进行仿真,并对结果进行分析。

(1)条件一：无市场退出时的系统状态，如图 9.8 和图 9.9 所示。

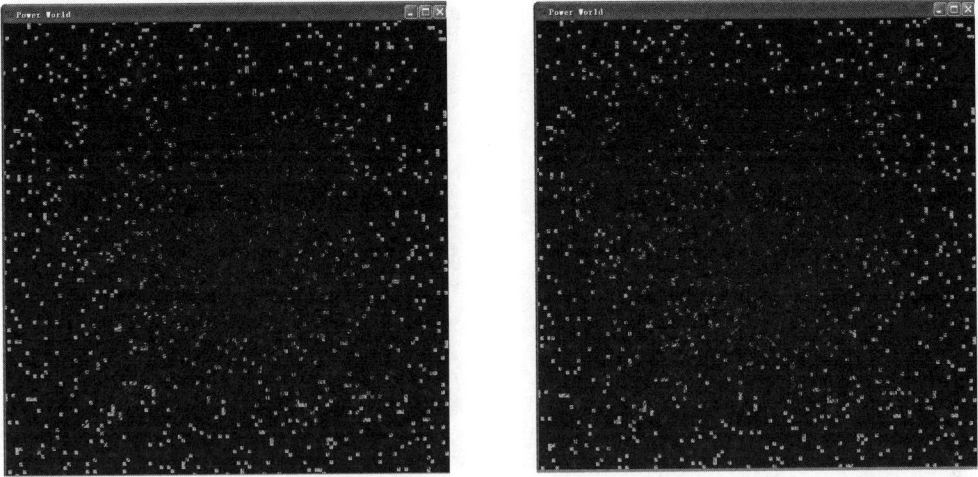

图 9.8　投机策略仿真栅格图(见彩图)

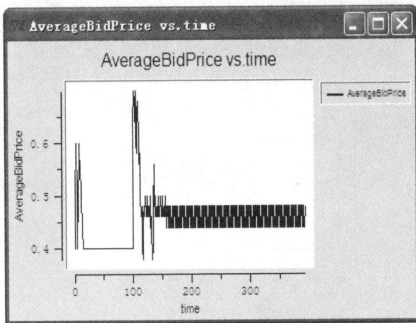

(a)平均成交价关系图

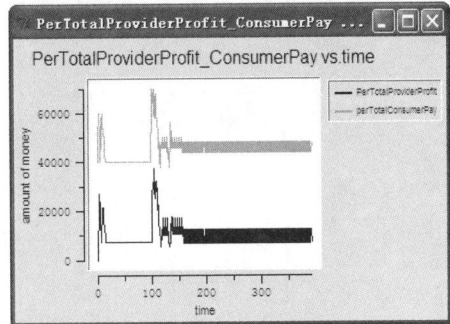

(b)发电商和大用户的利益分配关系图

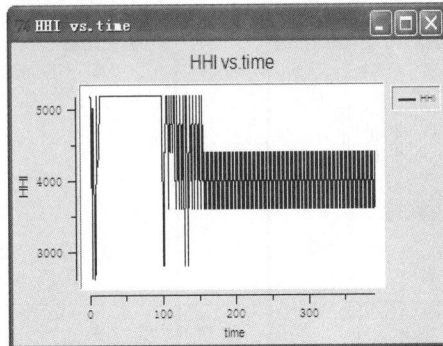

(c)HHI 指数

图 9.9　考虑投机策略的市场利益分配仿真结果(无市场退出)

（2）条件二：存在市场退出时的系统状态，如图 9.10 和图 9.11 所示。

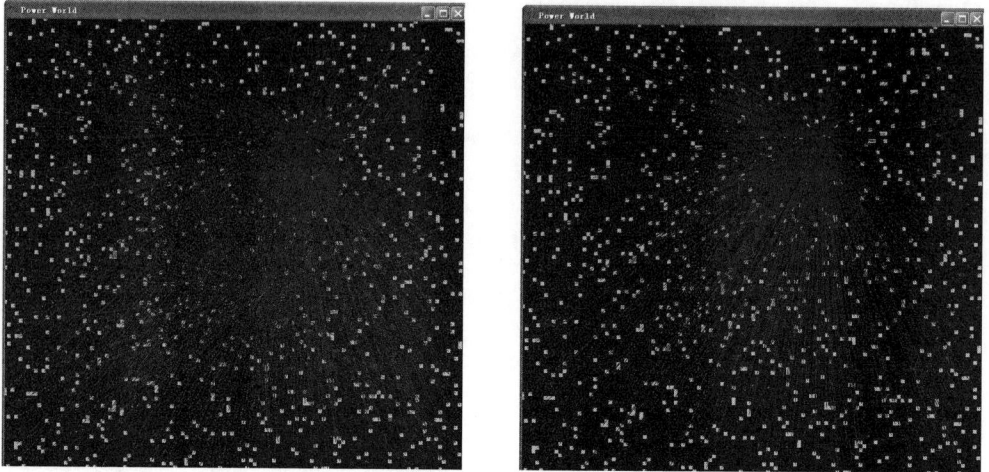

图 9.10　投机策略仿真栅格图（见彩图）

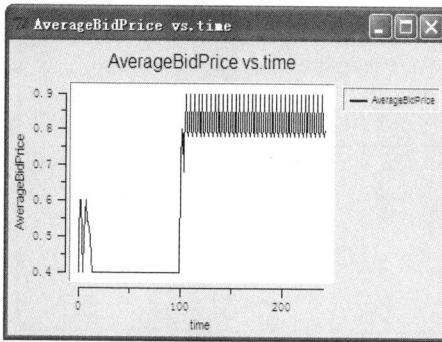

(a)平均成交价关系图

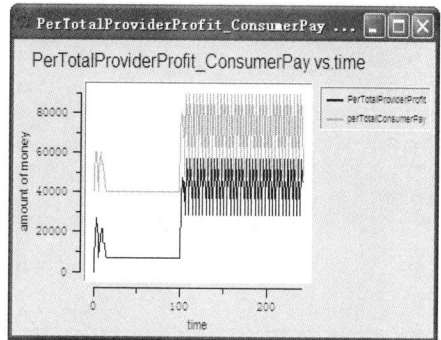

(b)发电商和大用户的利益分配关系图

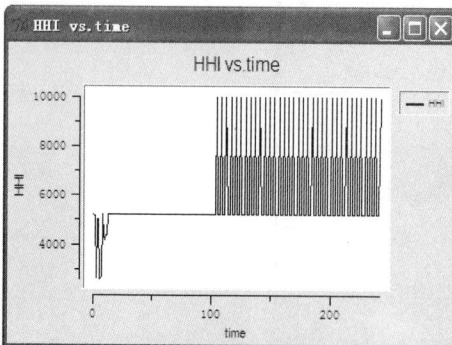

(c)HHI 指数

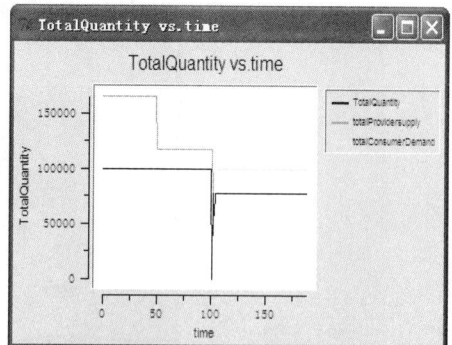

(d)供给-需求-成交图

图 9.11　考虑投机策略的市场利益分配仿真结果（存在市场退出）

(3) 自然状态仿真结果分析。

从仿真图像可以看出，在无市场退出的情况下，当仿真开始时，由于供给大于需求，市场处于激烈的竞争状态，对廉价电力的追捧，使得成本最低的发电商具有较大的网络聚集度，成为系统中的主导型发电商，此时，市场力较高，市场成交电价较低。随着仿真时间的运行，主导型发电商为了获取垄断利润，采取投机策略，异常升高报价，获取超额利润，发电商在投机利益的驱动下继续进行投机，当投机到一定水平时，由于发电商间较强的牵制作用，主导型发电商的异常升价为成本较高的发电商让出市场份额，从而使主导型发电商的利润降低，迫使主导型发电商采取价格降低策略，增大市场份额。同时，由于成本较高的发电商的市场份额增加，其也有采取投机策略的动机，同样，过度投机使其市场份额下降，利润降低。所以，由于发电商间强烈的牵制作用，在市场运行过程中，价格将自动调节至合理水平，不需要外在的监管力量支持。

存在市场退出的情况下，当仿真开始时，由于供给大于需求，系统处于激烈的竞争状态，对廉价电力的追捧，使得成本最低的发电商具有较大的网络聚集度，成为系统中的主导型发电商，此时，市场力较高，系统成交电价较低，所有的大用户需求都被满足，此时，系统内不存在投机发电商。从仿真栅格图可以看出，随着仿真时间的运行，在 50 个周期后，连续五个周期不存在成交的发电商退出系统，系统中只存在主导型发电商，系统中的供给量降低，但系统仍处于供给大于需求的状态，总供给与总需求的差距缩小。当 100 个周期后，系统内的发电商逐渐熟悉系统运行规律以及自身在系统中的地位，主导型发电商在利益的驱动下采取投机的价格策略，异常升高电价，由于实力较弱的发电商退出市场，系统中发电商间的牵制作用降低，发电商的异常升价没有受到任何约束，异常升高，同时，发电商的容量持留策略，不仅使市场内的电价升高，而且造成系统内的供应紧张。市场平均电价异常飙升，发电商利润急剧升高，大用户支付增多，电力系统中利益向发电商侧严重倾斜，大用户利益受损。此时，依靠市场的自我调节作用已达不到合理运行效果，出现"市场失灵"现象，亟须市场监管者对电力市场进行调节，实现系统的高效运行。

9.3.2　组合投机策略下调控仿真状态与分析

对发电商利用市场力，采取容量持留与异常升价组合投机策略进行系统调控时，在异常升价调控的基础上，还要对市场内的容量供需比进行监测。当市场内已存在市场力时，通过监测市场内的容量供需比与申报供需比，观测市场中的物理持留现象。当监管者监测系统内的勒纳指数超过一定的阈值，且市场内容量供需比大于申报供需时，监管者通过采取升高申报电量的方式进行调控。具体策略如表 9.3 所示。

表 9.3 调控者的调控方法表

方法	返回值类型	描述
marketConcentrationRegulationContral()	void	对系统集中度的调控
marketPowerRegulationContral()	void	对供需的调控

以下为监测不同的变量组合以及调节不同的变量组合时的系统状态。

(1)监测 x_1，调控 (z_1, z_2) 时的系统状态，如图 9.12、图 9.13 所示。

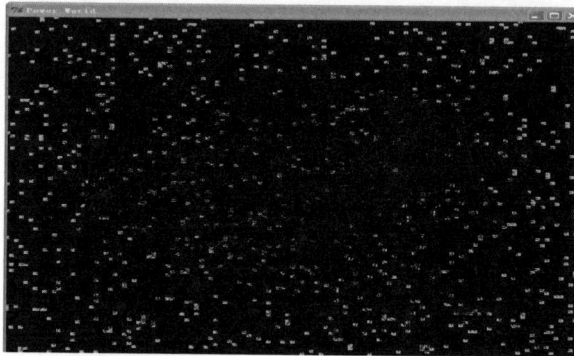

图 9.12　调控 (z_1, z_2) 仿真栅格图（见彩图）

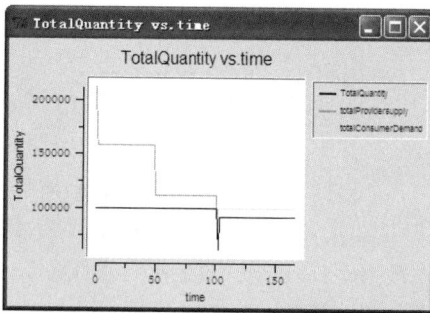

(a)系统内供给-需求-成交电量关系图

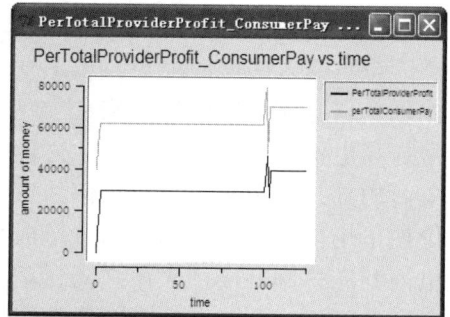

(b)发电商与大用户利益分配关系图

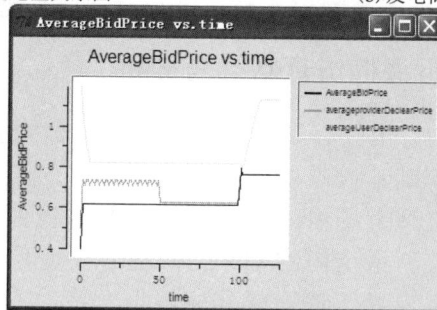

(c)系统内平均电价图

图 9.13　调控 (z_1, z_2) 仿真结果图像

(2) 监测 $(x_1, x_2, x_3, x_4, x_5)$，调控 (z_1, z_2, z_3, z_4) 时的系统状态，如图 9.14、图 9.15 所示。

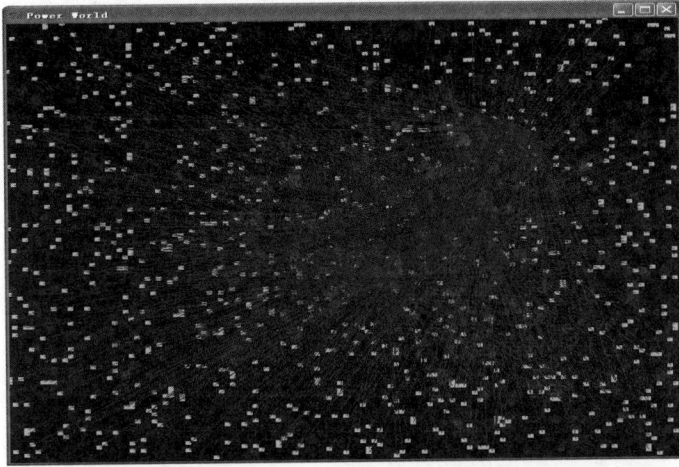

图 9.14　调控 (z_1, z_2, z_3, z_4) 仿真栅格图（见彩图）

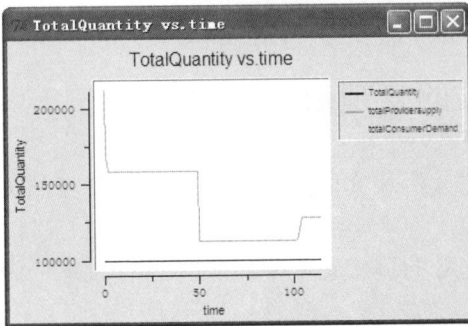

（a）系统内供给-需求-成交电量关系图

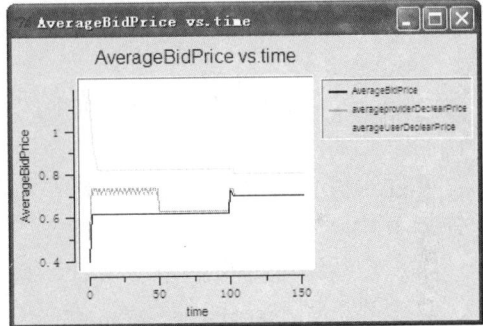

（b）系统内平均电价图

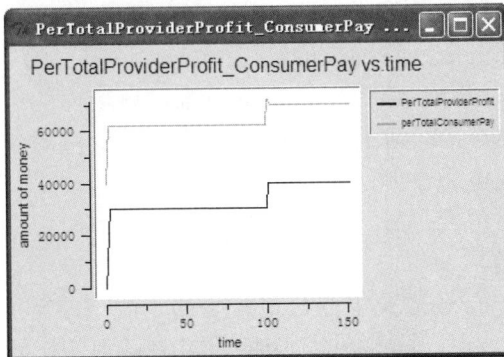

（c）发电商与大用户利益分配关系图

图 9.15　调控 (z_1, z_2, z_3, z_4) 仿真结果图像

(3)监测不同的变量组合和调节不同的变量组合时调控状态分析。

从图 9.12 的栅格图可以看出，系统内的集中度明显降低，从图 9.13 的时序曲线图可以看出，采用申报价格下限和申报电量上限策略时，可降低发电商的聚集度，降低市场力的形成，减弱发电商投机的条件，但是系统中仍存在投机空间，由于申报电量投机策略的存在，系统内的平均价格仍然较高，可见采取单一的调控策略并不能形成完全有效的调控。

从图 9.14 的栅格图可以看出，系统内的集中度明显降低，从图 9.15 的时序曲线图可以看出，由于申报下限的存在，投机发电商通过较少系统供给，造成供电紧张的局面得到抑制，电力供应充足，同时，由于申报上限的存在，系统内的成交价格降低，但又能保障发电商应得的利益。减少发电商投机的机会，系统内的利益分配趋向于合理化。可见，采取组合调控策略可以对系统状态进行有效调控。

通过以上仿真分析，在现实的电力系统中，可以通过实时监测电力市场中的电价波动情况，对大用户的用电满意度状况进行调查，以及测量市场的集中度、勒纳指数、供给状况等，观测市场的运行状况，可采取设定申报价格上限、申报容量上限、申报价格下限、申报容量下限的方法，对电力市场中的异常状态进行调控，起到给予市场监管者在管理电力市场时一定的辅助作用。

9.4　系统仿真结果的管理启示

通过对仿真结果进行分析，以下将从系统分析和实际应用两方面分析仿真结果在管理中的启示。

第一，从系统分析的角度来看，系统中变量的调整影响系统整体运行状态的改变，具体分析如下。

(1)通过对以上仿真结果分析可以看山，当系统中发电商的数量降低时，系统内由于发电商间牵制作用降低，形成较强的市场力，为发电商投机策略的实施提供条件，是电力系统内利益分配不均的根源。

(2)从仿真结果可以看出，监控单一变量很难对市场内的不合理状态进行全面把控，为实现系统整体运行的合理有序，应在监测多种变量的条件下，采取多种变量的组合调控，才能实现电力系统的合理运行。

第二，从实际应用角度来看，在具体的政策调整中，仿真结果对政府的宏观调控具有以下价值和意义。

(1)从仿真结果看，市场内发电商数量较少的情况下，容易使发电商利用市场力采取投机行为。在现实的电力市场中，应提前对市场力的影响做好防范工作，降低发电侧进入壁垒，增强发电侧的竞争活力，降低市场力的产生。

(2)在存在市场力的电力市场中，可以通过设置申报电价上限和申报电量下限的方式进行控制，本章的研究可为具体的设置标准提供一定的借鉴。

（3）在对现实的市场状态进行监管的过程中，应合理地引导大用户对发电商的选择行为，必要时可以给予大用户一定的补贴，激励其对市场份额较低的发电商的选择，此部分工作还只限于定性分析，在系统分析上还需要进一步验证。

（4）对于现实市场中发电商采取投机策略获取超额利润的行为，政府应该做好监督管理工作，在综合考虑市场中的申报供需比、容量供需比和成交供需比的条件下，观测市场的运行状态。

（5）由于电力市场是一个动态变化的市场，部分调控策略只在特定的范围内有效，应时刻监督电力市场的运行状态，对其进行实时监管。在现实电力市场中，政府采用拆分产权等方式降低市场力的方法，具有较长的时间周期，并且由于历史原因存在较高的串谋可能性。在对市场力进行监管时，应多从短期调控的角度，实时对市场内的不良状态进行调整，避免调控的滞后性。

本章的主要工作是研究 LDP 模式下考虑投机策略的电力系统市场力调控仿真。借助 Swarm 平台，在有市场退出机制和无市场退出机制的条件下，仿真观测两种投机策略下系统的运行状态，以及对电力系统内利益分配关系的影响。得出如下结论：当发电商数量减少，牵制作用减弱时，发电商极易利用市场力获取超额利润；在系统观测结果分析的基础上，通过调整不同的策略组合，在多次仿真实验后，得出通过发电商申报价格上下限和申报容量上下限的组合调控，可以合理地引导利益分配关系，实现系统的有效运行；从系统的角度和实际应用的角度给出仿真结果的管理启示，对电力市场的监管者起到一定的管理借鉴作用。从系统的角度研究电力系统内市场力影响利益分配以及如何进行仿真调控的问题。构造网络环境下的电力系统市场力模型，结合 Swarm 仿真系统平台构建电力系统市场力 Swarm 模型并进行仿真实验，在仿真结果的基础上研究如何调控系统变量降低电力系统中的市场力。此外，在市场力较强的系统环境中研究发电商的投机策略对发电商和大用户之间利益分配的影响，以及如何采用仿真的方法进行调控的问题。

第 10 章　市场利益分配的仿真实验设计

10.1　电力系统的市场利益分配概念模型

系统是由若干相互联系、相互作用、相互依赖的要素组合而成，具有一定的结构和功能，并处在一定环境下的有机整体。在构建系统时，以变量的形式表达系统中的要素，以及要素间的相互关系。一个完整的系统包括系统的输入变量、输出变量、中间变量以及系统调节变量。在构建 LDP 模式下的电力系统时，根据复杂适应系统的构建规则，以发电商和大用户的属性信息为输入变量，以系统整体运行状态为输出变量，通过调节变量调节以网络属性为代表的中间变量，实现系统的有效运行。图 10.1 为 LDP 模式下的电力市场交易概念模型。

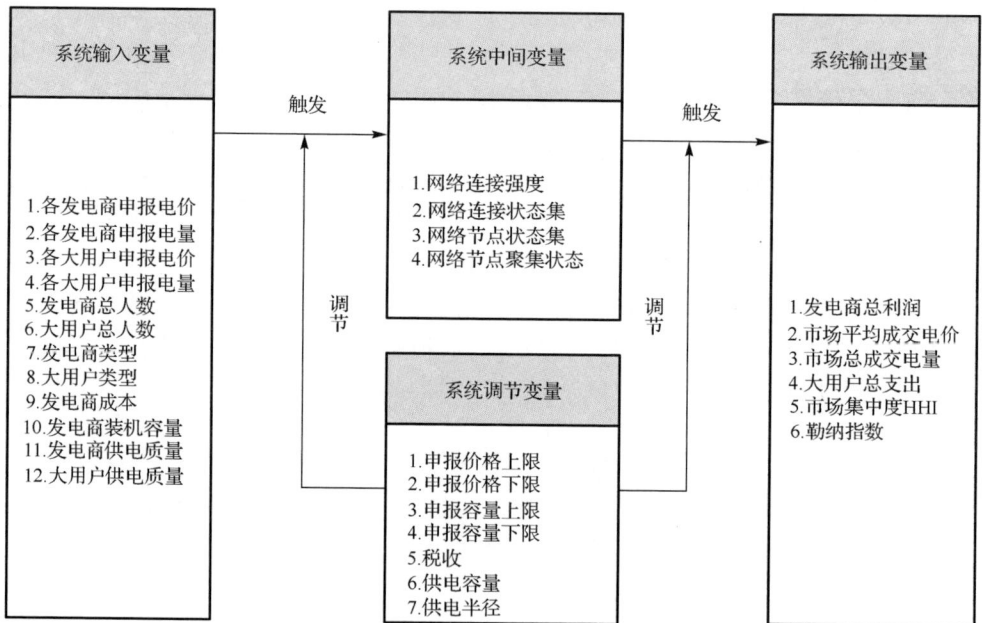

图 10.1　LDP 模式下的电力市场交易概念模型

在这个网络模型中，主要包括两部分：节点状态和连接状态。节点包括发电商节点和电力大用户节点，每个节点具有各自的状态。发电商节点的状态集为 $< M_i, Q_i^T, G_t^{type}, P_{supply}, Q_{supply} >$，其中，$M_i$ 为发电商的资产，Q_i^T 为该发电商提供的电量，G_t^{type} 表示发电商类型，P_{supply} 表示发电商的申报电价，Q_{supply} 表示发电商的申报电量。电力大用户的节点状态集为 $<P_{supply}^C, Q_{supply}^C>$，其中，$P_{supply}^C$ 为电力大用户的申报电价，Q_{supply}^C 为大用户的申报电量。从一个参与者到另一个参与者之间存在着一个连接，每个连接都具有连接状态集 S 中的一个状态，该连接状态集由 $<P_{ID}, C_{ID},$ $Q^*, P^*, \gamma>$ 组成，其中，P_{ID} 表示连接的发电商 ID；C_{ID} 表示连接的大用户 ID；Q^* 表示两个连接点间的成交容量；P^* 表示两个连接点间的成交电价；γ 表示发电商与电力用户之间的连接强度，$\gamma \in [0,1]$，该连接强度表示虚拟交易平台在为电力用户和发电商建立连接时的优先选择偏好。一般情况下，电力大用户与所有的发电商存在连接的可能，并且更愿意与周围的发电商进行连接，即与邻近的发电商的连接强度较大，与较远的发电商的连接强度较小，所以假设初始的连接强度服从幂律分布。假设发电商与用户间的距离为 X，则其初始连接强度为 $\gamma = aX^{-b}$，$a > 0$，$\gamma \in [0,1]$，服从 $(0,\infty)$ 的幂律分布。在交易过程中，采用 logistic 函数和 logit 函数来保证连接强度总是限制在 0~1[70]。如果发电商与电力用户建立交易连接，则两者间的连接强度将按如下公式增加

$$\gamma_{new} = logistic[logit(\gamma_{current})+1]$$

即

$$\gamma_{new} = \frac{1}{1+e^{-\left(\log\left(\frac{\gamma_{current}}{1-\gamma_{current}}\right)+1\right)}} \tag{10.1}$$

如果发电商与电力用户未建立交易连接，则两者间的连接强度将按如下公式减少

$$\gamma_{new} = logistic[logit(\gamma_{current})-1]$$

即

$$\gamma_{new} = \frac{1}{1+e^{-\left(\log\left(\frac{\gamma_{current}}{1-\gamma_{current}}\right)-1\right)}} \tag{10.2}$$

式中，$\gamma_{current}$ 是当下的连接强度；γ_{new} 是更新后的连接强度。如果连接强度低于一定的数值 γ^0，则该连接被视为无意义的连接，将被移除。

发电商属性可由一个 N 维的数据串组成，即 $\sigma = [\sigma_1, \sigma_2, \cdots, \sigma_N]$，其中 σ_i 是一个用来表示发电商属性的二进制分类变量或是连续变量。如果发电商的几个关键位置上 σ_i 的值保持一致，那么这些发电商属于同一个类型，可以用发电商类型数量分布来测量发电商的异质性，K 表示类型的数量，X_k 是 k 类型的比例，$k = 1, 2, \cdots, K$，网络熵为

$$\eta = -\frac{1}{\ln K}\sum_{k=1}^{K} X_k \ln X_k, \quad \eta \in [0,1] \tag{10.3}$$

当 $\eta=0$ 时，表明网络中的发电商只有一种类型，当 $\eta=1$ 时，表明所有 K 个类型均匀分布，即 $X_k=\dfrac{1}{K}$，发电商的异质性是影响发电商之间市场利益分配的重要因素[71]。

10.2　市场利益分配的仿真系统构建

10.2.1　仿真系统构建的层次关系

仿真运行时 Swarm 源文件的层次关系如图 10.2 所示。在 PowerModelSwarm 模型中主要包括两个主体类：①Generator 类，定义发电商属性信息和策略选择；②LDPuser 类，定义直购电大用户的属性信息和策略选择。

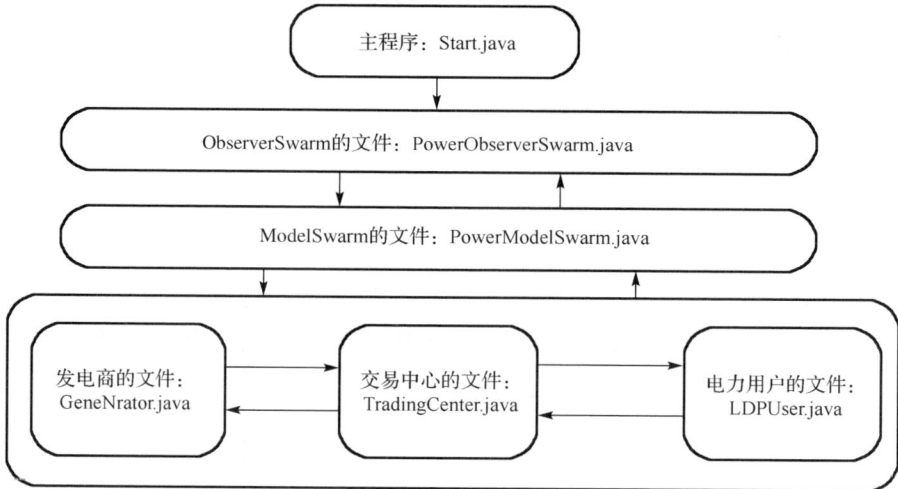

图 10.2　Swarm 源文件的层次关系

TradingCenter 为连接类，实现发电商与大用户的匹配连接。

10.2.2　仿真系统构建的 ModelSwarm 类库

PowerModelSwarm.java 文件负责仿真主体 Agent 的生成、规定市场主体的行为事件顺序和定义仿真运行的时间表。通常情况下，Swarm 应用包括两个 Swarm 对象，ModelSwarm 处于 Swarm 的核心地位，其中封装了被模拟的模型的 Swarm 对象。ModelSwarm 中的每一个对象对应模型世界中的每一个主体。在电力系统的 PowerModelSwarm 中，通过对现实的模拟，封装了发电商类和大用户类。当定义全部发电商和大用户的属性信息和行为规则，并为其建立匹配关系之，建模的最后一步就是把这些主体放到 ModelSwarm 对象中。

ModelSwarm 中除了对象的集合，还包括模型中行为的时间表。用户需要为这些主体编写一个时间表，通过产生一系列具有特定顺序的行为来体现模型中的时间。时间表可以通过产生 activity 库中的 schecule 类的实例对象来建立，在其中填入排好序的对象/消息对，建好时间表，Swarm 模型就可以运行了。ModelSwarm 还包括一系列输入和输出，输入的是模型参数，输出的是要观测的变量的值及模型的运行结果。其主要属性如表 10.1 所示。

表 10.1　模型 Swarm 的属性表

属性信息	类型	描述
worldXSize	int	市场空间宽度
worldYSize	int	市场空间长度
LDPuserTotalPeople	int	系统中大用户主体的数量
generatorTotalPeople	int	系统中发电商主体的数量
endTime	int	系统运行总时间
marketInformations	List\<MarketInformation>	各期的市场信息列表
LDPuserList	List\<LDPuser>	大用户列表
generatorsList	List\<List\<generator>>	各期的发电商列表集
Grid2dImpl	SystemSpace	系统的二维对象空间

PowerModelSwarm.java 文件主体方法为 buildObjects()、buildActions() 和 activateIn(Swarm SwarmContext) 三个主要文件，其中，buildObjects() 方法的主要作用是生成 Agent，并对其进行初始化；buildActions() 规定 Agent 行为的执行顺序，并定义时间表；activateIn(Swarm SwarmContext) 的主要作用是激活时间表。buildActions() 是该文件的核心方法，是模型建立和运行的关键方法，通过探测器引导各方法的执行顺序，其具体的属性方法如表 10.2 所示。

表 10.2　Swarm 模型的属性方法表

属性方法	类型	描述
buildObjects()	object	生成 Agent，并对其进行初始化
buildActions()	object	规定 Agent 行为，安排它们的执行顺序，并定义时间表
activateIn(Swarm SwarmContext)	activity	激活时间表
checkTime()	void	检测系统时间，并根据运行时间决定是否终止仿真的运行
addgenerators()	void	添加新一期的发电商
getgenerators()	List\<generator>	获取最后一期的发电商
getgenerators(int num)	List\<generator>	获取任一期的发电商
getMarketInformation()	MarketInformation	获取最后一期的市场信息
getMarketInformation(int num)	MarketInformation	获取任一期的市场信息

属性方法	类型	描述
initLDPusers()	void	新一期的大用户
trading()	void	交易
getMarketInformations()	List\<MarketInformation\>	获取市场信息
setMarketInformations()	void	设置市场信息
getTotalQuantity()	int	获取总电量
getAverageBidPrice()	double	获取平均成交电价
getLDPuserList()	List\<LDPuser\>	获取大用户列表
getSystemSpace()	Grid2dImpl	获取市场空间

10.3　仿真系统构建的 Swarm 模型系统环境设计

10.3.1　系统环境假设

（1）假设电力系统在一个封闭的区域内，整个区域可用一个方格图（$X \times Y$）来表示，在该系统中存在 m 个发电商和 n 个电力用户，一个虚拟交易平台和一个系统调节者。在不完全信息条件下，发电商只了解自身的属性信息而无法获取竞争对手的全部信息。各发电商和电力用户之间具有相互依赖关系，任何一个发电商的行为策略都将影响整个市场的成交电价和成交电量，最终影响整个电力市场的利益分配格局。

（2）电力市场中的发电商和大用户都是理性的经济人，以追求自身利益的最大化为其目标，并且各自目标之间存在着一定的矛盾。发电商的目标是追求经营利润的最大化；电力用户的目标是追求质优价廉的供电服务；监管者的目标是监管市场利益的公平，防止出现利益分配的过度分化，同时实现电力市场的价格稳定。

（3）由于企业间的差异，众多发电商和电力大用户的初始状态和市场地位是各不相同的。对于发电商来说，其初始资产、装机容量、发电边际成本、固定成本、对待风险的态度等各不相同。每个发电商根据自身的企业实力，都具有以自身位置为圆心的圆形的势力覆盖范围。随着仿真的进行，发电商的势力范围随着企业策略的变化而变化。对于电力大用户来说，其需求量、所承受价格的能力有限。初始化系统市场信息包括市场中的缺货量、市场需求等，每个周期市场中的信息会根据交易结果进行更新。

（4）采取单段报价（single-block bidding）形式，即在每个交易时段内只能申报一个容量（或电量）段值及其价格。因而报价曲线为一条不分段的连续平行线。实施一机一价，按报价支付的竞价机制进行结算，即按照发电商报价进行结算。

（5）由于在同一个区域内传输电价相同，不考虑传输电价对电力市场中利益分配的影响。由于受到现实条件的限制，电力系统中的发电商和电力大用户的地理位置很难变化，假设大用户的地理位置固定不变。虽然由于产业的聚集性，从局部看电力大用户聚集相对集中，但是从整个区域角度看，可以假设电力大用户在该区域服从随机均匀分布。同时，发电商在区域内具有同等连接大用户的能力，也在该区域内服从随机分布。

(6) 由于大用户间的供电电压相似，且负荷服从均匀分布，供电半径即为其物理半径。由于电力为刚性需求，短时间内用电量变动不大，所以假设进入 LDP 市场的大用户的申报电量固定不变。

(7) 假设系统的运行时间为一个标准时间步长。

10.3.2　发电商类的属性信息与行为规则设计

在仿真开始时，各个发电商的初始资源禀赋存在差异，发电商的初始属性变量各不相同。发电商的属性信息如表 10.3 所示，发电商常用方法如表 10.4 所示。

表 10.3　发电商的属性信息表

属性信息	类型	描述
xPos2	int	发电商的横坐标
yPos2	int	发电商的纵坐标
generatorColor	byte	设置发电商在系统中的颜色
generatorNumber	int	发电商的编号
Cost	double	发电商成本
topPrice	double	发电商的供电价格上限
bottomPrice	double	发电商的供电价格下限
typeIs	byte	发电商种类
Left	int	发电商剩余电量
Radius	int	发电商供电半径
priceStrategy	int	本期价格申报策略，0 代表价格不变，1 代表上升，2 代表下降
generatorPrice	double	发电商的申报电价
generatorQuantity	int	发电商的申报电量
totalProfit	double	发电商总利润
totalAsset	double	发电商总资产
PriceDValue	double	两期利润差值
IncreasePrice	double	价格增量
Profit	double	本期利润
profitChange	int	两期利润比较结果
generatorQuality	int	发电商质量水平
Shares	double	发电商市场份额
generatorCapacity	int	发电商产能

表 10.4　　发电商的方法表

方法	返回值类型	描述
generatorPricePolice ()	void	发电商的调价策略
setgeneratorColor	object	设置发电商颜色
sortById (List<generator>generators)	void	按 ID 对发电商进行排序
sortByTie (List<generator>generators,final Map<Integer, Double> tie)	void	按连接强度对发电商进行排序
setLeft (int left)	void	设置发电商剩余
getLeft ()	int	获取发电商剩余
LastProfitCompareLastlastProfit (double lastProfit,double lastlastProfit)	void	比较两期利润
generatorPricePolice ( )	void	发电商价格策略
increasePrice ()	void	升价策略
decreasePrice ()	void	降价策略
IncreaseCapacity	int	扩大产能策略
increaseQuality	int	增加质量水平
drawSelfOn	object	将发电商在栅格图上显示

10.3.3　大用户类的属性信息与行为规则设计

在传统的购电活动中，电力消费者往往充当价格接受者的角色，没有购电的价格决定权，而在 LDP 中，大用户参与到撮合交易的活动中，提供自身的可接受电价，并根据自身的需要以及以往的交易经验对发电商进行选择，具有更大的选择权。电力大用户具有 8 个属性，具体如表 10.5 所示。

表 10.5　　电力大用户的属性信息表

属性信息	类型	描述
xPos1	int	消费者的横坐标
yPos1	int	消费者的纵坐标
consumerNumber	int	记录电力大用户的编号
userColor	byte	记录电力大用户在系统中的颜色
declaredPrice	double	电力用户的申报价格
declaredQuantity	int	电力用户的申报电量
Left	int	大用户未购买到的电量
LDPuserQuality	int	大用户要求的质量

由于电力大用户的主要目的在于以低廉的价格获得优质的电力供给，以满足自身的需要，其行为一般不具有投机性，所以大用户的申报电量保持不变。由于电力产品不易储存，电量短期内少有波动，所以大用户的申报电量各期相同，电力大用户的属性方法如表 10.6 所示。

表 10.6　电力大用户的属性方法表

方法	返回值类型	描述
setconsumerColor（byte i）	byte	设置参与者主体在市场中的颜色
drawSelfOn（Raster r）	object	将参与者主体放到栅格图市场中
user_increasePrice()	void	大用户升高电价
user_decreasePrice()	void	大用户降低电价
getLeft()	void	获取剩余电量
setLeft（int left）	void	设置剩余电量
removeGenerator	void	移除不满意发电商

10.4　虚拟交易平台的规则设计

虚拟交易平台的作用在于按照发电商属性信息和大用户的需求和策略实现匹配，进而生成网络关系。其主要功能包括：建立匹配条件，设计交易规则，生成匹配结果，并进行系统分析。虚拟交易平台的仿真实现主要通过建立以下四个类来实现，分别为 MarkerInformation.java、Order.java、DataAnalysis.java 以及 TradingCenter.java，其相互间的交互关系用 UML 图表示如图 10.3 所示。

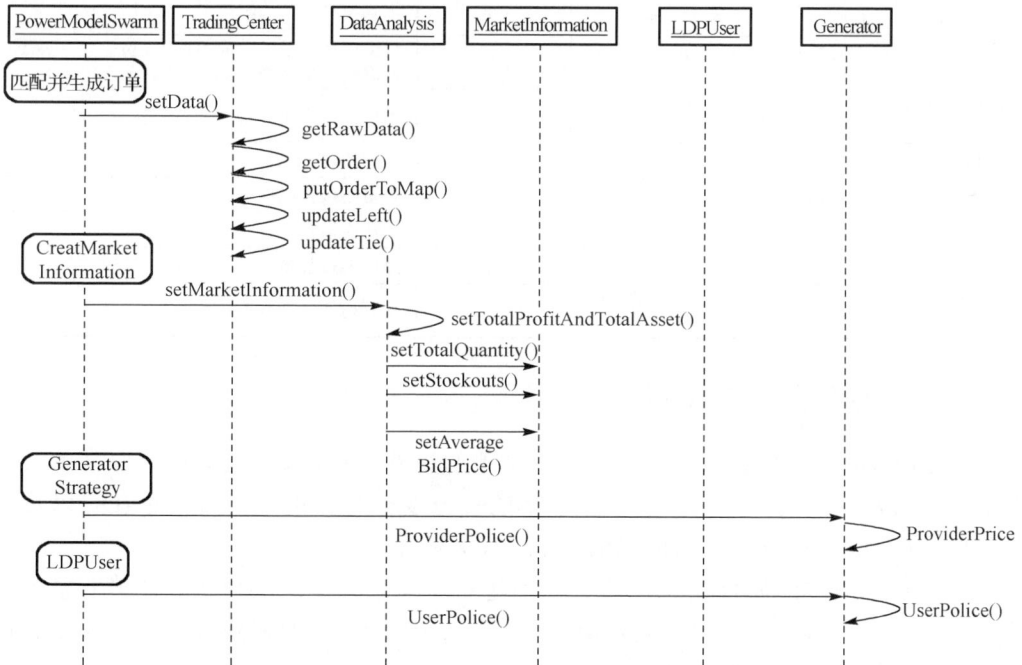

图 10.3　虚拟交易平台的 UML 图

从图 10.3 可以看出，和网络生成与演化关系最为密切的两个类为交易中心类和订单类，以下将详细介绍这两个文件的设计规则。

10.4.1　交易中心类的属性信息与规则设计

TradingCenter.java 文件为虚拟交易平台的核心文件，是系统中网络生成的关键，主要包括三部分：设计发电商和大用户的匹配条件、设计发电商和大用户的匹配规则，以及对匹配结果的汇总分析。其具体表述如下：TradingCenter 文件通过调取发电商列表信息和大用户列表信息，按照交易中心的匹配规则，以及大用户选择偏好的提取，实现连接匹配，生成订单，并将各个发电商的订单按照发电商 ID 进行统一汇总。同时，通过成交的订单信息和未成交的信息更新连接强度，增强交易者间的连接强度，降低未交易者间的连接强度，以此来影响发电商与大用户之间的交易关系，使交易网络在生成与演化中不断变动，实现电力系统内市场力的动态变化。生成市场订单集合的相关方法如表 10.7 所示。

表 10.7　生成市场订单集合的相关方法表

匹配方法	类型	描述
getRawData (List<User>UserList, List<generator>generatorList)	Map<Integer, List<Order>>	获取市场中的订单集合
getOrder (int count,User consumer, generatorgenerator)	Order	生成相互匹配的发电商与大用户的订单
putOrderToMap (Map<Integer,List<Order>>map, List<Order> oList)	void	将生成订单以发电商 ID 为索引，建立各个发电商订单集合 List，生成订单视图集 Map
updateLeft (List<Order>oList,List<generator> pList)	void	更新发电商剩余量
isAvailable (Useruser,generatorgenerator)	boolean	匹配条件
updateTie (User user, List<Order> oList)	void	更新连接强度
addTieStrength (double tieStrength)	void	增加连接强度
subTieStrength (double tieStrength)	void	降低连接强度
getTieStrength (User user, generatorgenerator, double a, double b)	void	获取初始连接强度

10.4.2　订单类属性与规则设计

Order.java 文件的主要作用在于设置订单的属性变量，以及设置和获取订单的属性信息的方法。该文件详细列出了该订单的卖方发电商和买方大用户的 ID，以及订单的成交电量和成交电价，订单属性如表 10.8 所示。

除了建立基本的属性信息，该文件还建立了其他文件设置和获取订单信息的相关方法。具体包括：设置和获取发电商和大用户的 ID，设置和获取订单的成交电量和成交电价等，其方法如表 10.9 所示。

表 10.8　订单属性表

属性信息	类型	描述
cId	int	订单中的大用户的 ID
pId	int	订单中的发电商的 ID
quantity	int	订单中的成交电量
price	double	订单中的成交电价

表 10.9　设置并获取订单内容的方法表

方法	返回值类型	描述
getcId()	int	获取订单中大用户的 ID
setcId(int cId)	void	设置订单中大用户的 ID
getpId()	int	获取订单中发电商的 ID
setpId(int pId)	void	设置订单中发电商的 ID
getQuantity()	int	获取订单中的成交电量
setQuantity(intquantity)	void	设置订单中的成交电量
getPrice()	double	获取订单中的成交电价
setPrice(double price)	void	设置订单中的成交电价

第 11 章　市场利益分配仿真实验的程序代码

将仿真程序代码进行分类。按照仿真实验的系统执行过程分为仿真实验程序执行代码、虚拟交易生成类、市场环境类、虚拟交易相关函数、仿真实验的虚拟交易相关函数、仿真实验的交易程序代码、虚拟交易的主体类等内容。依据 Swarm 平台基本架构分为构成仿真程序执行代码、仿真实验的虚拟交易生成类、仿真市场环境的系统信息、仿真实验的虚拟交易主体类等部分。

11.1　仿真实验程序执行代码

11.1.1　执行开始程序代码 StartPower.java

采用 StartPower.java 执行仿真实验开始程序。

```
import swarm.Globals;
public class StartPower{
//main() 函数是 top-level 所在，在这里所有的程序被启动
//对于一个典型的仿真程序，在 main() 函数中创建了一个 toplevel Swarm,
//让它建立和激活，并且付诸运行
    public static void main(String[] args){
    //Swarm 初始化：所有的 Swarm 应用程序必须首先访问这个函数
    //引号内的内容可以随意更改
    Globals.env.initSwarm("powerbehaviour", "2.1", "bug-swarm@
                        swarm.org", args);
//在这里没有引用 ModelSwarm，因为本模型实际上是在 ObserverSwarm 内创建的
//模型中调用 buildAction 的方法，是在观测器中实现的我们已经得到 graphics,
//所以利用一个完整的 ObserverSwarm 来获得众多 GUI 对象
    PowerObserverSwarm topLevelSwarm =new PowerObserverSwarm
            (Globals.env.globalZone);
    Globals.env.setWindowGeometryRecordName(topLevelSwarm,
            "topLevelSwarm");
    //在这里调用 buildActions 方法的目的是创建 Schedule 和 ActionGroup
    //实例，它们定义观测器的事件次序并向模型发送 buildActions 调用指令,
    //并触发模型中同类对象的创建，然后 activateIn 方法合并调度表，形成行动
    //机制，这已经在后台安排就绪
```

```
        topLevelSwarm.buildObjects();
        topLevelSwarm.buildActions();
        topLevelSwarm.activateIn(null);
        topLevelSwarm.go();
        topLevelSwarm.drop();
    }
}
```

11.1.2　虚拟交易订单类

采用 Java 程序编写虚拟交易连接类，利用 Order.java 编写相应内容。在虚拟交易生成类的基础上，将虚拟交易以订单形式封装为系统信息，以 Public 类和 Private 类表达。

```
public class Order{
    private int id;
    private int cId;
    private int pId;
    private int quantity;
    private double price;
    private long time;
    private int x;
    private int y;
    private int pQuality;
    private int cQuality;

    public int getId(){
    return id;
    }
    public void setId(int id){
    this.id = id;
    }

    public int getcId(){
        return cId;
    }
    public void setcId(int cId){
        this.cId = cId;
    }
    public int getpId(){
```

```
        return pId;
    }
    public void setpId(int pId){
        this.pId = pId;
    }
    public int getpQuality(){
        return pQuality;
    }
    public void setpQuality(int pQuality){
        this.pQuality = pQuality;
    }

    public int getcQuality(){
        return cQuality;
    }
    public void setcQuality(int cQuality){
        this.cQuality = cQuality;
    }

    public int getQuantity(){
        return quantity;
    }
    public void setQuantity(int quantity){
        this.quantity = quantity;
    }
    public double getPrice(){
        return price;
    }
    public void setPrice(double price){
        this.price = price;
    }
    public long getTime(){
        return time;
    }
    public void setTime(long time){
        this.time = time;
    }
    public int getX(){
        return x;
```

```
    }
    public void setX(int x){
        this.x = x;
    }
    public int getY(){
        return y;
    }
    public void setY(int y){
        this.y = y;
    }
    @Override
    public String toString(){
        return "Order [ cId=" + cId + ", pId=" + pId + ", quantity="
                + quantity + ", price=" + price+ ",
                + time=" + time + ", x=" + x + ", y=" + y + "]";
    }


}
```

11.1.3　执行仿真实验的系统输出命令

利用 Swarm 工具类 Java 语言 SwarmUtils.java 完成市场系统实验的仿真结果输出。

```
import swarm.Selector;
public class SwarmUtils
{
    //采用两种静态方法生成选择器，选择器是采用 Swarm 方法实现的选择器类对象
    //"信息"是设定的对象，由对象所在的类决定方法名称，并由选择器封装
    //方法必须由对象所在的类定义，同时只能在运行时间内决定
    //如果类和方法不匹配，则有可能生成的选择器会产生例外结果
    //如果有错误产生，Java 需要能够将例外情况封存在实验块/抓取块中
    //新的选择器在实验块中，抓取块能够处理例外情况
    //我们选取一种相对粗糙的方法处理例外情况：我们仅处理 System.exit(1)
    //这种情况(请注意：当 return sel 仅在例外情况出现或 sel 未被定义的
    //情况下，才会由抓取块告知编译器 return null 将结束)
    //在上述情况下，我们将在 return sel 采用新方法之前，退出系统。请注意：
    //获得选择器的方法是超载的，它被称为以第一个参数命名类名的一个线程
    //或者是期望类的一个对象
    //在第一种情况下，线程转化为采用 forName() method 一个类
```

```
//在第二种情况下，采用 getClass()方法来获得类来定义对象
//第二个参数在采用 getSelector 方法时，经常会在线程中包含方法名称
//(采用布尔方法定义 FALSE 函数时，在选择器构建器末端会定义 theobjCFlag,
//它能够使得程序中采用 ObjectiveC-type 类型语言
//成为可能。由于总是使用 Java 类型方法命名，flag 总是出错)

public static Selector getSelector(String name, String method)
{
Selector sel;

try
    {
        sel = new Selector(Class.forName(name), method, false);
    }catch(Exception e)
    {
        System.err.println("There was an error in creating a
        Selector for method " + method + "\nin Class " + name + ".");
        System.err.println (name + "." + method + " returns
                " + e.getMessage());
        System.err.println("The process will be terminated.");
        System.exit(1);
        return null;
    }


return sel;
}

public static Selector getSelector(Object obj, String method)
{
Selector sel;

try
    {
    sel = new Selector(obj.getClass(), method, false);
    }catch(Exception e)
    {
    System.err.println("There was an error in creating a
        Selector for method " + method + "\nin Class " +
        (obj.getClass()).getName() + ".");
```

```
        System.err.println ((obj.getClass()).getName() + "."
        + method + " returns " + e.getMessage());
        System.err.println("The process will be terminated.");
        System.exit(1);
        return null;
        }

    return sel;
    }
}
```

11.2　仿真实验的虚拟交易生成类库

在构建好交易主体类的基础上，根据条件采用 Java 程序编写虚拟交易连接类，将虚拟交易以订单形式封装为公共 Public 类的系统信息。形成 TradeGenerate.java。

```
import java.util.ArrayList;
import java.util.Collections;
import java.util.HashMap;
import java.util.List;
import java.util.Map;
import java.util.Random;

public class TradeGenerate{
    //public static int Stockouts = 5;      //缺货量
    public static Map<Integer, List<TradeGenerate.Order>> data;
    public static int chance =0;
    public static int chancePool = 1000;
    //TODO 设置 map
    public static void setData(List UserList, List ProviderList){
        try{
            data = getRawData(UserList, ProviderList);
        }catch(Exception e){
            e.printStackTrace();
        }
        //System.out.println(data);
    }
    //TODO 生成 map
    public static Map<Integer, List<TradeGenerate.Order>>
```

```
getRawData(List<User> UserList, List<Provider>
ProviderList)
    throws Exception{
Collections.sort(UserList);
Collections.sort( ProviderList);
                            //选择按价格进行排序的发电商列表
Map<Integer, List<TradeGenerate.Order>> map = new HashMap<>();
                            //无序映射
for(User user : UserList)    //循环消费者列表
{
    List<Order> oList = new ArrayList<>(); //购买记录列表
    int randomInt = new Random().nextInt(chancePool);
    Provider.sortByTie(ProviderList, user.tieStrength,
            randomInt<chance?true:false);
    for(Provider provider : ProviderList){
        if(isAvailable(user, provider) && user.declared_
            Price >= provider.provider_price){
            //供应商有剩余电量
            if(provider.getLeft() > 0){
                Order order = getOrder(user.getLeft(),
                    user, provider);//获取一条订单记录
                //添加到购买记录集合
                oList.add(order);
                //减去已买电量
                user.setLeft(user.getLeft()-order.
                                getQuantity());
                //如果已购买足量,则跳出循环
                if(user.getLeft() == 0){
                    break;
                }
            }
        }
    }//遍历发电商结束

    //循环完成, 若购电量不足, 清空本次购买记录
    if(user.getLeft() > 0){
        //System.out.print("当前价格没有足够的电!");
                    //出现一个消费者没有购买到足够的电量
    }else{
```

```
            putOrderToMap(map, oList);
            updateLeft(oList, ProviderList);
            updateTie(user, oList);
            //user.user_averagePrice = caculateAverageUserPrice
                (user, oList);


        }
    }//遍历消费者结束
    Provider.sortById(ProviderList);
    return map;
}


public static boolean isAvailable(User user, Provider provider){
    return getR(user, provider) <= provider.radius;
}


public static double getR(User user, Provider provider){
    double x = user.xPos1 - provider.xPos2;
    double y = user.yPos1 - provider.yPos2;
    return Math.sqrt(x * x + y * y);
}
//用户与发电商间服从幂律分布时
public static double getTieStrength(User user, Provider
        provider, double a, double b){
    return a / Math.pow(getR(user, provider), b);
}


//用户与发电商间服从均匀分布时
    public static double getTieStrength2(User user, Provider provider){
        return 0.1;
    }


public static double addTieStrength(double tieStrength){
    return 1/(1+Math.pow(Math.E, -Math.log10(tieStrength/
    (1-tieStrength))-1));
}
public static double subTieStrength(double tieStrength){
    return 1/(1+Math.pow(Math.E, -Math.log10(tieStrength/
    (1-tieStrength))+1));
```

```java
        }

        //TODO 生成订单
        private static Order getOrder(int count, User consumer,
            Provider provider){
            //组装购买记录对象
            TradeGenerate.Order order = new TradeGenerate().new Order();
            //供应商电量大于购买量，生成全量记录;小于,则生成不足量记录
            order.setcId(consumer.consumer_number);
            order.setpId(provider.provider_number);
            order.setPrice(provider.provider_price);
            order.setQuantity(provider.getLeft() > count ? count :
                    provider.getLeft());
            order.setTime(System.currentTimeMillis());
            order.setX(consumer.xPos1);
            order.setY(consumer.yPos1);
            //order.setpQuality(provider.provider_quality);
            //order.setcQuality(consumer.user_quality);
            return order;
        }


    /**
    private static double caculateAverageUserPrice(User user,
            List<Order> oList){
        double cost = 0;
        for(Order order : oList){
            cost+=order.getQuantity()*order.getPrice();
        }
        return cost/user.declared_quantity;

    }
     * @param <Integer>*/
        //TODO 将订单按 ID 存入各个 List 中
        private static  void putOrderToMap(Map<Integer,
            List<TradeGenerate.Order>> map, List<TradeGenerate.Order>
            oList){
            for (TradeGenerate.Order order : oList){
                List<TradeGenerate.Order> orders = map.get
```

```
                    (order.getpId());
            if(orders == null){
                orders = new ArrayList<>();
                map.put(order.getpId(), orders);
            }
            orders.add(order);
        }
    }
//TODO 更新连接强度
    private static void updateTie(User user, List<TradeGenerate.Order>
            oList){
        Map<Integer, Double> newTie = new HashMap<>();
        Map<Integer, Double> oldTie = user.tieStrength;
        for (Order order : oList){
            int pId = order.getpId();
            newTie.put(pId, TradeGenerate.addTieStrength
                (oldTie.get(pId)));
            oldTie.remove(pId);
        }
        for(Integer pId : oldTie.keySet()){
            newTie.put(pId, TradeGenerate.subTieStrength
                (oldTie.get(pId)));
        }
        user.tieStrength = newTie;
    }


//TODO 更新发电商剩余量
    private static void updateLeft(List<Order> oList, List<Provider>
            pList){
        for (Order order : oList)
            for (Provider provider : pList){
                if (order.getpId() == provider.provider_number){
                    provider.setLeft(provider.getLeft() -
                            order.getQuantity());
                    break;
                }
            }
    }
```

```java
public class Order{
    private int id;
    private int cId;
    private int pId;
    private int quantity;
    private double price;
    private long time;
    private int x;
    private int y;
    private int pQuality;
    private int cQuality;

    public int getId(){
        return id;
    }
    public void setId(int id){
    this.id = id;
    }

    public int getcId(){
        return cId;
    }
    public void setcId(int cId){
        this.cId = cId;
    }
    public int getpId(){
        return pId;
    }
    public void setpId(int pId){
        this.pId = pId;
    }
    public int getpQuality(){
        return pQuality;
    }
    public void setpQuality(int pQuality){
        this.pQuality = pQuality;
    }

    public int getcQuality(){
```

```java
        return cQuality;
    }
    public void setcQuality(int cQuality){
        this.cQuality = cQuality;
    }

    public int getQuantity(){
        return quantity;
    }
    public void setQuantity(int quantity){
        this.quantity = quantity;
    }
    public double getPrice(){
        return price;
    }
    public void setPrice(double price){
        this.price = price;
    }
    public long getTime(){
        return time;
    }
    public void setTime(long time){
        this.time = time;
    }
    public int getX(){
        return x;
    }
    public void setX(int x){
        this.x = x;
    }
    public int getY(){
        return y;
    }
    public void setY(int y){
        this.y = y;
    }

    public String toString(){
        return "Order [cId=" + cId + ", pId=" + pId + ", quantity="
```

```
                           + quantity + ", price=" +price+ ",
                        time=" + time + ", x=" + x + ", y=" + y + "]";
        }
    }
```

11.3　市场环境类库

采用 PowerModelSwarm 作为封装仿真系统环境信息的 Java 类，将电力市场参与者与电力市场交易信息都封装在这个系统环境内。

11.3.1　仿真环境的系统调用

建立基于 PowerModelSwarm 的 Java 程序语言 PowerModelSwarm.java，形成市场利益分配仿真实验的系统环境的调用信息。

```java
import java.util.ArrayList;
import java.util.List;
import swarm.Globals;
import swarm.Selector;
import swarm.activity.ActionGroup;
import swarm.activity.ActionGroupImpl;
import swarm.activity.Activity;
import swarm.activity.FActionForEach;
import swarm.activity.Schedule;
import swarm.activity.ScheduleImpl;
import swarm.defobj.Zone;
import swarm.objectbase.EmptyProbeMapImpl;
import swarm.objectbase.MessageProbe;
import swarm.objectbase.Swarm;
import swarm.objectbase.SwarmImpl;
import swarm.objectbase.VarProbe;
import swarm.space.Grid2dImpl;
import java.util.Map;
public class PowerModelSwarm extends SwarmImpl{
```

11.3.2　仿真环境的初始化系统参数

```java
//宣布一些参数
    public int worldXSize, worldYSize;
    public int endTime;
```

```
public int UserTotalPeople;      //用户总人数
public static int ProviderTotalPeople;
public boolean ifHaveAdministrator;
public ActionGroup modelActions;
public Schedule modelSchedule;
public static List<MarketInformation> marketInformations;
public static List<User> UserList;
public static List<List<Provider>> providersList;
public static int currentProviderIndex = 0;
public Grid2dImpl SystemSpace;
public boolean IfHaveVariousTotalPeople;
private int VaryPeopleCount;
private int UserVaryPeopleCount;
private boolean IfHaveVariousProviderTotalPeople;
private boolean IfHaveVariousUserTotalPeople;
```

11.3.3　仿真环境的 Public 类构造函数

```
public PowerModelSwarm(Zone aZone)      //构造函数
{
    super(aZone);
    worldXSize = 120;
    worldYSize = 120;
    endTime = 10000;
    UserTotalPeople = 1000;
    ProviderTotalPeople =10;
    IfHaveVariousTotalPeople=false;
    IfHaveVariousProviderTotalPeople=false;
    IfHaveVariousUserTotalPeople=true;
    VaryPeopleCount=5;
    UserVaryPeopleCount=1000;
    class PowerModelProbeMap extends EmptyProbeMapImpl{
        private VarProbe probeVariable(String name){
            return Globals.env.probeLibrary.getProbeFor-
            Variable$inClass(name, PowerModelSwarm.this.
            getClass());
        }

        private MessageProbe probeMessage(String name){
```

```
            return Globals.env.probeLibrary.getProbeFor-
            Message$inClass(name, PowerModelSwarm.this.
            getClass());
        }
        private void addVar(String name){
            addProbe(probeVariable(name));
        }
        private void addMessage(String name){
            addProbe(probeMessage(name));
        }
        public PowerModelProbeMap(Zone _aZone, Class<?> aClass){
            super(_aZone, aClass);
            addVar("worldXSize");
            addVar("worldYSize");
            addVar("UserTotalPeople");
            addVar("ProviderTotalPeople");
            addVar("endTime");
            addMessage("toggleRandomizedOrder");
        }
    }


    Globals.env.probeLibrary.setProbeMap$For(new Power-
        ModelProbeMap(aZone, getClass()), getClass());
    }

public Object buildObjects(){
    int i0, x1, y1, x2, y2, j0;
    super.buildObjects();
    SystemSpace = new Grid2dImpl(getZone(), worldXSize, worldYSize);
    SystemSpace.fastFillWithObject(null);
    UserList = new ArrayList<>();
    SystemSpace.setOverwriteWarnings(false);
    for(i0 = 0; i0 < UserTotalPeople; i0++)//建立用户个数
    {
        x1 = Globals.env.uniformIntRand.getIntegerWithMin$withMax
            (0, (worldXSize - 1));
        y1 = Globals.env.uniformIntRand.getIntegerWith-
            Min$withMax(0, (worldYSize - 1));
```

```
        User buyer = new User(SystemSpace, x1, y1, i0);
        SystemSpace.putObject$atX$Y(buyer, x1, y1);
        UserList.add(buyer);
    }
    providersList = new ArrayList<>();
    List<Provider> providers = new ArrayList<>();
    for(j0 = 0; j0 < ProviderTotalPeople; j0++){
        x2 = Globals.env.uniformIntRand.getIntegerWith
            Min$withMax(5, (worldXSize-5));
        y2 = Globals.env.uniformIntRand.getIntegerWith
            Min$withMax(5, (worldYSize-5));
        Provider sellor = new Provider(SystemSpace, x2, y2, j0);
        SystemSpace.putObject$atX$Y(sellor, x2, y2);
        providers.add(sellor);
        for(User user : UserList){
            user.tieStrength.put(sellor.provider_number,
                TradeGenerate.getTieStrength(user, sellor,
                2, 3));
            //user.tieStrength.put(sellor.provider_number,
                TradingCenter.getTieStrength2(user, sellor));
        }
    }
    providersList.add(providers);    //存储原始值
    this.addProviders();             //存储第一次交易的数据
    marketInformations = new ArrayList<>();
    SystemSpace.setOverwriteWarnings(false);
    return this;
}
```

11.3.4　仿真环境的虚拟交易匹配选择

```
public Object buildActions(){
    super.buildActions();
    modelActions = new ActionGroupImpl(getZone());
    Selector sel;
    sel = new SwarmUtils().getSelector(this, "trading");
        //交易完成。在 trading 中需要的变量 1
    modelActions.createActionTo$message(this, sel);
    //交易完成后，1-生成订单 Map；2-生成利润；3-生成资产；4-生成缺货信息
```

11.4　仿真环境的虚拟交易相关函数

以下定义一些相关的函数。

11.4.1　交易价格的升降选择

```
//TODO 新一期的大用户(开始改变)如果在上次交易中，没有成交电量，
//则本次申报电价上升，相反，本次申报电价下降
public void initUsers(){
for(User user : UserList){
    if(user.left == user.declared_quantity){//没买到
        int a = Globals.env.uniformIntRand.getIntegerWith-
                Min$withMax(0,10);
            if(a>5)user.user_increasePrice();
    }
    else if(user.left == 0){
        int a = Globals.env.uniformIntRand.getIntegerWith-
                Min$withMax(0,10);
            if(a>5)user.user_decreasePrice();
    }
    if(user.user_averagePrice>=user.content_price){
        user.ifSatisfaction=1;        //不满意
        int a = Globals.env.uniformIntRand.getIntegerWith-
                Min$withMax(0,10);
            if(a>5)user.user_decrease_quantity();
    }
    else{
        user.ifSatisfaction=0;        //满意
        int a = Globals.env.uniformIntRand.getIntegerWith-
                Min$withMax(0,10);
            if(a>5)user.user_increase_quantity();
    }
    user.left = user.declared_quantity;
    }
    }
```

11.4.2　退出市场的交易选择

```
public void ProviderQuantityPolice(double Share1,double Share2,
        double Share3,double Share4,double Share5){
    if(Share1==0 && Share2==0 && Share3==0 && Share4==0 &&
        Share5==0){
        this.provider_quantity=0;          //退出市场
        this.provider_price=0;
    }
```

11.4.3　供给者进入市场的交易选择

```
//TODO 添加新一期的发电商
public void addProviders(){
    int kk=0,x0=0,y0=0,gg=0,x4=0,y4=0;
    List<Provider> oldList = getProviders(); //获取最后一期的发电商列表
    List<Provider> newList = new ArrayList<>();//(Arrays.asList
            (new Provider[oldList.size()]));//??
    for(Provider p : oldList)newList.add((Provider) p.clone());

    //if(Share1==0 && Share2==0 && Share3==0 && Share4==0 && Share5==0)
    if(IfHaveVariousTotalPeople)
    {
    //每个周期市场中增加一定数量的发电商；&& oldList.size()<100
        if(IfHaveVariousProviderTotalPeople && oldList.size()<1000
                && providersList.size()%50==0){//&& oldList.size()<100
        for(kk=0; kk<VaryPeopleCount ; kk++){
    x0=Globals.env.uniformIntRand.getIntegerWithMin$withMax( 0,
            (worldXSize-1));
    y0=Globals.env.uniformIntRand.getIntegerWithMin$withMax( 0,
            (worldYSize-1));
            Provider provider1;
            provider1 = new Provider(SystemSpace,x0,y0,
                    (oldList.size()+kk));
            provider1.setProviderColor((byte)5);
            SystemSpace.putObject$atX$Y(provider1,x0,y0);
            newList.add (provider1);
            for(User user : UserList){
                user.tieStrength.put(provider1.provider_number,
```

```
                         TradeGenerate.getTieStrength(user, provider1, 2, 3));
                         //user.tieStrength.put(provider1.provider_number,
                         TradingCenter.getTieStrength2(user, provider1));
                    }
                }
            }
        int a=UserList.size();
        if(IfHaveVariousUserTotalPeople && providersList.size()%50==0){

            for (gg = 0; gg < UserVaryPeopleCount; gg++){//建立用户个数

x4 = Globals.env.uniformIntRand.getIntegerWithMin$withMax(0,
         (worldXSize - 1));
y4 = Globals.env.uniformIntRand.getIntegerWithMin$withMax(0,
         (worldYSize - 1));
                    User buyer = new User(SystemSpace, x4, y4, a+gg);
                    buyer.setUserColor((byte)1);
                    SystemSpace.putObject$atX$Y(buyer, x4, y4);
                    UserList.add(buyer);
                    for(Provider provider: newList){
                    buyer.tieStrength.put(provider.provider_number,
                     TradeGenerate.getTieStrength(buyer, provider, 2, 3));
                    //buyer.tieStrength.put(provider.provider_number,
                    TradingCenter.getTieStrength2(buyer, provider));
                    }
                }
            }
        }
```

11.4.4 交易供给者属性信息与市场信息

```
//Collections.copy(newList, oldList);  //复制最后一期发电列表
providersList.add(newList);      //添加到按期排列的发电商列表集中
}
```

（1）最后一期市场交易供给者。

```
//TODO 获取最后一期的发电商
public static List<Provider> getProviders(){
    return getProviders(1);
}
```

(2)任一期市场交易供给者。

```
//TODO 获取任一期的发电商
    public static List<Provider> getProviders(int num){
        return providersList.get(providersList.size()-num);
    }
```

(3)最后一期市场交易信息。

```
//TODO 获取最后一期的市场信息
    public static MarketInformation getMarketInformation(){
        return getMarketInformation(1);
    }
```

(4)任一期市场交易信息。

```
//TODO 获取任一期的市场信息
    public static MarketInformation getMarketInformation(int num){
        return marketInformations.get(marketInformations.size()-num);
    }
```

(5)新一期市场交易需求者。

```
//TODO 新一期的大用户
    public void initUsers(){
        for(User user : UserList){
            user.left = user.declared_quantity;
    }
    }
```

(6)市场交易达成信息。

```
//TODO 交易
    public void trading(){
        TradeGenerate.setData(UserList, getProviders());
    }
```

(7)市场总体信息。

```
//TODO 获取市场总体信息
    public List<MarketInformation> getMarketInformations(){
        return marketInformations;
    }
```

(8)系统环境的市场信息重置。

```
//TODO 设置市场信息
    public void setMarketInformations(){
        new DataAnalysis().setMarketInformation();
}
```

(9) 仿真实验结果的 HHI 指数。

```
//TODO 图像获取 HHI
    public double getHHI(){
        return getMarketInformation().getHHI();
}
```

(10) 仿真实验结果的总电量。

```
//TODO 图像获取总电量
    public int getTotalQuantity(){
        return getMarketInformation().getTotalQuantity();
}
```

(11) 仿真实验结果的总供给成交量。

```
//TODO 获取总成交电量
    public int getTotalSupplyQuantity(){
        return getMarketInformation().getTotalSupplyQuantity();
    }
```

(12) 仿真实验结果的总需求成交电量。

```
//TODO 获取总需求成交电量
    public int getTotalConsumerDemandQuantity(){
        return getMarketInformation().getTotalConsumerDemand();
    }
```

(13) 仿真实验结果的平均成交价格。

```
//TODO 获取平均成交电价
    public double getAverageBidPrice(){
        return getMarketInformation().getAverageBidPrice();
    }
```

(14) 供给方的平均申报价格。

```
//TODO 获取发电商平均申报电价
    public double getaverageproviderDeclearPrice(){
        return getMarketInformation().getAverageproviderDeclearPrice();
    }
```

(15)需求方的平均申报价格。

```
//TODO 获取大用户平均申报电价
    public double getaverageUserDeclearPrice(){
        return getMarketInformation().getAverageUserDeclearPrice();
}
```

(16)供给方的总收益。

```
//TODO 图像获取每个发电商总收益
    public double getTotalProfit(){
        Provider provider = getProviders().get(currentProviderIndex);
        currentProviderIndex++;
        if(currentProviderIndex==ProviderTotalPeople)current
                ProviderIndex=0;
        return provider.totalProfit;
}
```

(17)供给方的总资产。

```
//TODO 图像获取每个发电商总资产
    public double getTotalAsset(){
        Provider provider = getProviders().get(currentProviderIndex);
        currentProviderIndex++;
        if(currentProviderIndex==ProviderTotalPeople)current
                ProviderIndex=0;
        return provider.totalAsset;
}
```

(18)市场商品平均质量信息。

```
//TODO 图像获取市场的平均电力质量
    public double getAverageQualityLeve(){
        return getMarketInformation().getAverageQualityLeve();
                        //调取最后一期的市场信息中的平均电力质量
}
```

(19)市场供给方单期总利润。

```
//TODO 图像获取市场中所有发电商单期的总利润
    public double getPerTotalProviderProfit(){
        return getMarketInformation().getPerTotalProviderProfit();
}
```

(20)市场需求方单期总支出。

```
//TODO 图像获取市场中所有大用户的单期总支出
    public double getperTotalConsumerPay(){
        return getMarketInformation().getperTotalConsumerPay();
}
```

11.5　仿真实验的市场交易程序代码

11.5.1　市场交易仿真的系统设计

(1)获取交易供应者报价信息。

```
//TODO 图像获取每个发电商各期的报价
    public double getProviderperDeclearPrice(){
        Provider provider = getProviders().get(currentProviderIndex);
        currentProviderIndex++;
        if(currentProviderIndex==ProviderTotalPeople)current
                ProviderIndex=0;
        return provider.provider_price;
}
```

(2)获取交易供应者的政策条件。

```
//TODO 模型中让每个发电商实施 Police
    public void providerPolice(){
        for(Provider provider : getProviders()){
            provider.ProviderPolice();
        }
}
```

(3)获取交易供应者的监管环境。

```
//TODO 模型中监管
    public void regulationContral(){
        Regulator.regulationContral();
}
```

11.5.2　市场交易仿真的系统函数调用

以下为系统所调用函数。

```java
public void checkTime(){
    if (Globals.env.getCurrentTime() >= endTime)
        getActivity().terminate();
}
public List<User> getUserList(){
    return UserList;
}
public Grid2dImpl getSystemSpace(){
    return SystemSpace;
}
```

11.5.3　市场交易仿真的系统环境

```java
public class SwarmUtils
{
    //采用两种静态方法生成选择器，选择器是采用 Swarm 方法实现的选择器类对象
    //"信息"是设定的对象，由对象所在的类决定方法名称，并由选择器封装
    //方法必须由对象所在的类定义，同时只能在运行时间内决定
    //如果类和方法不匹配，则有可能生成的选择器会产生例外结果
    //如果有错误产生，Java 需要能够将例外情况封存在实验块/抓取块中
    //新的选择器在实验块中，抓取块能够处理例外结果
    //我们选取一种相对粗糙的方法处理例外情况：我们仅处理 System.exit(1)
    //这种情况（请注意：当 return sel 仅在例外情况出现或 sel 未被定义的
    //情况下，才会由抓取块告知编译器 return null 将结束）
    //在上述情况下，我们将在"return sel"采用新方法之前退出系统
    //请注意：获得选择器的方法是超载的，它被称为以第一个参数命名类名的一个
    //线程或者是期望类的一个对象
    //在第一种情况下，采用 forName()方法获得类来定义对象
    //在第二种情况下，采用 getClass()方法获得类来定义对象
    //第二个参数在采用 getSelector 方法时，经常会在线程中包含方法名称
    //（采用布尔方法定义 FALSE 函数时，在选择器构建器末端会定义 theobjCFlag，
    //它能够使得程序中采用 ObjectiveC-type 类型语言成为可能
    //由于总是使用 Java 类型方法命名，flag 总是出错）
    public  Selector getSelector(String name, String method)
    {
        Selector sel;
```

11.5.4　市场仿真的交易设计

```
try
    {
        sel = new Selector(Class.forName(name), method, false);
    }catch(Exception e)
    {
        System.err.println("There was an error in creating a
        Selector for method " + method + "\nin Class " + name + ".");
        System.err.println (name + "." + method + " returns " +
        e.getMessage());
        System.err.println("The process will be terminated.");
        System.exit(1);
        return null;
        }
    return sel;
    }
    public  Selector getSelector(Object obj, String method)
    {
        Selector sel;
        try{
            sel = new Selector(obj.getClass(), method, false);
            } catch (Exception e)
            {
            System.err.println("There was an error in creating a
            Selector for method " + method + "\nin Class " +
            (obj.getClass()).getName() + ".");
            System.err.println ((obj.getClass()).getName() + "."
            + method + " returns " + e.getMessage());
            System.err.println("The process will be terminated.");
            System.exit(1);
            return null;
            }
        return sel;
        }
    }
```

11.5.5　市场仿真的交易条件与交易订单数据调用

```
    public class DataAnalysis<Order>{
```

(1)市场信息条件。

```
//TODO 设置市场信息
    public  void setMarketInformation(){

        List<User> consumers = PowerModelSwarm.UserList;
        List<Provider> providers = PowerModelSwarm.getProviders();
        MarketInformation marketInformation = new MarketInformation();
```

(2) 平台数据条件。

```
//TODO 生成平台数据
        marketInformation.setTotalQuantity(getTotal(consumers));
        marketInformation.setStockouts(getTotalLeft(consumers));
        marketInformation.setAverageBidPrice(getAveragePrice(consumers));
        marketInformation.setAverageQualityLeve(getAverageQuality
                Leve(providers,consumers));
        marketInformation.setPerTotalProviderProfit(getPerTotal
                ProviderProfit(providers));
```

(3) 市场供给者的单期总利润条件。

```
//设置所有发电商的单期总利润
        marketInformation.setperTotalConsumerPay(getTotalVolume
                (TradeGenerate.data));
        marketInformation.setTotalConsumerDemand(getTotal
                ConsumerDemandQuantity(consumers));
        marketInformation.setTotalSupplyQuantity(getTotalSupply
                Quantity(providers));
        marketInformation.setHHI(getHHI(providers,consumers));
        marketInformation.setAverageproviderDeclearPrice
                (getAverageproviderDeclearPrice(providers));
        marketInformation.setAverageUserDeclearPrice(getAverage
                UserDeclearPrice(consumers));

        PowerModelSwarm.marketInformations.add(marketInformation);
                setTotalProfitAndTotalAsset(providers);
                setconsumerprice(consumers,TradeGenerate.data);

    }
```

(4) 市场需求者的单期价格条件。

```
//设置每个消费者的平均电价
```

```
public void setconsumerprice(List<User> consumers,Map<Integer,
            List<TradeGenerate.Order>> data){
    TradeGenerate t = new TradeGenerate();

    for(User consumer : consumers){
        consumer.user_averagePrice=0;
        double price=0;
        for(List<TradeGenerate.Order> oList : data.values()){

            for(TradeGenerate.Order order : oList){
            TradeGenerate.Ordero = t.new Order();
            o = order;
            if(o.getcId()==consumer.consumer_number)
                price=price+o.getQuantity()*o.getPrice();
            }
        }
    consumer.user_averagePrice=price/(consumer.declared_
            quantity-consumer.left);
        }
    }
```

(5)市场的 HHI 指数条件。

```
//TODOHHI 指数
public double getHHI(List<Provider> providers,List<User> consumers){
    double hhi=0;
    double b=0;
    double a=0;
    a=Math.pow(getTotal(consumers),2);
    for (Provider provider : providers){
    b+=Math.pow((provider.provider_quantity-provider.left),2);
    }
    hhi=(b*10000)/a;
    return hhi;
}
```

(6)市场的总体供给量调用。

```
//TODO 统计平台所有发电商供电量
    public int getTotalSupplyQuantity(List<Provider> providers){
        int total = 0;
```

```
        for(Provider provider : providers){
            total+=provider.provider_quantity;
        }
        return total;
    }
    public  int getTotalConsumerDemandQuantity(List<User> consumers){
        int total = 0;
        for(User consumer : consumers){
            total+=consumer.declared_quantity;
        }
        return total;
    }
```

(7) 市场的总体成交量调用。

```
    //TODO 统计平台所有的成交电量
        public  int getTotal(List<User> consumers){
            int total = 0;
            for(User consumer : consumers)
                if(consumer.getLeft()==0)
                    total += consumer.declared_quantity;
            return total;
        }
```

(8) 市场的总体未成交量调用。

```
    //TODO 统计所有未成交电量
        public  int getTotalLeft(List<User> consumers){
            int total = 0;
            for(User consumer : consumers)
                if(consumer.getLeft()!=0)
                    total += consumer.left;
            return total;
        }
```

(9) 市场的总成交额调用。

```
    //TODO 统计平台总成交额
        public double getTotalVolume(Map<Integer, List<TradeGenerate.
            Order>> data){
            double price = 0;
            for(List<TradeGenerate.Order> oList : data.values()){
```

```
        for(TradeGenerate.Order order : oList)
            price += order.getPrice() * order.getQuantity();
        }
    return price;
    }
```

(10)市场的平均成交价格调用。

```
//TODO 获取平均电价
public double getAveragePrice(List<User> consumers){
    int total = getTotal(consumers);
    double totalPrice = getTotalVolume(TradeGenerate.data);
    return totalPrice/total;
}
```

(11)市场供给者的平均申报价格调用。

```
//TODO 获取发电商平均申报电价
public double getAverageproviderDeclearPrice(List<Provider> providers){
    double total = 0;
    int totalq=0;
    for(Provider provider : providers){
    total+=provider.provider_price*provider.provider_quantity;
        totalq+=provider.provider_quantity;
    }
    return total/totalq;
}
```

(12)市场需求者的平均申报价格调用。

```
//TODO 获取大用户平均申报电价
public double getAverageUserDeclearPrice(List<User> consumers){
    double total = 0;
    int totalc=0;
    for(User consumer : consumers){
        total+=consumer.declared_Price*(double)consumer.declared_
                    quantity;
        totalc+=consumer.declared_quantity;
    }
    return total/(double)totalc;
}
```

(13)市场供给者的总收益和总供给调用。

```
//TODO 统计各个发电商的总收益和总资产
public void setTotalProfitAndTotalAsset(List<Provider> providers){
    for(Provider provider : providers)
    {
        if(provider.provider_quantity-provider.left==0)
        {
            provider.profit=0;
        }
        else
        {
            provider.profit=(provider.provider_quantity-
                    provider.left) * (provider.provider_price-
                    provider.marginal_cost)-provider.startup_cost;

        }
        provider.totalProfit += provider.profit;
        provider.totalAsset +=provider.profit-provider.radiusInvestment-
                    provider.capacityInvestment;
    }
}
```

(14)市场供给者的单期总利润调用。

```
//TODO 统计市场中单期所有发电商的总利润
    public double getPerTotalProviderProfit(List<Provider> providers){
        double PerTotalProviderProfit=0;
        for(Provider provider : providers){
            PerTotalProviderProfit+=provider.profit;
        }
        return PerTotalProviderProfit;
    }
```

11.5.6 市场仿真的交易更新设计

```
//TODO 设置市场内的平均供电质量
        public double getAverageQualityLeve(List<Provider>
                providers,List<User> consumers)
        {
            double averageQualityLeve=0;
            double totalQualityLeve = 0;
            for(Provider provider: providers){
```

```
                totalQualityLeve+=provider.provider_quality*
                    (provider.provider_quantity-provider.left);
            }
            double total=getTotal(consumers);
            averageQualityLeve=totalQualityLeve/total;
            return averageQualityLeve;
        }
    }
}


/**
 *<p>totalQuantity  总成交电量</p>
 *<p>stockouts       不足电量</p>
 *<p>marketSatisfactionDegree   市场满意度</p>
 *<p>averageBidPrice 平均成交价</p>
 */
public class MarketInformation{

    private int totalQuantity;                  //总成交电量
    private int stockouts;                       //市场缺货量
    private double marketSatisfactionDegree;  //市场满意度
    private double averageBidPrice;            //市场平均成交电价
    private double AverageQualityLeve;         //市场平均成交电量
    private double perTotalProviderProfit;     //投机发电商数量
    private double perTotalConsumerPay;
                                    //电力消费者总消费支出的平均值
    private int totalProviderSupply;          //发电商总供给量
    private int totalConsumerDemand;          //总消费需求
    private double HHI;

    private double averageproviderDeclearPrice;
    private double averageUserDeclearPrice;
    //TODO 获取 HHI
    public double getHHI()
      {
            return HHI;
      }


    public void setHHI(double HHI)
```

```
    {
        this.HHI = HHI;
    }
//TODO 获取总成交电量
public int getTotalQuantity(){
        return totalQuantity;
}
//TODO 设置总成交电量
public void setTotalQuantity(int totalQuantity){
        this.totalQuantity = totalQuantity;
}
//TODO 获取缺货量
public int getStockouts(){
        return stockouts;
}
//TODO 设置缺货量
public void setStockouts(int stockouts){
        this.stockouts = stockouts;
}
//TODO 获取市场满意度
public double getMarketSatisfactionDegree(){
        return marketSatisfactionDegree;
}
//TODO 设置市场满意度
public void setMarketSatisfactionDegree(double
            marketSatisfactionDegree){
        this.marketSatisfactionDegree = marketSatisfactionDegree;
}
//TODO 获取平均成交价
public double getAverageBidPrice(){
        return averageBidPrice;
}
//TODO 设置平均成交价
public void setAverageBidPrice(double averageBidPrice){
        this.averageBidPrice = averageBidPrice;
}
//TODO 获取发电商平均申报价
        public double getAverageproviderDeclearPrice(){
            return averageproviderDeclearPrice;
```

```
        }
//TODO 设置发电商平均申报价
public void setAverageproviderDeclearPrice(double
            averageproviderDeclearPrice){
    this.averageproviderDeclearPrice =
            averageproviderDeclearPrice;
}


//TODO 获取大用户平均申报价
        public double getAverageUserDeclearPrice(){
            return averageUserDeclearPrice;
        }
//TODO 设置大用户平均申报价
public void setAverageUserDeclearPrice
        (double averageUserDeclearPrice){
    this.averageUserDeclearPrice =
        averageUserDeclearPrice;
}


//TODO 获取平均供电质量
public double getAverageQualityLeve(){
    return AverageQualityLeve;
}
//TODO 设置平均供电质量
public void setAverageQualityLeve(double AverageQualityLeve){
    this.AverageQualityLeve = AverageQualityLeve;
}


//TODO 获取单期大用户总支出
    public double getperTotalConsumerPay(){
        return perTotalConsumerPay;
    }
//TODO 设置获取单期大用户总支出
    public void setperTotalConsumerPay(double
            perTotalConsumerPay){
        this.perTotalConsumerPay = perTotalConsumerPay;
    }
//TODO 获取单期发电商总收益
public double getPerTotalProviderProfit(){
```

```
        return perTotalProviderProfit;
    }
//TODO 设置单期发电商总收益
public void setPerTotalProviderProfit(double
                perTotalProviderProfit){
        this.perTotalProviderProfit =
                perTotalProviderProfit;
    }


//TODO 获取总供给电量
public int getTotalSupplyQuantity(){
    return totalProvidersupply;
}
//TODO 设置总供给电量
public void setTotalSupplyQuantity(int totalProvidersupply){
    this.totalProvidersupply = totalProvidersupply;
}
//TODO 获取总需求电量
public int getTotalConsumerDemand(){
    return totalConsumerDemand;
}
//TODO 设置总需求电量
public void setTotalConsumerDemand(int totalConsumerDemand){
    this.totalConsumerDemand = totalConsumerDemand;
}


@Override
public String toString(){
    return "MarketInformation [totalQuantity=" + totalQuantity
            +",stockouts="+stockouts+",marketSatisfactionDegree="
            + marketSatisfactionDegree + ", averageBidPrice="
            + averageBidPrice+ "]";
    }
}
```

11.6　仿真环境的系统分类

执行选择程序，对系统环境进行分类。

```
sel = new SwarmUtils().getSelector(this, "setMarketInformations");
        modelActions.createActionTo$message(this, sel);
sel = new SwarmUtils().getSelector(this, "addProviders");
        modelActions.createActionTo$message(this, sel);
sel = SwarmUtils.getSelector(this, "regulationContral");
        modelActions.createActionTo$message(this, sel);
sel = new SwarmUtils().getSelector(this, "providerPolice");
        modelActions.createActionTo$message(this, sel);
sel = new SwarmUtils().getSelector(this, "initUsers");
        modelActions.createActionTo$message(this, sel);
sel = new SwarmUtils().getSelector(this, "checkTime");
        modelActions.createActionTo$message(this, sel);
        modelSchedule = new ScheduleImpl(getZone(), 1);
        modelSchedule.at$createAction(0, modelActions);
        return this;
    }
    public Activity activateIn(Swarm swarmContext){
        super.activateIn(swarmContext);
        modelSchedule.activateIn(this);
        return getActivity();
    }
```

11.7　虚拟交易的供给者主体类库

建立基于 Java 类库的市场供给者属性信息与行为规则，以 Public 类，采用 Provider.java 构建市场供给者类库。

11.7.1　虚拟交易供给者的初始属性信息调用

```
import java.util.Collections;
import java.util.Comparator;
import java.util.List;
import java.util.Map;
import java.util.Random;
import swarm.Globals;
import swarm.gui.Raster;
import swarm.space.Grid2dImpl;

public class Provider implements Comparable<Provider>,Cloneable
```

```
{
//固定不变的属性
public int xPos2;                              //发电商的横坐标
public int yPos2;                              //发电商的纵坐标
public static Grid2dImpl provider_space;       //发电商的市场空间
int worldXSize;                                //消费者的横坐标
int worldYSize;                                //消费者的纵坐标
public byte provider_color;                    //设置发电商在系统中的颜色
public int provider_number;                    //发电商的编号
public double marginal_cost;                   //发电商边际成本
public double startup_cost;                     //发电商启动成本
public double top_price;                        //发电商的供电价格上限
public double bottom_price;
public int max_quantity;                        //发电商装机容量
public int min_quantity;                        //最小载荷
public byte typeIs;                             //发电商种类

public double provider_quality;

public int lendingCount;                         //贷款次数
public int expandCount;                          //扩张次数
public int capacityCount;                        //调高产能次数
public int radius;                               //发电商供电半径
public double radiusInvestment;                  //增大半径投资
public double capacityInvestment;                //提高生产投资
public int StockoutsInformation;                 //缺货信息
private int radiusStrategy;              //0 表示未扩大半径，1 表示扩大半径
private int capacityStrategy;
public int provider_quantity;                    //发电商的申报电量
public double provider_price;                     //发电商的申报电价
//public int provider_quality;                    //发电商质量
public int pricestrategy;
                //本期价格申报策略，0 代表价格不变，1 代表上升，2 代表下降
public double totalProfit;
public double totalAsset;                         //发电商总资产 z

public double IncreasePrice;                      //增加的电价
public double PriceDValue;                        //价格利润差值
```

```
public int left;
public double profit;                            //本期利润
public double upPriceTotalProfit;                //发电商升高价格的总利润
public double downPriceTotalProfit;              //发电商降低价格的总利润
public double upPriceProbability;                //发电商采取升高电价的概率
public double downPriceProbability;              //发电商采取降低电价的概率
public int profitChange;                         //两期利润比较
private int quantityIncrease;
public Provider(Grid2dImpl G2I, int X,int Y,int id)//构造函数
{
//初始化相关参数
provider_number = id;
provider_space=G2I;
xPos2 = X;
yPos2 = Y;
```

11.7.2　虚拟交易供给者的初始化相关变量设计

```
//初始化相关变量
int zz= Globals.env.uniformIntRand.getIntegerWithMin$withMax(0, 10);
if(provider_number<=2)   //初始化用户的类型
      {
          typeIs='A';
      marginal_cost=0.3;//Globals.env.uniformDblRand.
              getDoubleWithMin$withMax(0.2,0.3);//成本低
      startup_cost=Globals.env.uniformDblRand.getDouble-
              WithMin$withMax(1500,1000);
      totalAsset=Globals.env.uniformDblRand.getDoubleWithMin
              $withMax(50000,70000);              //初始资产高
      //对发电商的申报电量进行初始化
      provider_price =marginal_cost+0.1;
      //Globals.env.uniformDblRand.getDouble-
              WithMin$withMax(bottom_price,top_price);
                              //对发电商的申报电价进行初始化
      provider_quantity =Globals.env.uniformIntRand.getInteger-
                  WithMin$withMax(50000,70000);
      radius=40000;              //对发电商的供电半径进行初始化
      quantityIncrease=10000;

      }
```

```
else if(provider_number>2&&provider_number<6)
        {
         typeIs='B';
        marginal_cost=0.4;//Globals.env.uniformDblRand.get-
                DoubleWithMin$withMax(0.3,0.4);          //成本高
        startup_cost=Globals.env.uniformDblRand.getDouble-
                WithMin$withMax(500,1000);
        totalAsset=Globals.env.uniformDblRand.getDoubleWith-
                Min$withMax(30000,40000);          //初始资产低
        provider_price =marginal_cost+0.1;
        //对发电商的申报电量进行初始化
        provider_quantity =Globals.env.uniformIntRand.getIntegerWith
                Min$withMax(20000,25000);
        radius=40000;          //对发电商的供电半径进行初始化
        quantityIncrease=5000;
        }
else{
     typeIs='C';
    marginal_cost=0.7;//Globals.env.uniformDblRand.get
                DoubleWithMin$withMax(0.3,0.4);          //成本高
    startup_cost=Globals.env.uniformDblRand.getDoubleWith
                Min$withMax(10,15);
    totalAsset=Globals.env.uniformDblRand.getDoubleWith
                Min$withMax(30000,40000);          //初始资产低
    //provider_price =marginal_cost+0.1;
    //对发电商的申报电量进行初始化
    provider_quantity =Globals.env.uniformIntRand.getIntegerWith-
                Min$withMax(2000,2500);
    radius=40000;          //对发电商的供电半径进行初始化
    quantityIncrease=5000;
     }

     //marginal_cost=Globals.env.uniformDblRand.get
                DoubleWithMin$withMax(0.2,0.5);          //成本低
     //startup_cost=Globals.env.uniformDblRand.getDouble
                WithMin$withMax(5,10);
     //totalAsset=Globals.env.uniformDblRand.getDoubleWith
                Min$withMax(30000,70000);          //初始资产高
    //对发电商的申报电量进行初始化
```

```
//provider_price =marginal_cost+0.1; //Globals.env.uniform
        DblRand.getDoubleWithMin$withMax(bottom_price,top_price);
                              //对发电商的申报电价进行初始化
//provider_quantity =Globals.env.uniformIntRand.getIntegerWith
        Min$withMax(30000,70000);
//radius=400000;                      //对发电商的供电半径进行初始化

top_price=marginal_cost+0.3;          //能接受高成交风险
bottom_price=marginal_cost+0.1;

quantityIncrease=10000;
PriceDValue=20;
IncreasePrice=0.05;
```

11.7.3　虚拟交易供给者的价格策略

```
//price1=marginal_cost+0.1;           //价格策略一
//price2=marginal_cost+0.2;           //价格策略二
//price3=marginal_cost+0.3;           //价格策略三

profitChange=0;                       //中间变量
lendingCount=0;
expandCount=0;
capacityCount=0;
radiusStrategy=0;
capacityStrategy=0;                   //中间变量

StockoutsInformation=0;               //中间变量
radiusInvestment=0;
capacityInvestment=0;
provider_price=Globals.env.uniformDblRand.getDoubleWithMin$withMax
        (bottom_price,top_price);   //对发电商的申报电价进行初始化
left = provider_quantity;
pricestrategy=1;
totalProfit=0;
profit=0;

}//构造函数结束
@Override
```

11.7.4　虚拟交易供给者的行为策略规则

```
public int compareTo(Provider p1){
    int result = 0;
    double price1 = this.provider_price;
    double price2 = p1.provider_price;
    if(price1>price2)result = 1;
    else if(price1<price2)result = -1;
    return result;
}


public static void sortById(List<Provider> providers){
    Collections.sort(providers,new Comparator<Provider>(){
        public int compare(Provider p1, Provider p2){
            int result = 0;
            double ID1 = p1.provider_number;
            double ID2 = p2.provider_number;
            if(ID1>ID2)result = 1;
            else if(ID1<ID2)result = -1;
            return result;
        }
    }
}


public static void sortByTie(List<Provider> providers,final
            Map<Integer, Double> tie,final boolean flag){
    Collections.sort(providers,new Comparator<Provider>(){
        public int compare(Provider p1, Provider p2){
            int result = 0;
            int id1 = p1.provider_number;
            int id2 = p2.provider_number;
            double price1 = p1.provider_price;
            double price2 = p2.provider_price;
            double tie1 = tie.get(id1);
            double tie2 = tie.get(id2);
            if(flag){
                if(price1>price2)result = 1;
```

```
                else if(price1<price2)result = -1;
                else{
    if(tie1>tie2)result = 1;
    else if(tie1<tie2)result = -1;
                else{
    if(id1>id2)result = 1;
                    else if(id1<id2)result = -1;
                }
            }
        }else{
    if(tie1>tie2)result = 1;
    else if(tie1<tie2)result = -1;
            else{
    if(price1>price2)result = 1;
    else if(price1<price2)result = -1;
                else{
    if(id1>id2)result = 1;
                    else if(id1<id2)result = -1;
                }
            }
        }


        return result;
    }
  }
}


public Provider getProviderFromList(List<Provider> providers){
    Provider provider = null;
    for(int i=0;i<providers.size();i++){
        Provider p = providers.get(i);
        if(p.provider_number == this.provider_number){
            provider = p;
            break;
        }
    }
    return provider;
}
```

11.7.5　虚拟交易供给者的市场留存策略

```java
//TODO 设置 left
public void setLeft(int left){
    this.left = left;
}
//TODO 获取 left
public int getLeft(){
    return left;
}
public void ProviderPolice()                //发电商策略
{
    Provider lastData= this.getProviderFromList(PowerModel
            Swarm.getProviders(2)); //本期的利润, 本期的策略
    Provider lastLastData = this.getProviderFromList(PowerModel
            Swarm.getProviders(3));
    if(lastData==null || lastLastData==null)return;
    double lastProfit = lastData.profit;
    double lastlastProfit = lastLastData.profit;
    int last_pricestrategy = lastData.pricestrategy;
    int lastDeclearQuantity=lastData.provider_quantity;
    int lastLeft=lastData.left;
    int lastlastLeft=lastLastData.left;
    int last_radiusStrategy = lastData.radiusStrategy;
    int last_capacityStrategy = lastData.capacityStrategy;
    double last_price=lastData.provider_price;
    radiusInvestment=0;
    capacityInvestment=0;

    if(PowerModelSwarm.marketInformations.size()>=6){
        //TODO 大于 5 期数据
        Provider lastLastLastData = this.getProviderFromList(PowerModel
                Swarm.getProviders(3));
        Provider lastLastLastLastData = this.getProviderFromList
                (PowerModelSwarm.getProviders(4));
        Provider lastLastLastLastLastData = this.getProviderFromList
                (PowerModelSwarm.getProviders(5));
        int lastlastlastLeft=lastLastLastData.left;
        int lastlastlastlastLeft=lastLastLastLastData.left;
```

```
        int lastlastlastlastlastLeft=lastLastLastLastLastData.left;
        MarketInformation m1 = PowerModelSwarm.getMarketInformation(1);
        MarketInformation m2 = PowerModelSwarm.getMarketInformation(2);
        MarketInformation m3 = PowerModelSwarm.getMarketInformation(3);
        MarketInformation m4 = PowerModelSwarm.getMarketInformation(4);
        MarketInformation m5 = PowerModelSwarm.getMarketInformation(5);

        ProviderPricePolice(last_radiusStrategy,last_capacity
            Strategy,lastProfit,lastlastProfit,last_pricestrategy,
            last_price, lastLeft, lastDeclearQuantity); //调价策略
        provider_Capacity_Police(lastLeft,lastlastLeft,
            lastlastlastLeft,lastlastlastlastLeft,lastlast-
                lastlastlastLeft);
        //provider_Stockouts_Police(m1,m2,m3,m4,m5,lastLeft);
    }
    else{
        radiusStrategy =0;
        capacityStrategy=0;
        ProviderPricePolice(last_radiusStrategy,last_capacity-
                Strategy,lastProfit,lastlastProfit,last_
                pricestrategy, last_price, lastLeft, last
                DeclearQuantity);                        //调价策略
    }
    this.left = this.provider_quantity;
}

public void LastProfitCompareLastlastProfit(double lastProfit,
            double lastlastProfit){//两期利润比较
    profitChange=0;
    if(lastProfit-lastlastProfit>PriceDValue)profitChange=1;
    else if(lastProfit-lastlastProfit<-PriceDValue)profitChange=2;
    else if((lastProfit-lastlastProfit<=PriceDValue)&&(lastProfit-
            lastlastProfit>=-PriceDValue))
            profitChange=3;

}

public void increasePrice(){//升价策略
    if(provider_price+IncreasePrice>top_price)
```

```
    {
        provider_price=top_price;
        pricestrategy=0;
    }
    else
    {
        provider_price+=IncreasePrice;
        pricestrategy=1;
    }
}


public void decreasePrice(){//降价策略
    if(provider_price-IncreasePrice<bottom_price){
        provider_price=bottom_price;
        pricestrategy=0;
    }
    else {
        provider_price-=IncreasePrice;
        pricestrategy=2;
    }
}


public void randomPrice()//随机价格策略
{
    int a=0;
    a = Globals.env.uniformIntRand.getIntegerWithMin$withMax(0,10);
    if(a>=7)increasePrice();
    else if(a<=3)decreasePrice();
    else{
        pricestrategy=0;


    }
}

/**
//返回价格策略概率最大的发电商的价格
public double maxValue_Price(double price1_Probability,double
        price2_Probability,double price3_Probability)//随机价格策略
{
```

```
    double a;
    a=compare(price1_Probability,price2_Probability,price3_
            Probability);
    if(a==price1_Probability)return price1;
    else if(a==price2_Probability)return price2;
    else return price3;


 }


//选三个数中的最大值,当相等时选价格1,其次选价格2
public double compare(double price1_Probability,double price2_
            Probability,double price3_Probability){
double temp = 0;
temp = price1_Probability>price2_Probability?price2_Probability:
            price1_Probability;
double max = 0;
max = temp>price3_Probability?price3_Probability:temp;
return max;
}


public void caculateUpprice1TotalProfit(double lastProfit){
            //计算升价策略带来的总利润
    price1TotalProfit+=lastProfit;
}
//public void caculateDownprice1TotalProfit(double lastProfit)
            {//计算升价策略带来的总利润
//   price1TotalProfit-=lastProfit;
//}
public void caculateUpprice2TotalProfit(double lastProfit)
            {//计算降价策略带来的总利润
    Price2TotalProfit+=lastProfit;
}
//public void caculateDownPrice2TotalProfit(double lastProfit)
            {//计算降价策略带来的总利润
//   Price2TotalProfit-=lastProfit;
//}
public void caculateUpprice3TotalProfit(double lastProfit)
            {//计算升价策略带来的总利润
    Price3TotalProfit+=lastProfit;
```

```
}
//public void caculateDownPrice3TotalProfit(double lastProfit)
        {//计算升价策略带来的总利润
//  Price3TotalProfit-=lastProfit;
//}

public void caculateProbability(){              //计算采取策略的概率
    price1_Probability=price1TotalProfit/(price1TotalProfit+
        Price2TotalProfit+Price3TotalProfit);
    price2_Probability=Price2TotalProfit/(price1TotalProfit+
        Price2TotalProfit+Price3TotalProfit);
    price3_Probability=Price3TotalProfit/(price1TotalProfit+
        Price2TotalProfit+Price3TotalProfit);
    }


public void ProvidercaculatePriceProfit(double last_price,double
            lastProfit){
    if(last_price==price1)caculateUpprice1TotalProfit(lastProfit);
    else if(last_price==price2)caculateUpprice2TotalProfit
            (lastProfit);
     else caculateUpprice3TotalProfit(lastProfit);
}


*/
public void ProviderPricePolice(int last_radiusStrategy,int
        last_capacityStrategy,double lastProfit,double
        lastlastProfit,int last_pricestrategy, double
        last_price,int lastLeft, int lastDeclearQuantity)
{
    LastProfitCompareLastlastProfit(lastProfit,lastlastProfit);
    //TODO 上期策略为升价
        if(last_pricestrategy==1){
            //TODO 当上期策略为升价时，利润升高
            if(profitChange==1){
                int a = Globals.env.uniformIntRand.getInteger-
                    WithMin$withMax(0,10);
                 if(a>5)increasePrice();
         }
        //TODO 当上期策略为升价时，利润降低,即降低价格
```

```
else if(profitChange==2)
{
    //降价策略
    int a = Globals.env.uniformIntRand.getInteger-
            WithMin$withMax(0,10);
      if(a>5) decreasePrice();
}
//TODO 当上期策略为升价时，利润变动不大
else if(profitChange==3)
{
    randomPrice();
}
}
//TODO 上期策略为降价
else if(last_pricestrategy==2)
  {
    //TODO 当上期策略为降价时，利润升高，与半径和产能有关，
    //当不存在产能等变化时，利润升高由价格决定，降价加强
      if(profitChange==1)
      {
          //降价策略
          int a = Globals.env.uniformIntRand.getInteger
                  WithMin$withMax(0,10);
            if(a>5)decreasePrice();

      }
    //TODO 当上期策略为降价时，利润降低，不管是否存在半径问题，
    //必须实施该策略的反策略，即升高价格
    else if(profitChange==2)
    {
    int a = Globals.env.uniformIntRand.getIntegerWith-
            Min$withMax(0,10);
        if(a>5) increasePrice();

    }
    //TODO 当上期策略为降价时，利润变动不大
    else if(profitChange==3)
    {
    randomPrice();
```

```
                }
            }
        else if(last_pricestrategy==0)//价格不变的情况下
        {
            if(profitChange==1){


            }
            else if(profitChange==2){
                int a = Globals.env.uniformIntRand.getIntegerWith
                        Min$withMax(0,10);
                    if(a>5)decreasePrice();
                    else{
                        increasePrice();
                    }
            }
            else{
                randomPrice();
                }
            }
        }

    //TODO 发电商扩大供电电量策略
    public void provider_Capacity_Police(int lastLeft,int
            lastlastLeft,int lastlastlastLeft,int lastlastlastlastLeft,
            int lastlastlastlastlastLeft){
        if(lastLeft==0&&lastlastLeft==0&&lastlastlastLeft==0&&last
            lastlastlastLeft==0&&lastlastlastlastlastLeft==0)
        {
            int a = Globals.env.uniformIntRand.getIntegerWithMin$withMax(0,10);
                if(a>5){
                    if(this.totalAsset>30000 && capacityCount<=5)
                    {
                        this.provider_quantity+=quantityIncrease;
                        this.capacityStrategy=1;          //扩大生产
                        this.capacityInvestment+=10000;
                        capacityCount++;
                    }
                    else{
```

```
                    this.capacityStrategy=0;          //不扩大生产
            }
        }
        else{
            this.capacityStrategy=0;                  //不扩大生产
        }

    }

}

//TODO 存在缺货信息时
public void provider_Stockouts_Police(MarketInformation
        m1,MarketInformation m2,MarketInformation m3,
        MarketInformation m4,MarketInformation m5,int lastLeft){
    if(m1.getStockouts()>=10 && m2.getStockouts()>=10 &&
        m3.getStockouts()>=10 && m4.getStockouts()>=10 &&
        m5.getStockouts()>=10)
    {
        int a = Globals.env.uniformIntRand.getIntegerWithMin$withMax(0,10);
            if(a>5)increasePrice();
            else{
                if(this.totalAsset>30000 && capacityCount<=3 &&
                    this.capacityStrategy==1)
                {
                    this.provider_quantity+=quantityIncrease;
                    this.capacityStrategy=1;          //扩大生产
                    this.capacityInvestment+=10000;
                    capacityCount++;
                }
                else{
                    this.capacityStrategy=0;          //不扩大生产
                }
            }
        }
    }

    /**
public void ProviderPricePolice(int last_radiusStrategy,int
```

```
        last_capacityStrategy,double lastProfit,double lastlastProfit,
        int last_pricestrategy, double last_price)
{
    LastProfitCompareLastlastProfit(lastProfit,lastlastProfit);
    //TODO 上期策略为升价
    if(last_pricestrategy==1)
    {
    //TODO 当上期策略为升价时，利润升高
    if(profitChange==1)
    //利润升高与半径和产能有关，当不存在产能等变化时，利润升高由价格决定，升价加强
    {
        if(last_radiusStrategy==0 && last_capacityStrategy==0)
        {
            //升价策略 youyong ,leijia
             if(last_price==price1)caculateUpprice1TotalProfit
                    (lastProfit);
            else if(last_price==price2)caculateUpPrice2TotalProfit
                    (lastProfit);
             else caculateUpPrice3TotalProfit(lastProfit);
             increasePrice();

        }
        //利润升高与半径和产能有关，当存在产能等变化时，价格是否起作用
        //很难确切知道，但是没有起到抵消扩大产能收益的作用，于是选取随机策略
         else if(last_radiusStrategy==1 || last_capacityStrategy==1)
         {

            provider_price=maxValue_Price(price1_Probability,
                    price2_Probability,price3_Probability);
            if(provider_price>last_price)pricestrategy=1;
        else if(provider_price<last_price)pricestrategy=2;
        else pricestrategy=0;                //表示价格不变
        }
    }
    //TODO 当上期策略为升价时，利润降低,不管是否存在半径问题，必须实施
    //该策略的反策略，即降低价格
     else if(profitChange==2)
    {
        //降价策略
```

```
        if(last_price==price1)caculateDownprice1TotalProfit(lastProfit);
        else if(last_price==price2)caculateDownPrice2TotalProfit
                (lastProfit);
        else caculateDownPrice3TotalProfit(lastProfit);
        decreasePrice();
    }
//TODO 当上期策略为升价时，利润变动不大
else if(profitChange==3)
    {
//上期策略为升价时，利润不变，与半径等有关，当不存在半径等变化时，变动
//不大，说明可能需要继续升高电价，或者是降价
    if(last_radiusStrategy==0 && last_capacityStrategy==0)
    {
        provider_price=maxValue_Price(price1_Probability,price2_
                Probability,price3_Probability);
        if(provider_price>last_price)pricestrategy=1;
        else if(provider_price<last_price)pricestrategy=2;
        else pricestrategy=0;                //表示价格不变



        }
//上期策略为升价时，利润不变，与半径等有关，当存在半径等变化时，变动
//不大，说明应该实施反策略，即降价
    else if(last_radiusStrategy==1 || last_capacityStrategy==1)
    {//降价策略
        if(last_price==price1)caculateDownprice1TotalProfit(lastProfit);
        else if(last_price==price2)caculateDownPrice2TotalProfit
                (lastProfit);
        else caculateDownPrice3TotalProfit(lastProfit);
        decreasePrice();
    }
    }
}

//TODO 上期策略为降价
else if(last_pricestrategy==2)
    {
        //TODO 当上期策略为降价时，利润升高，与半径和产能有关，当不存在
```

```
//产能等变化时，利润升高由价格决定，降价加强
if(profitChange==1)
{
if(last_radiusStrategy==0 &&  last_capacityStrategy==0)
     {
      //降价策略
    if(last_price==price1)caculateUpprice1TotalProfit
          (lastProfit);
        else if(last_price==price2)caculateUpPrice2TotalProfit
             (lastProfit);
        else caculateUpPrice3TotalProfit(lastProfit);
        decreasePrice();
      }
       else if(last_radiusStrategy==1 || last_capacityStrategy==1)
        {
     provider_price=maxValue_Price(price1_Probability,
        price2_Probability,price3_Probability);
         if(provider_price>last_price)pricestrategy=1;
         else if(provider_price<last_price)pricestrategy=2;
         else pricestrategy=0;              //表示价格不变


       }

   }
   //TODO 当上期策略为降价时，利润降低，不管是否存在半径问题，
   //必须实施该策略的反策略，即升高价格
 else if(profitChange==2)
 {
if(last_price==price1)caculateDownprice1TotalProfit
         (lastProfit);
    else if(last_price==price2)caculateDownPrice2TotalProfit
         (lastProfit);
    else caculateDownPrice3TotalProfit(lastProfit);
increasePrice();

}
//TODO 当上期策略为降价时，利润变动不大
else if(profitChange==3)
{
```

```
//TODO 当上期策略为降价时，利润变动不大，与半径等有关，当不存在
//半径等变化时，变动不大，说明可能需要继续升高电价，或者是降价
    if(last_radiusStrategy==0 && last_capacityStrategy==0)
    {
        provider_price=maxValue_Price(price1_Probability,
            price2_Probability,price3_Probability);
        if(provider_price>last_price)pricestrategy=1;
        else if(provider_price<last_price)pricestrategy=2;
        else pricestrategy=0;                    //表示价格不变


    }
//TODO 当上期策略为降价时，利润变动不大，与半径等有关，当存在半径等
//变化时，变动不大，说明应该实施反策略，即升价
    else if(last_radiusStrategy==1 || last_capacityStrategy==1)
    {
        //fuzuoyong
        if(last_price==price1)caculateDownprice1TotalProfit
                (lastProfit);
            else if(last_price==price2)caculateDownPrice2TotalProfit
                (lastProfit);
            else caculateDownPrice3TotalProfit(lastProfit);
        increasePrice();
    }
    }
}
else if(last_pricestrategy==0)//价格不变的情况下
{
    if(profitChange==1){
        if(last_radiusStrategy==0 && last_capacityStrategy==0)
                                                    //无物理变化
        {
            if(last_price==price1)caculateUpprice1TotalProfit
                (lastProfit);
            else if(last_price==price2)caculateUpPrice2TotalProfit
                (lastProfit);
            else caculateUpPrice3TotalProfit(lastProfit);
        pricestrategy=0;
        }
        else if(last_radiusStrategy==1 || last_capacityStrategy==1)
```

```
        {
provider_price=maxValue_Price(price1_Probability,
        price2_Probability,price3_Probability);
    if(provider_price>last_price)pricestrategy=1;
    else if(provider_price<last_price)pricestrategy=2;
    else pricestrategy=0;//表示价格不变


        }


}
else if(profitChange==2){
    if(last_price==price1)
    {
        caculateDownprice1TotalProfit(lastProfit);
        if(price2_Probability>price3_Probability)
        {
            provider_price=price2;
            pricestrategy=1;
        }
        else
        {
            provider_price=price3;
            pricestrategy=1;
        }
    }


    else if(last_price==price2)
    {
        caculateDownPrice2TotalProfit(lastProfit);
        if(price1_Probability>price3_Probability)
        {
            provider_price=price1;
            pricestrategy=2;
        }
        else{
            provider_price=price3;
            pricestrategy=1;
        }
    }
```

```
        else{
            caculateDownPrice3TotalProfit(lastProfit);
            if(price1_Probability>price2_Probability){
                provider_price=price1;
                pricestrategy=2;
            }
            else{
                provider_price=price2;
                pricestrategy=2;
            }
        }
    }
    else{
        if(last_radiusStrategy==0 && last_capacityStrategy==0)
                                        //无物理变化
        {
            provider_price=maxValue_Price(price1_Probability,
                price2_Probability,price3_Probability);
            if(provider_price>last_price)pricestrategy=1;
            else if(provider_price<last_price)pricestrategy=2;
            else pricestrategy=0;               //表示价格不变


            //if(last_price==price1)caculateUpprice1TotalProfit
                    (lastProfit);
             //else if(last_price==price2)caculateUpPrice2-
                    TotalProfit(lastProfit);
            //else caculateUpPrice3TotalProfit(lastProfit);
        //pricestrategy=0;
        }
        else if(last_radiusStrategy==1 || last_capacityStrategy==1)
        {
        provider_price=maxValue_Price(price1_Probability,
                price2_Probability,price3_Probability);
            if(provider_price>last_price)pricestrategy=1;
            else if(provider_price<last_price)pricestrategy=2;
            else pricestrategy=0;//表示价格不变
```

```
            }

        }
    }
    caculatePrice1Probability();
    caculatePrice2Probability();
    caculatePrice3Probability();
}
*/


    public Object setProviderColor(byte e)
    {
        provider_color = e;
        return this;
    }


    public Object drawSelfOn (Raster r){
    r.drawPointX$Y$Color (xPos2, yPos2, provider_color);
    r.ellipseX0$Y0$X1$Y1$Width$Color(this.xPos2-radius,this.yP
            os2-radius,this.xPos2+radius, this.yPos2+radius,
            0, (byte) 1);
    if(TradeGenerate.data.get(this.provider_number)!=null)
    for(TradeGenerate.Order order : TradeGenerate.data.get(this.provider_
            number))
        r.lineX0$Y0$X1$Y1$Width$Color(this.xPos2, this.yPos2,
            order.getX(), order.getY(),0, (byte) 4);
    return this;
    }


    @Override
    public Object clone(){
        try{
            return super.clone();
        }catch(CloneNotSupportedException e){
            e.printStackTrace();
            return null;
        }
    }
```

```java
@Override
public String toString(){
    return "\nProvider [provider_number=" + provider_number
        + ", marginal_cost="+ marginal_cost + ", left="
        +left +", radius="+radius +",provider_quantity="
        + provider_quantity + ", provider_price="
        + provider_price+ ", totalAsset=" + totalAsset
        + ", pricestrategy=" + pricestrategy + ",
         IncreasePrice=" +IncreasePrice +", PriceDValue="
        + PriceDValue + ", profit=" + profit + ",
         upPriceTotalProfit=" + upPriceTotalProfit
        +",downPriceTotalProfit=" +downPriceTotalProfit
        + ", upPriceProbability=" + upPriceProbability
        +", downPriceProbability=" +downPriceProbability +"]";
    }
}
```

11.8　虚拟交易的需求者类库

建立基于 Java 类库的市场交易需求者属性信息与行为规则，以 Public 类为例，采用 User.java 构建市场需求者类库。

11.8.1　虚拟交易需求者的初始属性信息调用

```java
import java.util.HashMap;
import java.util.Map;
import swarm.Globals;
//import swarm.defobj.Zone;
//import swarm.objectbase.SwarmObjectImpl;
//import swarm.space.Discrete2dImpl;
import swarm.space.Grid2dImpl;
import swarm.gui.Raster;
//import swarm.gui.ZoomRasterImpl;

public class User implements Comparable<User>,Cloneable
{
public int xPos1;              //消费者的横坐标
public int yPos1;              //消费者的纵坐标
int worldXSize;                //消费市场空间的大小
```

```
int worldYSize;
private Grid2dImpl user_space;          //大用户的市场空间
public int consumer_number;             //消费者是市场中的第几个大用户
public byte user_color;                 //设置消费者在系统中的颜色
public double declared_Price;           //大用户的申报电价
public int declared_quantity;           //大用户的申报电量
public int user_quality;//大用户的质量要求，1 为低等，2 为中等，3 为高等
public char typeIs='o';  //消费者所属类别，A 为报价低，量大；B 为报价高，量小
public int left;                        //需求电量
private double bottom_price;
public double user_averagePrice;
public int ifSatisfaction;
private double top_price;
public double PriceVariationRange;      //电价变动幅度
//从连接类获取的变量值
public int trade_quality;               //获取的发电商质量
public int score;                       //用户对获取的发电商质量进行评分
public double content_price;            //满意电价
public int top_quantity;
public Map<Integer, Double> tieStrength;
public User(Grid2dImpl G2I, int X,int Y,int id)      //构造函数
```

11.8.2　虚拟交易需求者的初始化相关参数设计

```
{
    //初始化发电商的相关参数
    consumer_number = id;
    xPos1 = X;
    yPos1 = Y;
    user_space = G2I;
    worldXSize = user_space.getSizeX();
    worldYSize = user_space.getSizeY();
```

(1) 价格承受能力。

```
top_price=Globals.env.uniformDblRand.getDoubleWithMin$withMax
        (0.8,1.0);//0.9;
```

(2) 竞标风险评估。

```
bottom_price=Globals.env.uniformDblRand.getDoubleWithMin$withMax
        (0.6,0.7);//0.7;
```

(3)需求者价格偏好类型。

```
ifSatisfaction=0;                    //0 表示满意，1 表示不满意
declared_Price=top_price;        //低价类型
declared_quantity=Globals.env.uniformIntRand.getIntegerWith
        Min$withMax(50, 100);
left=declared_quantity;
user_averagePrice=0;
tieStrength = new HashMap<>();
PriceVariationRange=0.05;
content_price=top_price*0.8;
top_quantity=100;
/**
//int zz= Globals.env.uniformIntRand.getIntegerWithMin$withMax(0, 10);

    //if(zz>=5)                            //初始化用户的类型
            //{ typeIs='A';
            declared_Price=0.6;        //低价类型
            declared_quantity=100;
            user_quality=Globals.env.uniformIntRand.get
                    IntegerWithMin$withMax(1, 2);
            //}
    //else if(zz<5)
            /**   { typeIs='B';
            declared_Price=0.8;        //高价类型
            declared_quantity=50;
            user_quality=Globals.env.uniformIntRand.get
                    IntegerWithMin$withMax(2, 3);
            }*/

}
//构造函数结束
 @Override
```

(4)需求者行为策略。

```
public int compareTo(User p1){
    int result = 0;
    double price1 = this.declared_Price;
    double price2 = p1.declared_Price;
```

```
        if(price1>price2)result = -1;
        else if(price1<price2)result = 1;
        return result;
 }

//升价策略
public void user_increasePrice(){
        if(declared_Price+PriceVariationRange>top_price){
            declared_Price=top_price;
            ifSatisfaction=1;
        }
        else{
            declared_Price+=PriceVariationRange;
            ifSatisfaction=0;
        }
    }

//降价策略
    public void user_decreasePrice(){
        if(declared_Price-PriceVariationRange<bottom_price){
          declared_Price=bottom_price;
        }
        else{
            declared_Price-=PriceVariationRange;

        }
    }

//降低申报容量
    public void user_decrease_quantity(){
        if(this.declared_quantity-10>=0){
            this.declared_quantity-=10;
        }
    }

//升高申报容量
    public void user_increase_quantity(){
        if(this.declared_quantity+10<=this.top_quantity){
            this.declared_quantity+=10;
```

```
        }
    }

        public int getLeft(){
        return left;
    }

    public void setLeft(int left){
        this.left = left;
    }

    public double getPrice(){
        return declared_Price;
    }

    public void setPrice(double price){
        this.declared_Price = price;
    }

    public int getLevel(){
        return user_quality;
    }

    public void setLevel(int level){
        this.user_quality = level;
    }

public Object setUserColor(byte e)        //设置大用户在市场中的颜色
{
    user_color = e;
    return this;
}



public Object drawSelfOn(Raster r)        //将参与者主体放到栅格图市场中
{
    r.drawPointX$Y$Color (xPos1, yPos1, user_color);
    return this;
}
```

```
@Override
public String toString(){
    return "User [xPos1=" + xPos1 + ", yPos1=" + yPos1 + ",worldXSize="
        + worldXSize + ", worldYSize=" + worldYSize
        + ", user_space=" + user_space + ", consumer_number="
        + consumer_number + ", user_color=" + user_color
        + ", declared_Price=" + declared_Price + ",
        declared_quantity=" + declared_quantity + ", user_quality="
        + user_quality + ", typeIs=" + typeIs + ", left="
        + left + ", trade_quality=" + trade_quality + ", score="
        + score + "]";
    }
}
```

11.9　虚拟交易的监管者类库

对市场参与者进行分类，在市场参与者的供给方和需求方之上加入市场的监管方，采用 Regulator.java 类编写相应程序代码。

```
import java.util.List;
import swarm.Globals;
public class Regulator {
```

11.9.1　监管策略：补助政策

```
public static void regulationContral(){//监管者提供的贷款政策
    List<Provider>providersInit = PowerModelSwarm.providersList.get(0);
    List<Provider> providersLast = PowerModelSwarm.getProviders();
```

11.9.2　监管策略：资产监管

```
//TODO 监管资产
    for(int i=0;i<providersLast.size();i++){
        Provider provider = providersLast.get(i);
        if(provider.totalAsset / providersInit.get(i).totalAsset
                < 0.6 && provider.lendingCount <5){
            provider.totalAsset += 20000;
            provider.lendingCount++;
            System.out.println(provider.provider_number+
                    "号发电商，贷款"+provider.lendingCount+"次,
                    时间"+Globals.env.getCurrentTime());
        }
    }
```

11.9.3 监管策略: 质量监管

```
//TODO 质量监管
//if(市场满意度降到60%以下)qualityRegulatePolice();
```

11.9.4 监管策略: 价格监管

```
//TODO 价格监管
    //if(电价波动过于剧烈)priceRegulatePolice();
    }
}
}
```

11.10　仿真实验结果输出的程序代码

采用 Swarm 仿真平台结构, 利用 ObserverSwarm 结构关系, 建立系统整体监控 Java 类, 使用 PowerObserverSwarm.java 编写相应程序代码。

```
import java.util.List;
import swarm.Globals;
import swarm.Selector;
import swarm.activity.ActionGroup;
import swarm.activity.ActionGroupImpl;
import swarm.activity.Activity;
import swarm.activity.Schedule;
import swarm.activity.ScheduleImpl;
import swarm.analysis.EZGraph;
import swarm.analysis.EZGraphImpl;
import swarm.defobj.Zone;
import swarm.gui.Colormap;
import swarm.gui.ColormapImpl;
import swarm.gui.ZoomRaster;
import swarm.gui.ZoomRasterImpl;
import swarm.objectbase.EmptyProbeMapImpl;
import swarm.objectbase.Swarm;
import swarm.objectbase.VarProbe;
import swarm.simtoolsgui.GUISwarmImpl;
import swarm.space.Diffuse2dImpl;
import swarm.space.Object2dDisplay;
```

```
import swarm.space.Object2dDisplayImpl;
import swarm.space.Value2dDisplay;
import swarm.space.Value2dDisplayImpl;
public class PowerObserverSwarm extends GUISwarmImpl {
    public int displayFrequency;
    public ActionGroup displayActions;
    public Schedule displaySchedule;
    public PowerModelSwarm powerModelSwarm;
    public Colormap colormap;
    public ZoomRaster marketRaster;
    public Value2dDisplay marketDisplay;
    public EZGraph eachPTotalAssetGraph;
                                //各发电商的总资产曲线图(进行中)
    public EZGraph eachPTotalProfitGraph;
                                //各发电商的总利润曲线图(完成)
    public EZGraph eachPCycleProfitGraph;
                                //各发电商每个周期的总利润曲线图
    public EZGraph AverageBidPriceGraph;
                                //市场平均成交电价曲线图(完成)
    public EZGraph AverageProviderDeclearPriceGraph;
                                //发电商平均申报电价曲线图
    public EZGraph AverageProviderDeclearQuantityGraph;
                                //发电商平均申报电量曲线图
    public EZGraphImpl AverageQualityLevelGraph;
                                //市场中的平均电力质量水平
    public EZGraphImpl HHIGraph;      //市场集中度
    public EZGraph PerTotalProviderProfit_ConsumerPayGraph;
                        //市场每期发电商总利润和大用户总支出曲线图(完成)
    public EZGraphImpl TotalQuantityGraph;
    public EZGraph TotalTrading_Supply_DemandQuantityGraph;
                        //市场的总成交电量曲线图(完成)
    public Object2dDisplay userDisplay;
    public Object2dDisplay providerDisplay;
    private EZGraphImpl ProviderperDeclearPriceGraph;

        public PowerObserverSwarm(Zone aZone){
        super(aZone);
        displayFrequency = 1;
        class PowerObserverSwarmProbeMap extends EmptyProbeMapImpl{
```

```
                private VarProbe probeVariable(String name){
                    return Globals.env.probeLibrary.getProbeForVariable$inClass
                        (name, PowerObserverSwarm.this.getClass());
                }

                private void addVar(String name){
                    addProbe(probeVariable(name));
                }

                public PowerObserverSwarmProbeMap(Zone _aZone, Class<?> aClass){
                    super(_aZone, aClass);
                    addVar("displayFrequency");
                }
            }

        Globals.env.probeLibrary.setProbeMap$For(new PowerObserver
                SwarmProbeMap(aZone, getClass()), getClass());
    }
    public Object buildObjects(){
        super.buildObjects();
        powerModelSwarm = new PowerModelSwarm(getZone());
        powerModelSwarm.buildObjects();
        Globals.env.createArchivedProbeDisplay(powerModelSwarm,
                "powerModelSwarm");
        Globals.env.createArchivedProbeDisplay(this, "powerObserverSwarm");
        getControlPanel().setStateStopped();
        colormap = new ColormapImpl(getZone());
        colormap.setColor$ToName((byte) 1, "yellow");
        colormap.setColor$ToName((byte) 2, "red");
        colormap.setColor$ToName((byte) 3, "green");
        colormap.setColor$ToName((byte) 4, "blue");
        colormap.setColor$ToName((byte) 5, "white");
        //将所有用户定义为绿色
        List<User> userList = powerModelSwarm.getUserList();
        for(int i = 0; i < userList.size(); i++){
            User user = (User) userList.get(i);
            user.setUserColor((byte) 3);
        }
        //将所有的发电商定义为红色
```

```
List<Provider> providerList = PowerModelSwarm.getProviders();
for (int j = 0; j < providerList.size(); j++){
    Provider provider = (Provider) providerList.get(j);
    provider.setProviderColor((byte) 2);
}

//创建栅格图
marketRaster = new ZoomRasterImpl(getZone(), "marketRaster");
try{
    //如果要关闭 marketRaster，应调用_marketRasterDeath_
    marketRaster.enableDestroyNotification$notification
            Method(this,new Selector(getClass(),
            "_marketRasterDeath_", false));
}catch(Exception e){
    System.out.println("Exception _marketRaster_: " +
            e.getMessage());
}
marketRaster.setColormap(colormap);     //设置栅格的调色板
marketRaster.setZoomFactor(6);          //设置窗体的大小
marketRaster.setWidth$Height(powerModelSwarm.get
        SystemSpace().getSizeX(),powerModelSwarm.
        getSystemSpace().getSizeY());    //设置栅格的大小
marketRaster.setWindowTitle("Power World");
marketRaster.pack();    //打一个包装。将图像在屏幕上显示出来
//Value2dDisplay 主要是把二维值域空间 Discreate2d 中的值
//通过调色板着色，并在栅格图中显示出来
marketDisplay = new Value2dDisplayImpl(getZone(),
        marketRaster, colormap, new Diffuse2dImpl(getZone(),
        powerModelSwarm.worldXSize,powerModelSwarm.
        worldYSize));
//Object2dDisplay 显示对象
try{
    //创建一个二维对象空间显示的关联对象，该对象在光栅、二维空间
    //及各个对象的对应方法之间建立关联
    userDisplay = new Object2dDisplayImpl(getZone(),
            marketRaster, powerModelSwarm.getSystemSpace(),
            new Selector(Class.forName("User"), "drawSelfOn",
            false));
}catch(Exception e){
```

```
        System.out.println("Exception drawSelfOn:" + e.getMessage());
    }
    userDisplay.setObjectCollection(powerModel
            Swarm.getUserList());
    try{
        providerDisplay = new Object2dDisplayImpl(getZone(),
                marketRaster, powerModelSwarm.getSystemSpace(),
                new Selector(Class.forName("Provider"),
                "drawSelfOn", false));
    }catch(Exception e){
        System.out.println("Exception drawSelfOn:" + e.getMessage());
    }


    try{
        marketRaster.setButton$Client$Message(3, userDisplay,
                new Selector(userDisplay.getClass(),
                "makeProbeAtX$Y", true));
    }catch(Exception e){
        System.out.println("Exception makeProbeAtX$Y$
                ZoomRasterImpl: " + e.getMessage());
    }
    try{
        marketRaster.setButton$Client$Message(3, providerDisplay,
                new Selector(providerDisplay.getClass(),
                "makeProbeAtX$Y", true));
    }catch(Exception e){
        System.out.println("Exception makeProbeAtX$Y$
                ZoomRasterImpl: " + e.getMessage());
    }
    Selector sel;
    TotalTrading_Supply_DemandQuantityGraph = new
                EZGraphImpl(getZone(), "TotalQuantity
                vs.time", "time", "TotalQuantity",
                "TotalTrading_Supply_DemandQuantityGraph");
    TotalTrading_Supply_DemandQuantityGraph.create
            Sequence$withFeedFrom$andSelector("TotalQuantity",
            powerModelSwarm, SwarmUtils.getSelector
            (powerModelSwarm,"getTotal"));
```

```
TotalTrading_Supply_DemandQuantityGraph.create
        Sequence$withFeedFrom$andSelector
        ("totalProvidersupply", powerModelSwarm,
        SwarmUtils.getSelector(powerModelSwarm,
        "getTotalSupplyQuantity"));
TotalTrading_Supply_DemandQuantityGraph.create-
        Sequence$withFeedFrom$andSelector("total
        ConsumerDemand", powerModelSwarm, SwarmUtils.
        getSelector(powerModelSwarm, "getTotalConsumer-
        DemandQuantity"));
eachPTotalProfitGraph = new EZGraphImpl(getZone(), "eachPTotal-
        Profit vs.time", "time", "eachPTotalProfit",
        "eachPTotalProfitGraph");
sel = SwarmUtils.getSelector(powerModelSwarm, "getTotalProfit");
for (int i = 0; i < powerModelSwarm.ProviderTotalPeople; i++){
eachPTotalProfitGraph.createSequence$withFeedFrom
        $andSelector("第" + i + "号发电商", powerModelSwarm, sel);
}
eachPTotalAssetGraph = new EZGraphImpl(getZone(),
        "eachPTotalAsset vs.time", "time", "eachPTotalAsset",
        "eachPTotalAssetGraph");
sel = SwarmUtils.getSelector(powerModelSwarm, "getTotalAsset");
for (int i = 0; i < powerModelSwarm.ProviderTotalPeople; i++){
        eachPTotalAssetGraph.createSequence$withFeedFrom
        $andSelector("第" + i + "号发电商", powerModelSwarm, sel);
}
AverageBidPriceGraph = new EZGraphImpl(getZone(),
        "AverageBidPrice vs.time", "time", "AverageBidPrice",
        "AverageBidPriceGraph");
//sel = SwarmUtils.getSelector(powerModelSwarm,
        "getAverageBidPrice");
AverageBidPriceGraph.createSequence$withFeedFrom
        $andSelector("AverageBidPrice", powerModelSwarm,
        SwarmUtils.getSelector(powerModelSwarm,
        "getAverageBidPrice"));
AverageBidPriceGraph.createSequence$withFeed
        From$andSelector("averageproviderDeclearPrice",
        powerModelSwarm, SwarmUtils.getSelector
        (powerModelSwarm, "getaverageproviderDeclearPrice"));
```

```
AverageBidPriceGraph.createSequence$withFeedFrom$and-
        Selector("averageUserDeclearPrice", powerModelSwarm,
        SwarmUtils.getSelector(powerModelSwarm,
        "getaverageUserDeclearPrice"));
//AverageProviderDeclearPriceGraph = new EZGraphImpl
        (getZone(), "AverageProviderDeclearPrice
        vs.time", "time", "AverageProviderDeclearPrice",
//"AverageBidPriceGraph");
//sel = SwarmUtils.getSelector(powerModelSwarm,
        "getaverageproviderDeclearPrice()");
//AverageProviderDeclearPriceGraph.createSequence
        $withFeedFrom$andSelector("AverageBidPrice",
        powerModelSwarm, sel);


HHIGraph=new EZGraphImpl(getZone(), "HHI vs.time", "time", "HHI",
        "HHIGraph");
sel = SwarmUtils.getSelector(powerModelSwarm, "getHHI");
HHIGraph.createSequence$withFeedFrom$andSelector("HHI",
        powerModelSwarm, sel);


ProviderperDeclearPriceGraph = new EZGraphImpl(getZone(),
        "ProviderperDeclearPrice vs.time", "time",
        "ProviderperDeclearPrice",
        "ProviderperDeclearPrice");
sel = SwarmUtils.getSelector(powerModel$warm,
        "getProviderperDeclearPrice");
for (int i = 0; i < powerModelSwarm.ProviderTotalPeople; i++){
    ProviderperDeclearPriceGraph.createSequence$with
    FeedFrom$andSelector("第"+i+"号发电商",powerModelSwarm,sel);
}
//电力平均质量水平
        AverageQualityLevelGraph=new EZGraphImpl(getZone(),
            "AverageQualityLevel vs.time", "time",
            "AverageQualityLevel",
            "AverageQualityLevelGraph");
        sel = SwarmUtils.getSelector(powerModelSwarm,
            "getAverageQualityLeve");
        AverageQualityLevelGraph.createSequence$with
```

```
            FeedFrom$andSelector("AverageQualityLeve",
            powerModelSwarm, sel);
        PerTotalProviderProfit_ConsumerPayGraph = new
            EZGraphImpl(getZone(), "PerTotalProviderProfit_
            ConsumerPay vs.time", "time", "amount of money",
            "PerTotalProviderProfit_ConsumerPayGraph");
        //sel = SwarmUtils.getSelector(powerModelSwarm,
            "getPerTotalProviderProfit");
        //sel = SwarmUtils.getSelector(powerModelSwarm,
            "getperTotalConsumerPay");
        PerTotalProviderProfit_ConsumerPayGraph.create
            Sequence$withFeedFrom$andSelector("PerTotal
            ProviderProfit", powerModelSwarm,
            SwarmUtils.getSelector(powerModelSwarm,
            "getPerTotalProviderProfit"));
        PerTotalProviderProfit_ConsumerPayGraph.create
            Sequence$withFeedFrom$andSelector("perTotal
            ConsumerPay", powerModelSwarm, SwarmUtils.
            getSelector(powerModelSwarm, "getper
            TotalConsumerPay"));

    return this;
}


public Object buildActions(){
    super.buildActions();
    //指示下一层主体显示其 buildActions 方法
    powerModelSwarm.buildActions();
    Selector sel;
    ActionGroupImpl displayActions = new ActionGroupImpl(getZone());
    sel = SwarmUtils.getSelector(this, "updateRaster");
    displayActions.createActionTo$message(this, sel);
    sel = SwarmUtils.getSelector(TotalTrading_Supply_
            DemandQuantityGraph, "step");
    displayActions.createActionTo$message(TotalTrading_
            Supply_DemandQuantityGraph, sel);
    sel = SwarmUtils.getSelector(AverageBidPriceGraph, "step");
    displayActions.createActionTo$message(AverageBid
            PriceGraph, sel);
```

```
    sel = SwarmUtils.getSelector(eachPTotalProfitGraph, "step");
    displayActions.createActionTo$message(eachPTotalProfit
            Graph, sel);
    sel = SwarmUtils.getSelector(eachPTotalAssetGraph, "step");
    displayActions.createActionTo$message(eachPTotalAsset
            Graph, sel);
    sel = SwarmUtils.getSelector(ProviderperDeclearPriceGraph, "step");
    displayActions.createActionTo$message(ProviderperDeclear
            PriceGraph, sel);
    sel = SwarmUtils.getSelector(PerTotalProviderProfit_ConsumerPay
            Graph, "step");
    displayActions.createActionTo$message(PerTotalProvider
            Profit_ConsumerPayGraph, sel);
    sel = SwarmUtils.getSelector(HHIGraph, "step");
    displayActions.createActionTo$message(HHIGraph, sel);
    //最后为整个用户的接口规则制定一个更新时间表。这个很关键，没有它，
    //就不会有图像的更新，并且控制面板将失去效用。最好将它置于显示
    //时间表的尾端
    sel = SwarmUtils.getSelector(this.getActionCache(), "doTkEvents");
    displayActions.createActionTo$message(this.getAction
            Cache(), sel);
    displaySchedule = new ScheduleImpl(getZone(), displayFrequency);
    displaySchedule.at$createAction(0, displayActions);
    return this;
}
public Activity activateIn(Swarm swarmContext){
    super.activateIn(swarmContext);
    powerModelSwarm.activateIn(this);
    displaySchedule.activateIn(this);
    return getActivity();
}
//独立关闭界面函数，使用 drop 和赋予其 null 值来实现该功能；该函数和
//下一个函数的名字根据不同要求可以修改
public Object _marketRasterDeath_(Object caller){
    marketRaster.drop();
    marketRaster = null;
    return this;
}
public void drop(){
```

```
        if(marketRaster != null)
            marketRaster.disableDestroyNotification();
        super.drop();
    }
    public void updateRaster(){
        if(marketRaster != null){
            providerDisplay.setObjectCollection(PowerModel
                Swarm.getProviders());
            marketDisplay.display();
            userDisplay.display();
            providerDisplay.display();
            marketRaster.drawSelf();
        }
    }
}
```

第 12 章 结　　论

12.1　主　要　工　作

本书的主要研究工作包括以下四方面。

(1)构建 LDP 模式下考虑市场结构的电力系统市场力 Swarm 模型。首先，分析 LDP 模式下电力市场中的交易关系，将市场交易关系分为主体类与连接类。其次，依据还原论对电力市场进行高度抽象化后，依据 Agent 建模方法建立具有发电商 Agent、大用户 Agent 和虚拟交易平台 Agent 的多 Agent 电力系统来还原电力市场交易关系。并根据所研究的电力系统市场力问题，从考虑市场结构的角度，对各个 Agent 进行属性信息与行为规则设计。最后，借助 Swarm 仿真平台在 ModelSwarm 中建立电力系统市场力 Swarm 模型，设计发电商主体类 Generator、大用户主体类 LDPUser 和连接匹配类 TradingCenter，实现发电商与大用户之间的连接匹配，进而生成电力系统的网络结构。

(2)研究如何对 LDP 模式下考虑市场结构的电力系统市场力进行调控仿真。首先，对构建的电力系统市场力 Swarm 模型进行仿真运行后，借助 Swarm 仿真平台的 ObserverSwarm 类对反映系统状态的指标进行监测，以网络的生成和演化关系仿真市场内参与者的行为变化,通过网络节点状态的改变来评价系统中市场力的变化。其次，对不同的变量进行调控，在多次仿真实验后，研究调控系统中结构性市场力的有效变量及调控阈值。最后，给出调控仿真结果在管理中的启示。

(3)构建 LDP 模式下考虑投机策略的电力系统市场力 Swarm 模型。首先，在总结国内外电力系统投机策略研究的基础上，提出两种主要的投机策略。其次，对两种投机策略作用于市场力后的利益分配机理进行分析。最后，利用 Swarm 仿真平台对两种投机策略进行规则设计，构建考虑投机策略的电力系统市场力 Swarm 模型。

(4)研究如何对 LDP 模式下考虑投机策略的电力系统市场力进行调控仿真。首先，对考虑投机策略的电力系统市场力 Swarm 模型进行仿真运行后，借助 Swarm 仿真平台的 ObserverSwarm 类对反映系统运行状态的指标信息进行监测。其次，对不同的调控变量进行组合调控，在多次仿真实验后，研究调控系统中利用市场力采取投机策略影响利益分配的调控变量组合。最后，给出调控仿真结果在管理中的启示。

12.2　主　要　结　论

本书的主要结论如下。

(1)LDP 模式下，在系统演化关系的作用下，大用户的低价选择概率会影响与大用户具有较高初始连接强度发电商的匹配优势，使少数成本较低、容量较大的发电商占据较高的市场份额，系统内会形成较高的市场力。

(2)对电力系统中结构性市场力进行多次仿真调控实验后得出，对资源占优发电商采取增加税收、限制申报供电容量和供电半径的方式，可以有效地降低电力市场中的结构性市场力的产生，进而调控市场力对发电商间利益分配的影响。

(3)市场结构是发电商行使市场力的根源，有市场退出的条件下，促使资源占优的发电商获取市场主导地位，是发电商采取投机策略的根源。

(4)对引入投机策略的市场力影响利益分配进行仿真调控实验后得出，采取限制申报容量上下限、申报电量上下限的方式可以有效地控制电力系统中的市场力对利益分配的影响。

(5)本书从系统角度构建电力系统市场力模型，并对其进行仿真分析，结合仿真结果对发电商市场结构以及投机策略作用于市场力影响利益分配进行调控仿真研究。仿真结果显示，通过调控不同的属性信息组合，市场力影响利益分配的仿真结果不同，并且通过多次实验，可以找到调节系统状态的属性信息的最优组合。

12.3　本书的主要贡献

本书从系统的角度研究了电力系统中市场力影响利益分配及调控仿真的问题，主要贡献如下。

(1)运用复杂适应系统仿真方法研究电力系统中的市场力及调控问题。考虑到已有市场力研究的方法多是以定性和定量为主的静态研究方法，缺乏动态性，而电力系统是一个动态的系统，用静态的研究方法对其进行研究具有局限性。本书从参与者属性信息和行为规则的角度，综合考虑影响市场力的因素，运用复杂适应系统仿真方法构建电力系统市场力模型，为研究电力系统市场力问题提供方法依据。

(2)运用复杂网络理论，在网络环境下研究电力系统中的市场力及调控问题。考虑到电力系统中交易的网络属性，在 Swarm 仿真平台上建立连接类，将电力系统抽象为系统网络，通过观测网络节点的生成演化关系，研究电力系统中的市场力变化，使对市场力的研究更加直观，具有极强的可视性。

(3)对电力系统中市场力影响利益分配进行调控仿真研究。对电力系统中市场力的研究大多数只是对其形成过程和影响因素进行研究。本书不仅对生成机理进行了理论描述，而且进行了系统仿真调控。对电力系统中结构性市场力影响发电商间的利益分配进行调控仿真，同时，对发电商投机性策略作用于市场力影响利益分配进行调控仿真。引入调控机制，为现实电力市场中市场力调控问题提供了理论借鉴。

12.4　研　究　展　望

本书对电力系统市场力模型进行研究，虽然得到了一些结论，但仍存在一些局限和不足，具体来说，主要包含以下两方面。

(1) 本书系统调节者选取属性信息组合对市场力影响利益分配进行调控，由于参与者的属性信息的全组合数据量太大，所以本书选取其中的一些属性信息组合进行实验调控，以后的研究可以考虑涵盖更多的属性信息数据，甚至可以将大数据的最新研究成果与本书思路相结合进行系统模拟。

(2) 本书在对已有文献研究分析的基础上，从研究方法角度客观地选择系统变量。由于本书对模型的扩展，一些系统变量是从电力系统参与者的本质进行抽取的，在选择过程和方法上可能存在一定程度的主观性，可以考虑在今后的研究中将这种分析方法进行数据和属性的客观化处理。

今后的研究工作包括以下内容。

(1) 在进一步研究电力系统市场利益分配模型时，可以从方法和行为本质两方面综合选取属性信息，这样可以保证研究的客观性。

(2) 构建电力系统市场利益分配模型时，可以从更多的角度考虑，并且结合更多的属性信息进行实验探索研究，这样提出的政策建议更具有可实施性。

(3) 对电力系统市场力模型调控仿真时，可以考虑更多的调控变量属性信息以及多种调控变量组合的情况，进一步研究调控仿真效果。

参 考 文 献

[1]   Victor M. Do regulatory mechanisms promote competition and mitigate market[J]. Energy Policy, 2014, 5(68): 403-412.

[2]   Umesh K S. Analysis of competition and market power in the whole sale electricity market in India[J]. Energy Policy, 2011, 39(5): 2699-2710.

[3]   Willems B. The effect of counter-trading on competition in electricity markets[J]. Energy Policy, 2011, 39(3): 1764-1773.

[4]   冷媛. 基于复杂系统理论的电力系统运营状态识别[D]. 北京:华北电力大学, 2012.

[5]   Mahoney A, Eleanor D. Electricity prices and generator behavior in gross pool electricity markets[J]. Energy Policy, 2013, 5(63): 628-637.

[6]   Boroumand H. Electricity markets and oligopolistic behaviors: The impact of a multimarket structure[J]. Research in International Business and Finance, 2015, 7(33): 319-333.

[7]   任玉珑, 任晓红. 寻租行为分析在电力系统监管机制设计中的运用[J]. 重庆大学学报, 2003, 26(10): 131-135.

[8]   杜松怀, 侯志俭. 电力系统结构模式及运营的最新进展[J]. 华东电力, 2001, 8(6): 48-52.

[9]   He Y X.A regulatory policy to promote renewable energy consumption[J]. Renewable Energy, 2016, 59(89):695-705.

[10]   Michael S, Jed C. The effects of network regulation on electricity supply[J]. Energy Policy, 2015, 68(48):285-316.

[11]   Natalia F, Juan T. Price wars and collusion in the Spanish electricity market[J]. International Journal of Industrial Organization, 2005, 58(23): 155-181.

[12]   Joao L, Jorge S. Application of a conjectural variations model to analyze the competitive behavior in the Iberian electricity market[C]// The 8th International Conference on the European Energy Market (EEM), Zagreb, 2011: 857-862.

[13]   Toshiyuki S, Tadiparthi G R. An agent-based decision support system for whole sale electricity market[J]. Decision Support Systems, 2008, 6(44): 425-446.

[14]   Mark O, Stephen R, Mary R. Market design and human trading behavior in electricity markets[J]. IIE Transactions, 2003,57(35): 833-849.

[15]   Rolf K, Theo F. Ownership unbundling in electricity distribution: The case of the netherlands[J]. Energy Policy, 2007, 6(35): 1920-1930.

[16]   Daniele M, Anna P, Nicola S. Simulation of producers behaviour in the electricity market by evolutionary games[J]. Electric Electricity Systems Research, 2008, 5(78): 475-483.

[17] Ettore B, Enrico C, Gao C, et al. A game theory simulator for assessing the performances of competitive electricity markets[J]. Electric Electricity Systems Research, 2008, 4(8): 217-227.

[18] Ladjici A, Boudour M. Nash-cournot equilibrium of a deregulated electricity market using competitive coevolutionary algorithms[J]. Electric Electricity Systems Research, 2011, 5(81): 958-966.

[19] 喻菁. 基于Multi-Agent和Petri网理论的电力系统短期发电计划研究[D]. 武汉: 华中科技大学, 2005.

[20] 黄仙, 刘旭东. 电力系统中发电企业竞价行为的 RePast 仿真[J]. 计算机工程与应用, 2010, 46(5): 208-228.

[21] Sherzod N. Analysis of electricity industry liberalization in Great Britain: How did the bidding behavior of electricity producers change? [J]. Utilities Policy, 2015, 7(36): 24-34.

[22] 王海宁. 基于复杂系统多 Agent 建模的电力系统仿真技术研究[D]. 北京：中国电力科学研究院, 2013.

[23] Shafie M, Joao P S. A stochastic multi-layer agent-based model to study electricity market participants behavior[J]. Transactions on Electricity Systems, 2015, 30(2): 867-880.

[24] Gabriel S, Tiago P, Morais H. Multi-agent simulation of competitive electricity markets: Autonomous systems cooperation for European market modeling[J]. Energy Conversion and Management, 2015, 5(99): 387-399.

[25] 杨洪明, 王洁, 童小娇, 等. 电力系统动态建模与复杂性行为研究[J].系统工程学报, 2009, 4(24): 401-407.

[26] 王一. 电力系统环境下的多目标输电网优化规划方法研究[D]. 上海:上海交通大学, 2008.

[27] Capasso A, Cervone A, Lamedica R. A new deterministic approach for transmission system planning in deregulated electricity markets[J]. Electrical Power and Energy Systems, 2015, 6(73): 1070-1078.

[28] 陈波. 基于复杂网络理论的输电网复杂结构特性研究[D]. 天津: 天津大学, 2013.

[29] Gert B. Network unbundling and flawed coordination: Experience from the electricity sector[J]. Utilities Policy, 2015, 5(34): 11-18.

[30] Martnez P E, Pasquevich D M, Eliceche A M. Operation of a national electricity network to minimize lifecycle greenhouse gas emissions and cost[J]. International Journal of Hydrogen Energy, 2012, 4(37): 14786-14795.

[31] Sahraei M, Rahim A. A dynamic replicator model of the players' bids in an oligopolistic electricity market[J]. Electric Electricity Systems Research, 2009, 9(79): 781-788.

[32] 鲍海,艾东平, 杨以涵. 远期与日前系统相结合的发电权交易模式[J].电网技术, 2012, 36(2):264-270.

[33] 叶青, 王宣元.基于行为经济学的发电商交易心理与决策行为偏差研究[J]. 华北电力技术,

2012, 6(1):16-20.

[34] 刘敦楠，陈雪青，何光宇. 电力系统供应者竞标行为的分析与对策[J]. 电力系统自动化，2005, 29(6): 24-28.

[35] Ghaderi S F, Azadeh A, Pourvalikhan B. Behavioral simulation and optimization of generation companies in electricity markets by fuzzy cognitive map[J]. Expert Systems with Applications, 2012, 2(39): 4635-4646.

[36] Lagarto J, Jorge A M, Alvaro M. Market power analysis in the Iberian electricity market using a conjectural variations model[J]. Energy, 2014, 23(76): 292-305.

[37] Sherzod N. Analysis of electricity industry liberalization in Great Britain: How did the bidding behavior of electricity producers change? [J]. Utilities Policy, 2015, 7(36): 24-34.

[38] 姚志斌. 发电系统中的合谋与规制[J]. 江苏电机工程, 2005, 24(6): 61-64.

[39] 王伟，管毅平. 电能现货拍卖交易中企业间默契合谋行为分析[J].电力系统自动化，2005, 29(23): 15-18.

[40] Pettersen E, Andrew B, Wallace S W. An electricity market game between consumers, retailers and network operators[J]. Decision Support Systems, 2005, 7(40): 427-438.

[41] 张粒子,张集,程瑜.电力系统中的串谋溢价和串谋行为规制[J].电网技术, 2006, 30(24): 61-67.

[42] 李玉平. 统一出清定价体制助长发电商默契串谋的机理分析[J].电力系统自动化，2005, 29(22):19-26.

[43] Anderson E J. Implicit collusion and individual market power in electricity markets[J]. European Journal of Operational Research, 2011, 56(211): 403-414.

[44] Shafie M, Moghaddam M, Kazem S. Development of a virtual power market model to investigate strategic and collusive behavior of market players[J]. Energy Policy, 2013, 5(61): 717-728.

[45] Eva N, Albert J. Regulating opportunism in the electricity industry and consumer interests[J]. Utilities Policy, 2012, 5(20): 38-45.

[46] 赵彩虹,唐小波,李天然, 等. 电力系统监管中发电商投机策略存在性排序[J]. 南京师范大学学报(工程技术版), 2005, 5(2): 1-4.

[47] Oliver B, Stephen P, David Y. Market power and system cost: The long run impact of large amounts of wind electricity generation?[J]. Energy Policy, 2015, 4(87): 17-27.

[48] Gabriel S, Tiago P, Morais H. Multi-agent simulation of competitive electricity markets: Autonomous systems cooperation for European market modeling[J]. Energy Conversion and Management, 2015, 5(99): 387-399.

[49] Ciarreta A. The development of market power in the Spanish power generation[J]. Energy Policy, 2016, 9(96): 700-710.

[50] Nadia C. Market power issues in the reformed Russian electricity supply industry[J]. Energy Economics, 2015, 4(50): 315-323.

[51] Chand K. Strategic bidding for wind power producers in electricity markets[J]. Energy Conversion and Management, 2014, 10(86): 259-267.

[52] Nikolaos D. The Greek electricity market reforms[J]. Energy Policy, 2013, 4(62): 1040-1047.

[53] Xiao Y P. Behavior analysis of wind power producer in electricity market[J]. Applied Energy, 2016, 3(171): 325-335.

[54] Ben M. Does wind energy mitigate market power in deregulated electricity[J]. Energy, 2015, 18(85): 511-521.

[55] Simona B, Carlo A. Demand market power and renewable in the Italian electricity market[J]. Renewable and Sustainable Energy Reviews, 2015, 4(55): 1154-1162.

[56] Bose S. A unifying market power measure for deregulated[J]. Transactions on Electricity Systems, 2015, 7(5): 2338-2344.

[57] 曾鸣, 程俊, 钱霞. 分布式发电竞价上网系统交易机制研究[J]. 华东电力, 2012, 40(1): 1-4.

[58] Prabhakar S. A review on market power in deregulated electricity market[J]. Electrical Power and Energy Systems, 2013, 57(48): 139-147.

[59] George L. Analysis of social network dynamics with models[J]. International Federation for Information Processing, 2013, 5(13): 124-140.

[60] Holland J. 隐秩序: 适应性造就复杂性[M]. 上海: 上海科技教育出版社, 2011.

[61] John R. Multi-agent simulation of competitive electricity markets: Autonomous systems cooperation for European market modeling[J]. Energy Conversion and Management, 2015, 6(99): 387-399.

[62] 肖志兴. 产权、竞争和规制对我国电力产业的实证影响——兼论电力改革顺序的优化[J]. 东北财经大学学报, 2013, 5(1): 3-10.

[63] 杨菲菲. 中国电力产业监管中规制合谋及其防范机制设计[D]. 重庆: 重庆大学, 2012.

[64] 朱洁琳. 基于 Agent 的发电商竞价策略研究[D]. 北京: 北京交通大学, 2010.

[65] Tellidou C, Anastasios G. Multi-agent reinforcement learning for strategic bidding in power markets[C]// The 3rd International IEEE Conference Intelligent Systems, 2006.

[66] 宣慧玉, 张发. 复杂系统仿真及应用[M]. 北京: 清华大学出版社, 2008.

[67] 陈皓勇, 付超, 刘阳. 寡头垄断电力系统实验设计与博弈分析[J]. 电力系统自动化, 2006, 30(19): 1-27.

[68] 倪建军, 范新南, 徐立中. 基于 Swarm 平台的复杂系统建模仿真及其应用分析[J]. 河海大学常州分校学报, 2006, 20(4): 13-16.

[69] 陈乃仕, 周海明, 李伟刚. 不同供需水平下电力系统仿真试验研究[J]. 华东电力, 2012, 5(12): 2138-2141.

[70] Zschale G. Adaptive-network models of collective[J]. European Physical Special Topics, 2013, 5(211): 1-101.

[71] Sayama H. Modeling complex systems with adaptive networks[J]. Computers and Mathematics with Applications, 2013, 6(65): 1645-1664.

[72] 丁兴业, 田志娟. 论市场失灵的类型、原因及对策[J]. 武汉科技学院学报, 2006, 19(8):46-48.

[73] 钱丽莉. 浅谈我国垄断行业的五大弊病[J]. 东南大学学报(哲学社会科学版), 2011, 13:109-111.

[74] 张立宏. 我国价格振荡中的市场失灵[J]. 价格月刊, 1995(3): 3.

[75] 鲍金红, 胡璇. 我国现阶段的市场失灵及其与政府干预的关系研究[J]. 学术界, 2013(7):182-191.

[76] Dodgson M, Hughes A, Foster J, et al. Systems thinking, market failure and the development of innovation policy: The case of Australia[J]. Social Science Electronic Publishing, 2009, 40(9):1145-1156.

[77] Bleda M, Río P D. The market failure and the systemic failure rationales in technological innovation systems[J]. Research Policy, 2013, 42(5):1039-1052.

[78] 韦德华. 市场失灵理论对电力市场化改革的启示[J]. 广西电业, 2002(5): 51.

[79] 秦泗阳, 吴颂华, 常云昆. 水市场失灵及其防范措施[J]. 中国水利, 2006(19): 28-29.

[80] 阿多尼斯·雅筑, 彭彬彬. 能源、市场和市场失灵[J]. 中国科学院院刊, 2014(6): 28-29.

[81] 徐颖科. 防范我国能源供给体系失灵的公共政策[J]. 当代经济管理, 2009, 30(8): 5-9.

[82] 胡德胜. 论我国能源监管的架构: 混合经济的视角[J]. 西安交通大学学报(社会科学版), 2014, 34(4):1-8.

[83] Radygin A, Simachev Y, Entov R. The state-owned company: "State failure" or "market failure"? [J]. Russian Journal of Economics, 2015, 1: 55-80.

[84] 祝涛. 股票市场不对称信息的危害性及治理研究[J]. 时代金融, 2010(4): 28-29.

[85] 袁志锋. 市场失灵的中国特色及相关问题的解决[J]. 法制与社会,2013(10): 108-110

[86] 王冰. 市场失灵理论的新发展与类型划分[J]. 学术研究, 2000(9): 37-41.

[87] 刘满平. 我国成品油价格形成机制改革演变过程、现状及建议[J]. 中外能源, 2012, 17(9):28-29.

[88] 董秀成. 国内成品油价格改革现状、问题和思路[J]. 中国能源, 2005, 27(9): 5-10.

[89] 李村璞. 我国农产品价格异常波动研究[J]. 价格理论与实践, 2012(8): 26-27.

[90] 王文涛. 我国小宗农产品价格异常波动探析[J]. 价格理论与实践, 2012(5): 43-44.

[91] 万磊. 我国自来水行业反垄断研究[D]. 上海：上海交通大学, 2007: 28-29.

[92] 王辉. 信息不对称条件下的自来水行业管制研究[D]. 杭州：浙江大学, 2006: 28-29.

[93]　霍政欣. 中国不当得利制度的构建与完善——以比较法为视角[J]. 求是学刊, 2006, 33 (2)：83-88.

[94]　洪学军. 不当得利制度研究——一种系统的结构、功能理路[M]. 北京：中国检察出版社，2004: 28-29.

[95]　吕正君.浅论反垄断执法机构的权限[J]. 经营管理者，2009 (12)：282.

[96]　国家电力调度通信中心.电网调度运行使用技术问答[M]. 2 版. 北京：中国电力出版社，2008: 12.

[97]　王俊豪. 反垄断与政府管制: 理论与政策[M].北京：经济管理出版社，2009: 78.

[98]　刘振亚. 中国电力与能源[M]. 北京：中国电力出版社，2012.

[99]　孟宇. 网络经济对电力企业的影响[J]. 科技促进发展，2009 (5)：392-395.

[100]　霍兰. 隐秩序——适应性造就复杂性[M]. 周晓牧译. 上海：上海科技教育出版社，2000: 42.

[101]　Khan M T, Thopil G A, Lalk J. Review of proposals for practical power sector restructuring and reforms in a dynamic electricity supply industry[J]. Renewable &Sustainable Energy Reviews, 2016, 62: 326-335.

[102]　Dobrescu R. A methodology to design complex adaptive systems[J]. International Stability, 2009,42(25): 68-73.

彩　　图

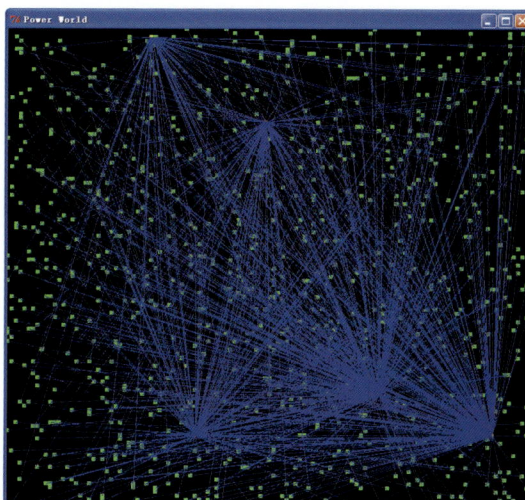

图 8.3　仿真栅格图（$\rho=0.1$）

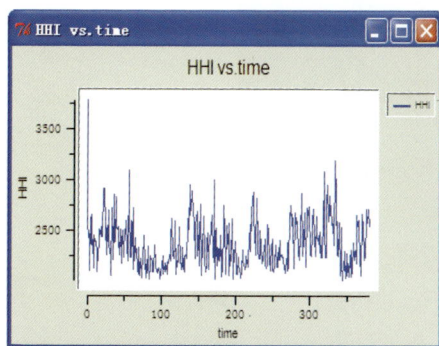

(a)市场内的 HHI 指数

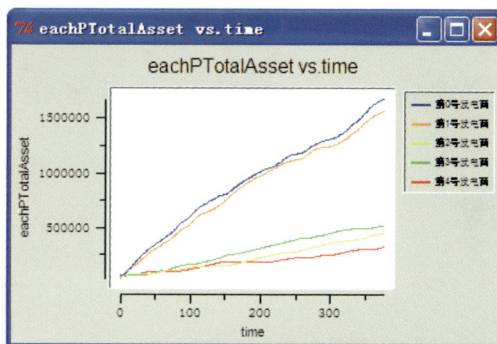

(b)各发电商的资产图

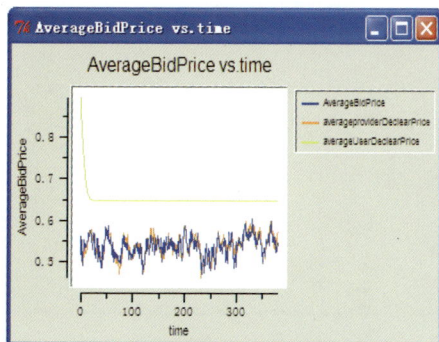

(c)系统内的平均电价图

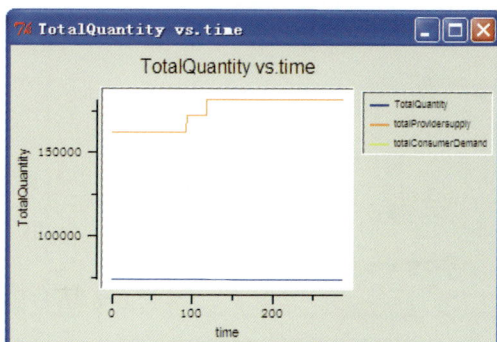

(d)系统内的供需关系图

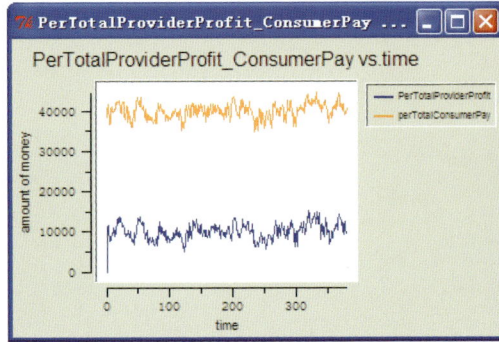

(e) 发电商和大用户的利益分配关系图

图 8.4　电力系统的仿真结果（连接强度 $\rho=0.1$）

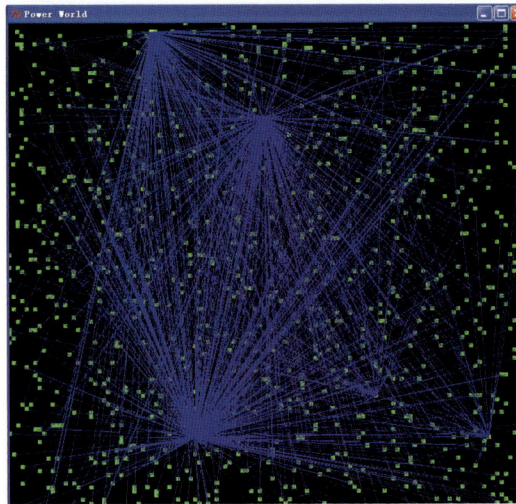

图 8.5　仿真栅格图（$\rho=0.3$）

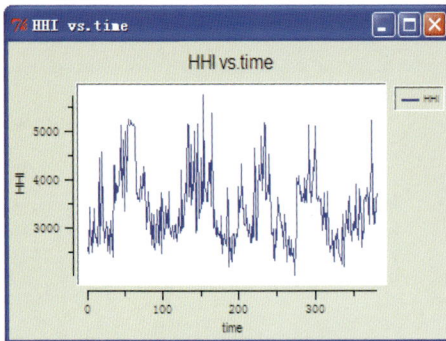

(a) 市场内的 HHI 指数

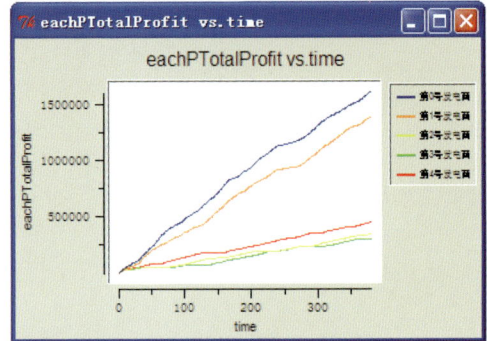

(b) 各发电商的资产图

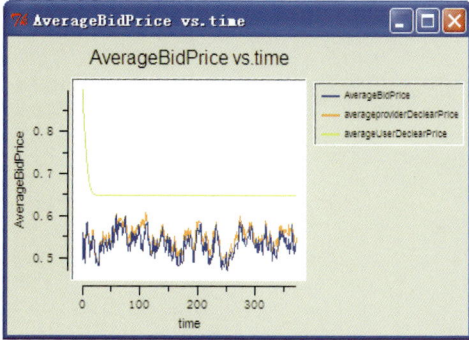

(c)系统内的平均电价图

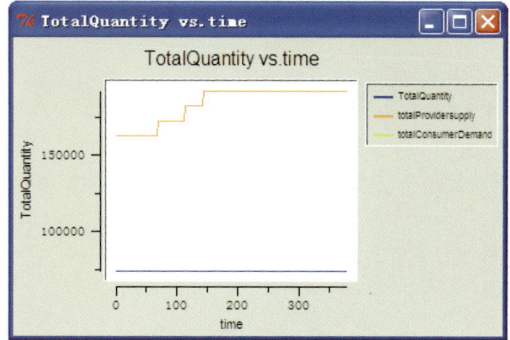

(d)系统内的供需关系图

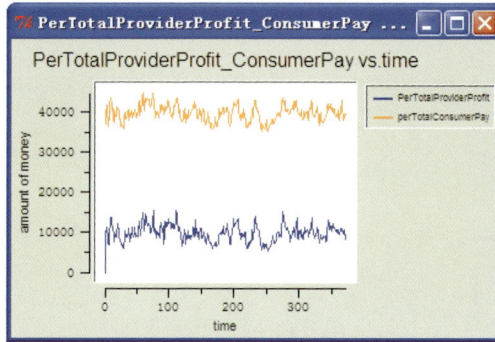

(e)发电商和大用户的利益分配关系图

图 8.6　电力系统的仿真结果(连接强度 ρ=0.3)

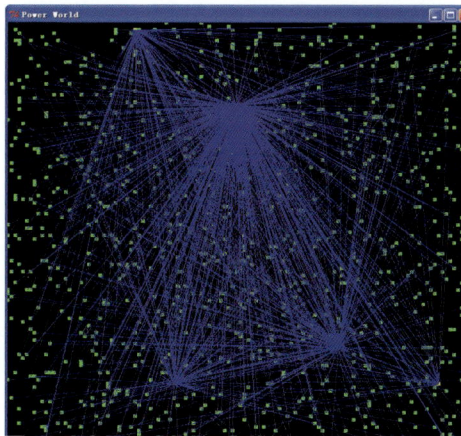

图 8.7　仿真栅格图(ρ=0.5)

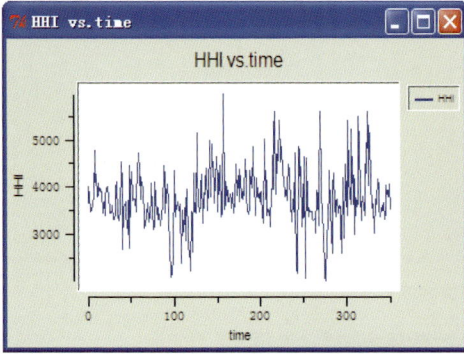

(a)市场内的 HHI 指数

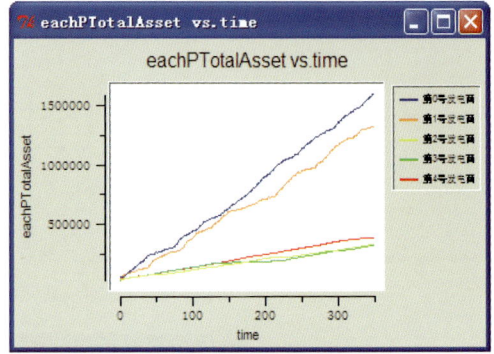

(b)各发电商的资产图

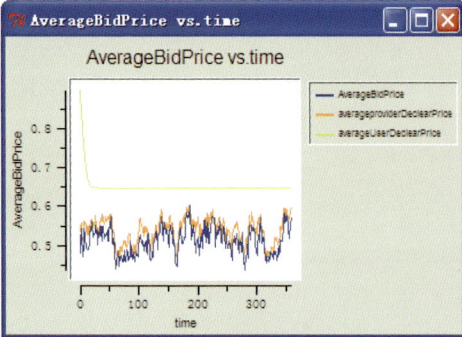

(c)系统内的平均电价图

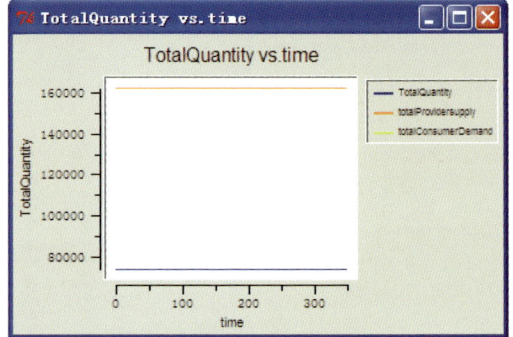

(d)系统内的供需关系图

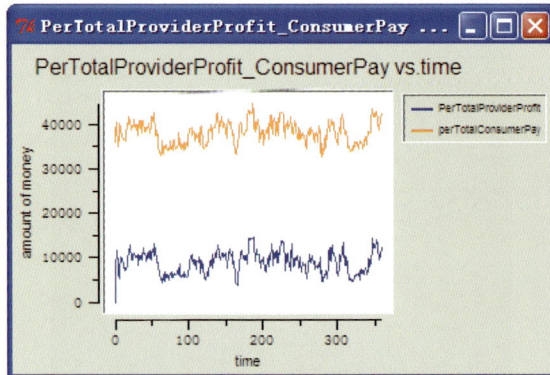

(e)发电商和大用户的利益分配关系图

图 8.8　电力系统的仿真结果(连接强度 ρ=0.5)

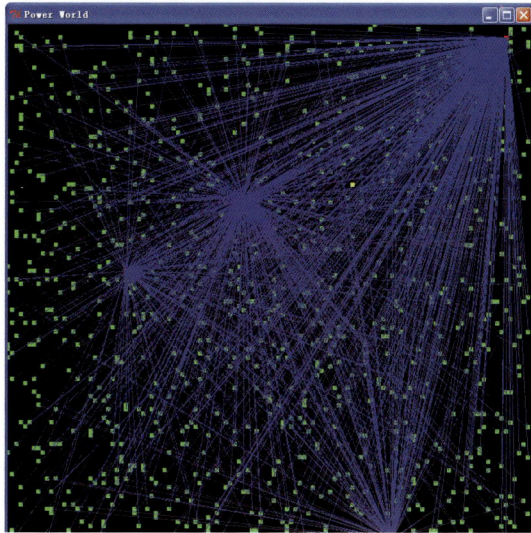

图 8.9　仿真栅格图(ρ=0.7)

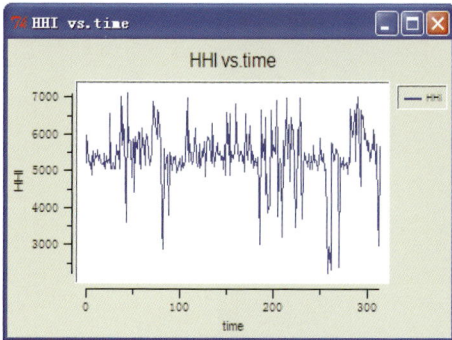

(a)市场内的 HHI 指数

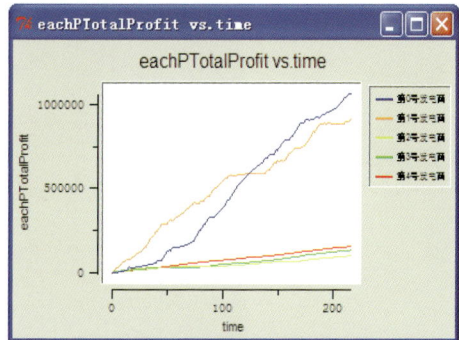

(b)各发电商的资产图

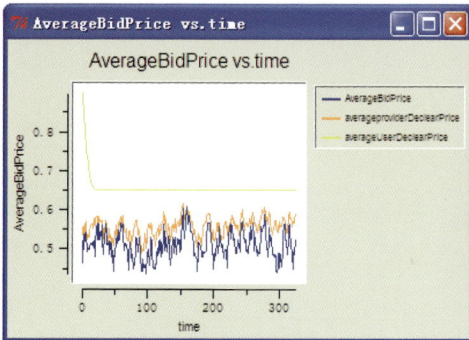

(c)系统内的平均电价图

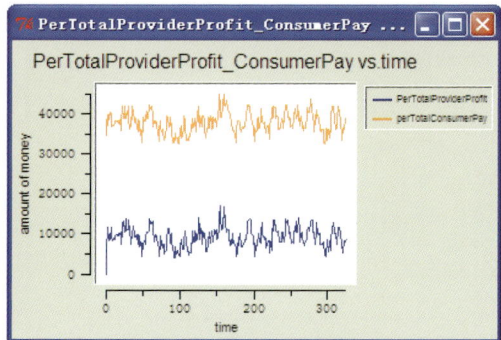

(d)系统内的供需关系图

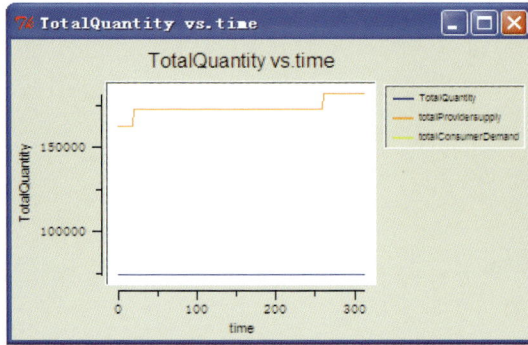

(e) 发电商和大用户的利益分配关系图

图 8.10　电力系统的仿真结果(连接强度 $\rho=0.7$)

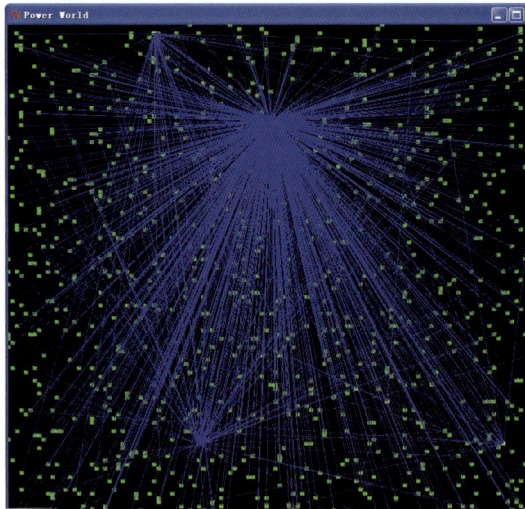

图 8.11　仿真栅格图($\rho=0.9$)

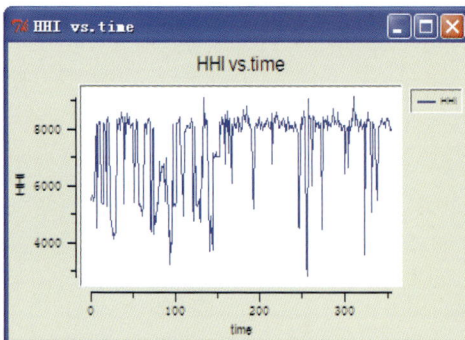

(a) 市场内的 HHI 指数

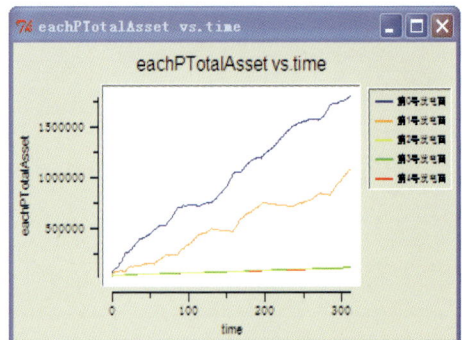

(b) 各发电商的资产图

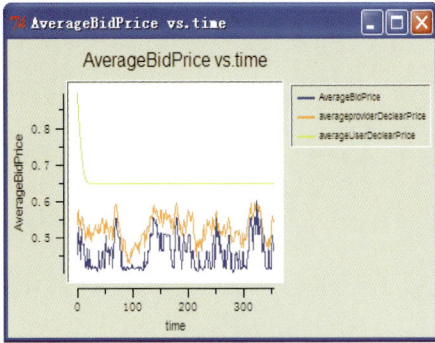

(c) 系统内的平均电价图

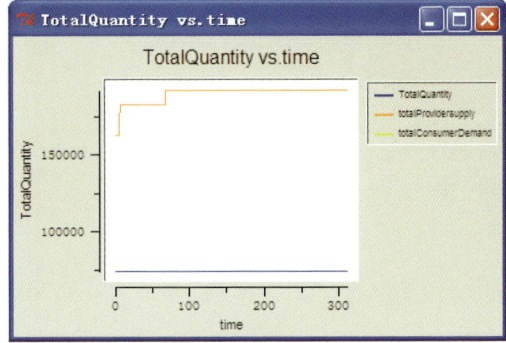

(d) 系统内的供需关系图

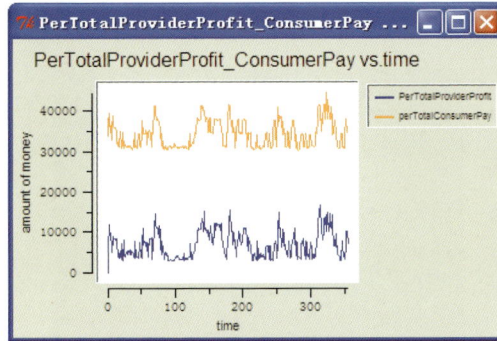

(e) 发电商和大用户的利益分配关系图

图 8.12　电力系统的仿真结果(连接强度 $\rho=0.9$)

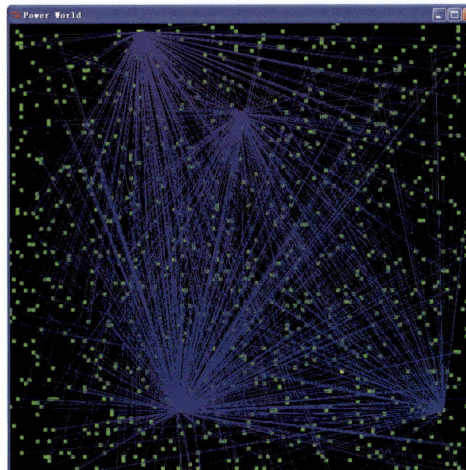

图 8.13　仿真栅格图(税收调控)

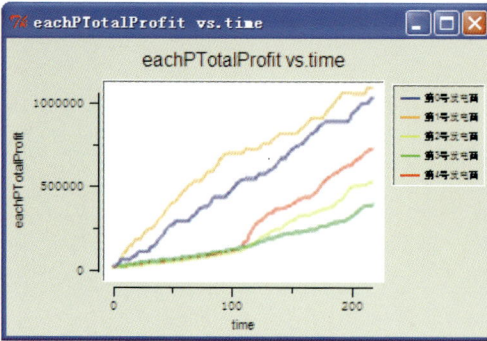

(a) 各发电商的利润分配图

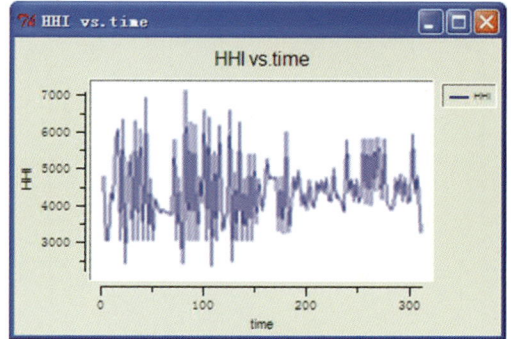

(b) 市场内的 HHI 指数

图 8.14　电力系统的仿真结果(税收调控)

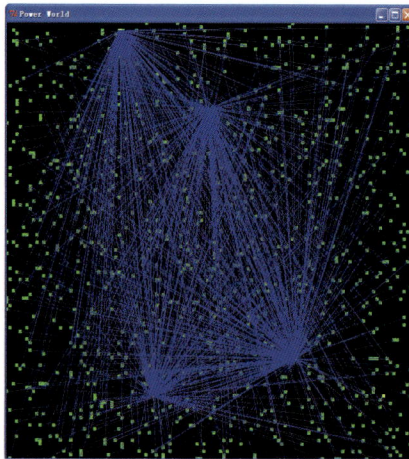

图 8.15　仿真栅格图(供电容量调控)

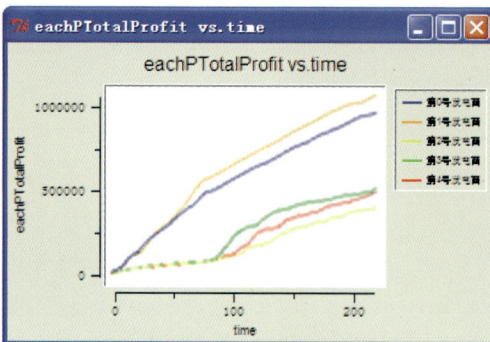

(a) 各发电商的利润分配图

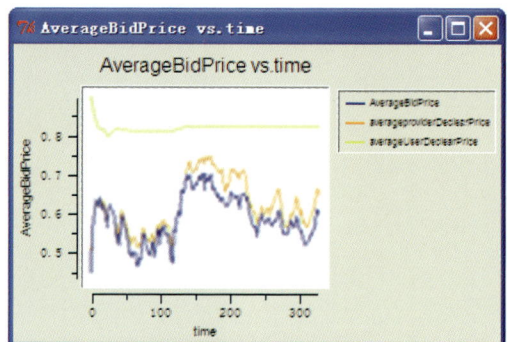

(b) 系统内的平均电价图

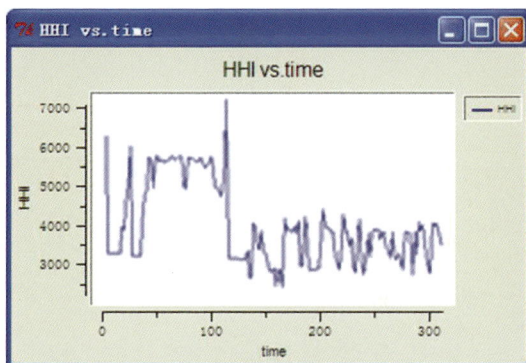

(c)市场内的 HHI 指数

图 8.16　电力系统的仿真结果(供电容量调控)

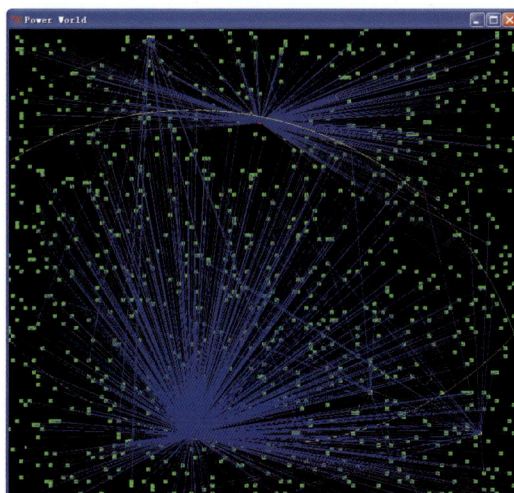

图 8.17　仿真栅格图(80%占比的供电半径调控)

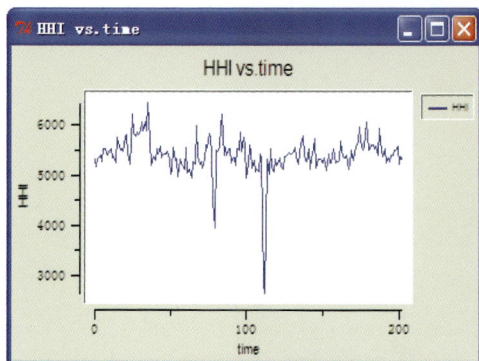

(a)HHI 指数图

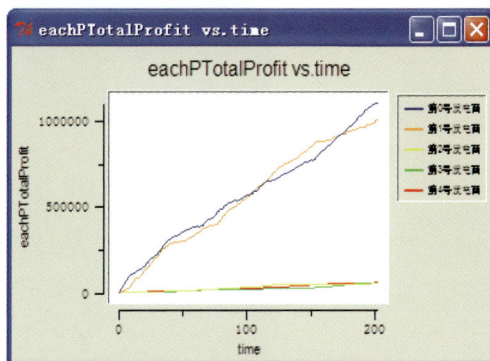

(b)各个发电商总利润图

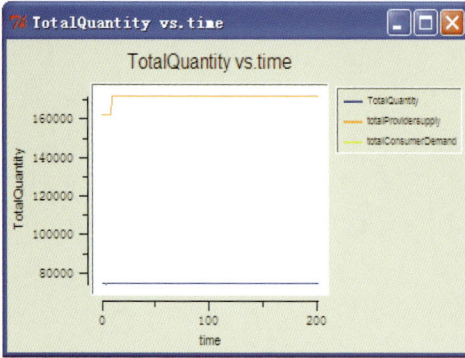

(c)总供给-需求-成交量图

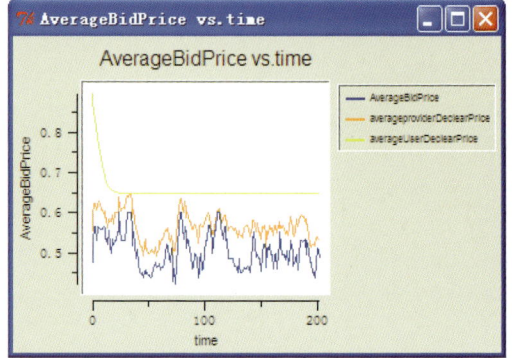

(d)平均成交价-发电商申报价格-大用户申报价格

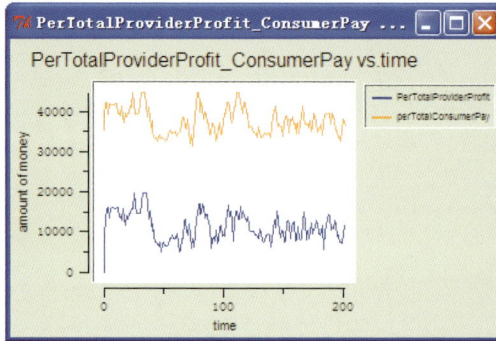

(e)各期大用户总利益-消费者总支出

图 8.18　电力系统的仿真结果(80%占比的供电半径调控)

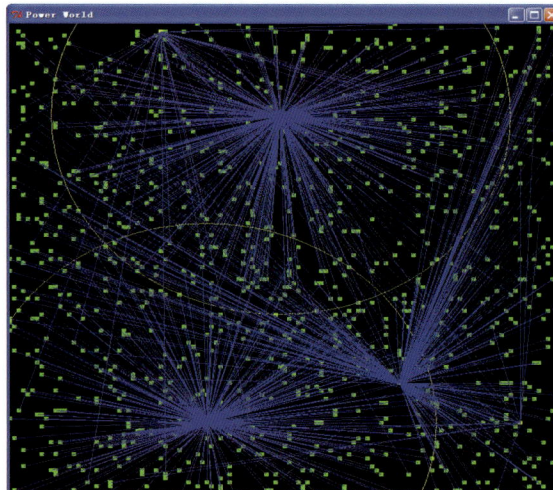

图 8.19　仿真栅格图(50%占比的供电半径调控)

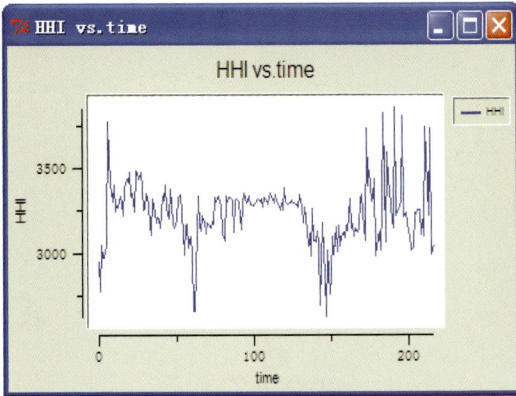

(a) HHI 指数图

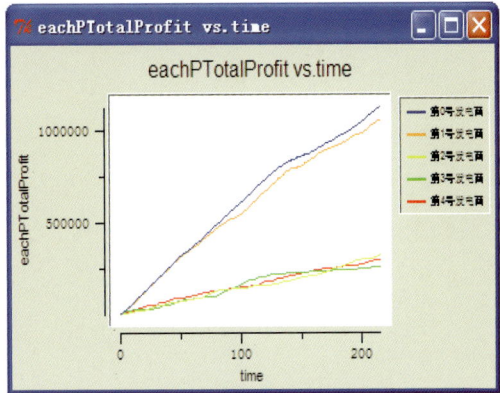

(b) 各个发电商总利润图

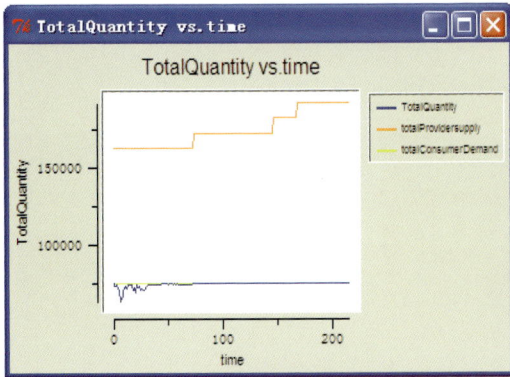

(c) 总供给-需求-成交量图

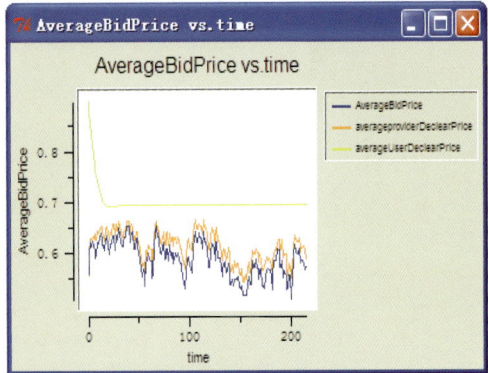

(d) 平均成交价-发电商申报价格-大用户申报价格

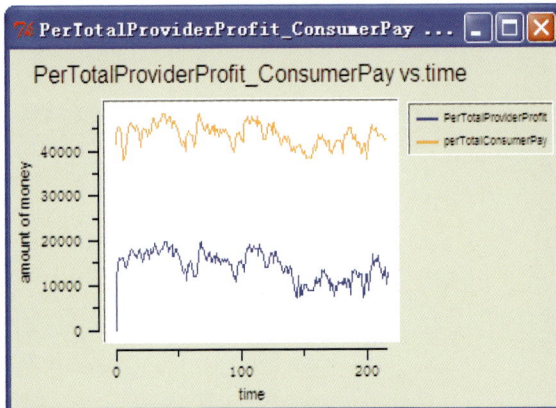

(e) 各期大用户总利益-消费者总支出

图 8.20　电力系统的仿真结果(50%占比的供电半径调控)

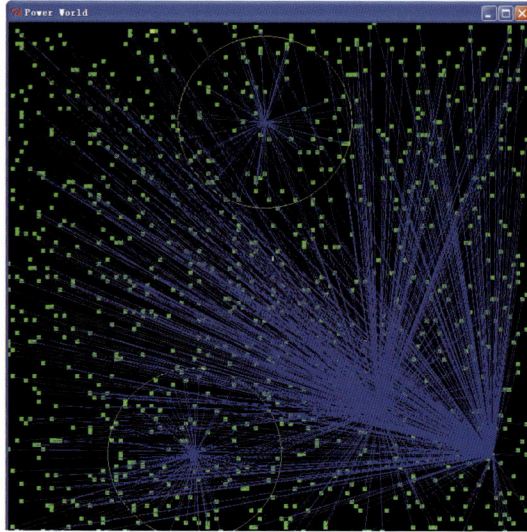

图 8.21 仿真栅格图(20%占比的供电半径调控)

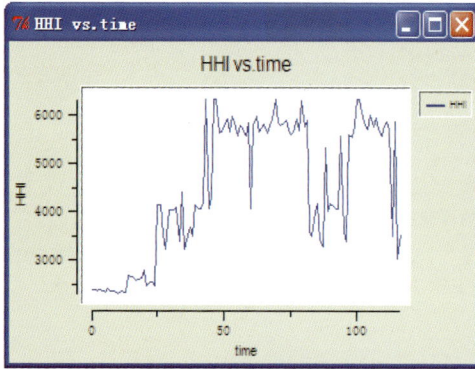

(a)HHI 指数图

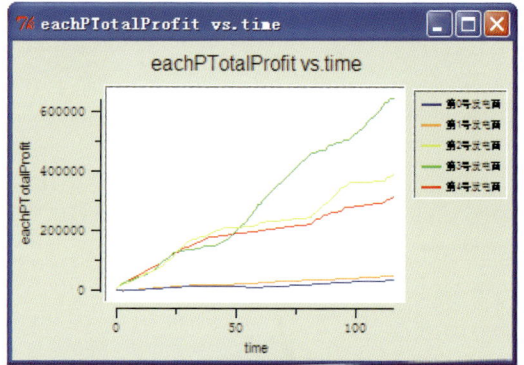

(b)各个发电商总利润图

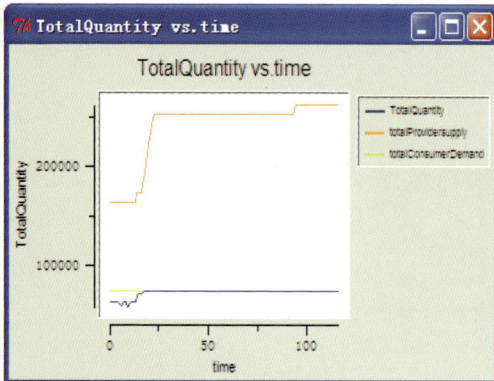

(c)总供给-需求-成交量图

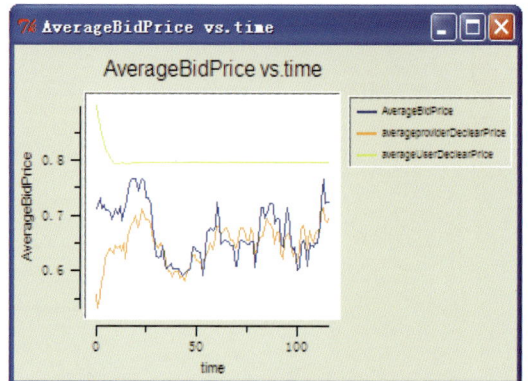

(d)平均成交价-发电商申报价格-大用户申报价格

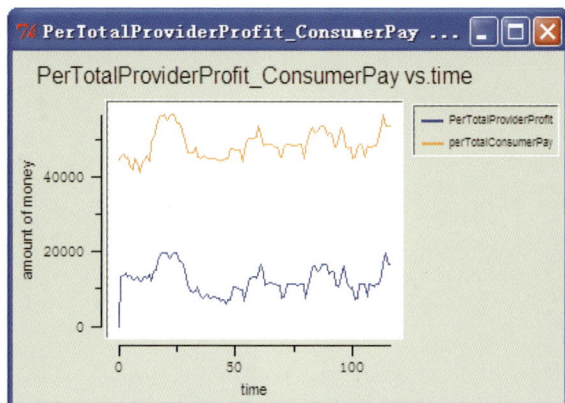

（e）各期大用户总利益-消费者总支出

图 8.22 电力系统的仿真结果（20%占比的供电半径调控）

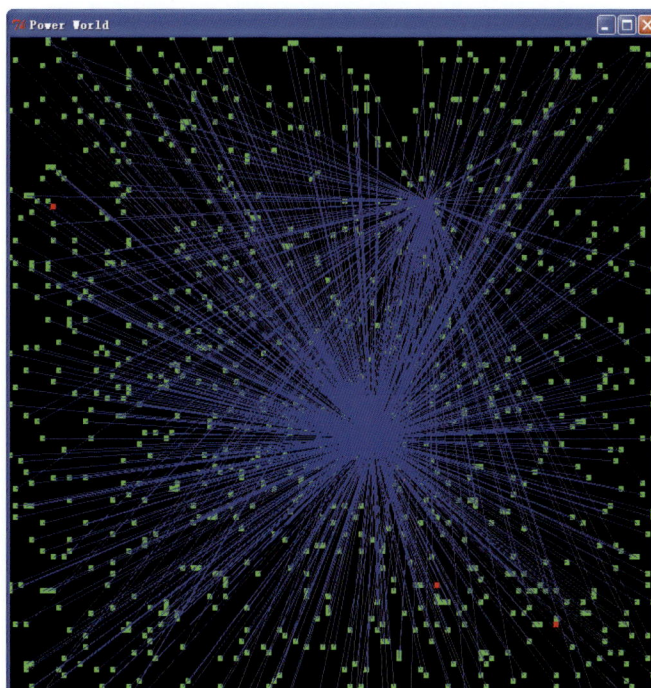

图 9.2 投机策略仿真栅格图

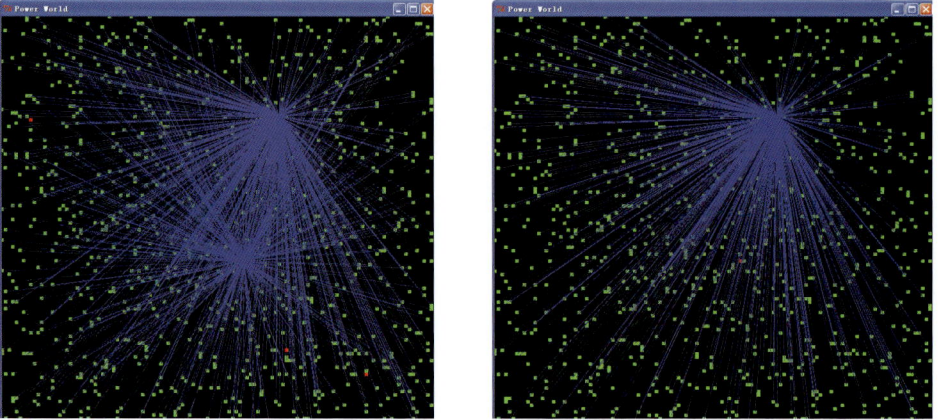

图 9.4　投机策略仿真栅格图

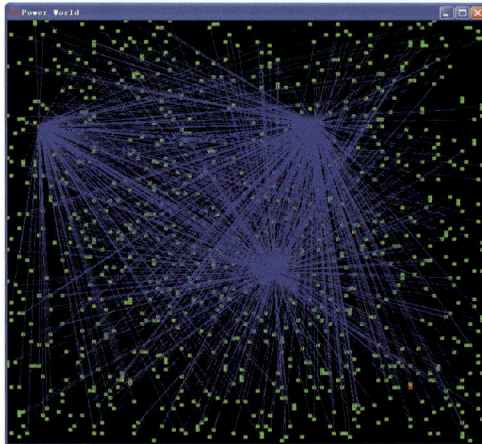

图 9.6　调控 (z_1, z_4) 仿真栅格图

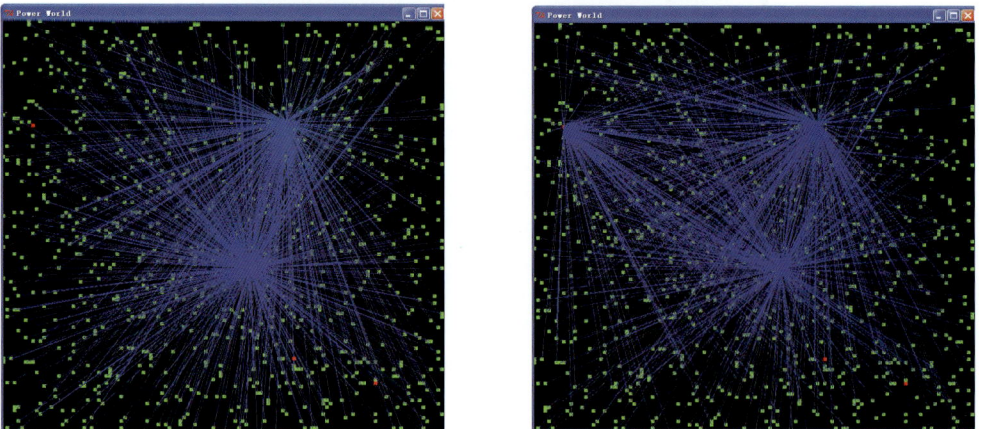

图 9.8　投机策略仿真栅格图

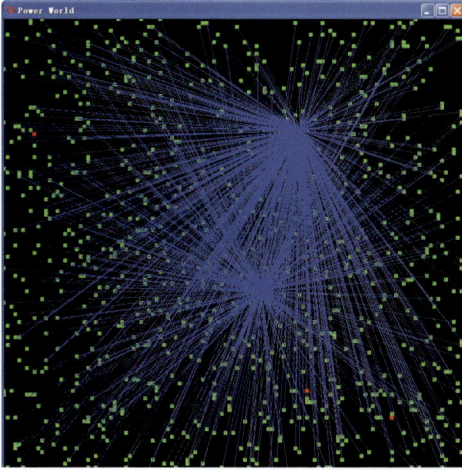

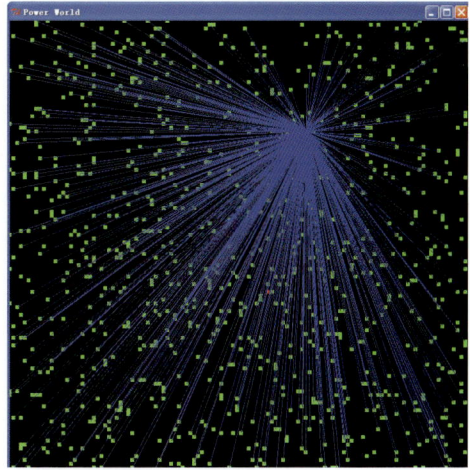

图 9.10 投机策略仿真栅格图

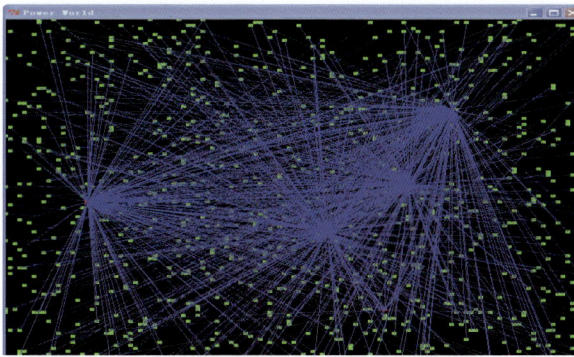

图 9.12 调控 (z_1, z_2) 仿真栅格图

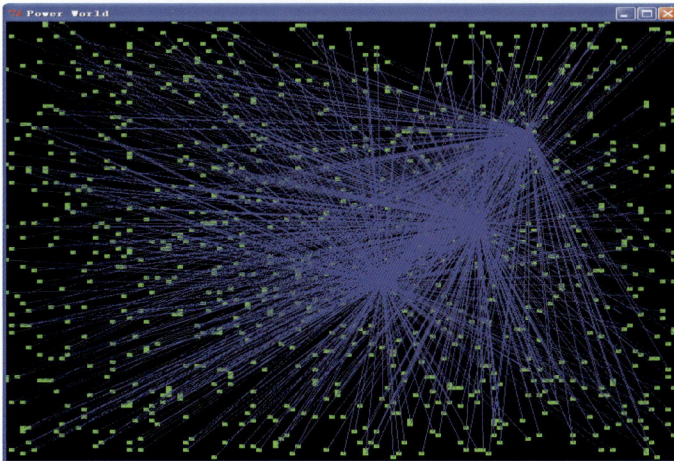

图 9.14 调控 (z_1, z_2, z_3, z_4) 仿真栅格图